公路施工组织与管理

主　编　李　刚
副主编　李利利
参　编　赵　欢　杨惠民　李广辉
　　　　王顺兴　马　嵩　李强强
　　　　高珊珊　张　立
主　审　郝培文　李林军

北京理工大学出版社
BEIJING INSTITUTE OF TECHNOLOGY PRESS

内 容 提 要

本书按照现行国家标准规范编写，全书共分为七个项目，主要内容包括：公路工程施工组织基本知识、公路工程施工方案的制订、公路工程施工进度计划的编制、资源需求量计划的编制、施工平面布置、施工技术组织措施、工程经济分析；书末收录了"复利系数表"。

本书可作为高等院校道路与桥梁工程技术专业、公路养护与管理专业教学用书，也可作为公路工程施工管理技术人员参考。

版权专有　侵权必究

图书在版编目（CIP）数据

公路施工组织与管理 / 李刚主编. -- 北京：北京理工大学出版社，2025.1.
ISBN 978-7-5763-4778-4
Ⅰ.U415
中国国家版本馆CIP数据核字第2025W0N554号

责任编辑：江　立	文案编辑：江　立
责任校对：周瑞红	责任印制：王美丽

出版发行 / 北京理工大学出版社有限责任公司
社　　址 / 北京市丰台区四合庄路6号
邮　　编 / 100070
电　　话 /（010）68914026（教材售后服务热线）
　　　　　（010）63726648（课件资源服务热线）
网　　址 / http://www.bitpress.com.cn
版 印 次 / 2025年1月第1版第1次印刷
印　　刷 / 天津旭非印刷有限公司
开　　本 / 787 mm × 1092 mm　1/16
印　　张 / 12
字　　数 / 275千字
定　　价 / 85.00元

图书出现印装质量问题，请拨打售后服务热线，负责调换

前 言

  一项庞大复杂的公路工程项目涉及多样的施工要素、复杂的施工环境，想要工程项目有条不紊、按时按期、保质保量完成，就需要有一个好的施工组织与管理过程。在公路工程施工过程中一个优秀的施工组织设计文件是指导施工不可缺少的指导性资料。

  近年来，施工企业越来越重视对施工过程的组织与管理，对一个施工项目组织与管理的好坏与该工程的质量、进度、经济等方面直接相关，这就要求现场技术人员较好地掌握组织与管理方面的知识。本书依据教育部对高职高专人才培养目标、培养规格、培养模式及与之相适应的知识、技能、能力和素质的要求进行编写，包括"公路工程施工组织"和"工程经济"两部分内容。其中，"公路工程施工组织"部分以编制指导性的施工组织设计文件任务实施过程为逻辑顺序，通过该部分的学习，学生能够根据具体工程情况统筹考虑、科学合理安排施工要素，编制指导公路施工的组织设计文件，以求达到提高施工质量、降低工程成本、缩短施工工期的要求；"工程经济"部分以经济方案比选任务实施为目标，划分子任务和知识点，通过该部分的学习，学生能够对投资决策和项目经济效益最大化有一个系统的认识，能够进行简单的经济方案的比选，降低工程成本。全书内容体系基于工作过程导向的职业教育理念构筑，以岗位工作内容划分项目，并且融入课程思政，优化思政育人。此外，还配套精品资源共享网站提供教材全部的可视化资源，包括电子课件、视频、习题库等，网址为https://www.xueyinonline.com/detail/246327257。

  本书由陕西铁路工程职业技术学院李刚担任主编，陕西铁路工程职业技术学院李利利担任副主编。西安公路研究院有限公司李广辉，北京城建设计发展集团股份有限公司王顺兴，西安市数字化城市管理信息处置中心马嵩，中铁十七局第二工程有限公司杨惠民，四川交通职业技术学院张立，陕西铁路工程职业技术学院赵欢、李强强、高珊珊参与编写。具体编写分工为：项目一和项目二的任务一、任务二由赵欢编写，项目二的任务三、任务四、任务五和项目三的任务三由李刚编写，项目三的任务一、任务二、任务四及项目五由李利利编写，项目四的任务一、任务二由李广辉编写，项目四的任务三由杨惠民编写，项目四的任务四和项目六的任务三、任务四、任务五由李强强编写，项目六的任务一和项目七的任务六由王顺兴编写，项目六的任务二由马嵩编写，项目七的任务一、任务二、任务三由高珊珊编写，项目七的任务四、任务五由张立编写。全书由长安大学郝培文教授和陕西铁路工程职业技术学院李林军教授担任主审。

本书在编写过程中得到了陕西铁路工程职业技术学院相关教师的大力支持，也得到企业工程技术人员的指导。在此，向他们表示诚挚的感谢。

由于编者水平有限，书中难免有疏漏之处，恳请读者批评指正！

编　者

目 录

项目一　公路工程施工组织基本知识…1

任务一　公路工程基本建设项目……1

　一、公路工程基本建设的内容 ……1

　二、公路工程产品和施工的特点 … 3

　三、公路工程基本建设项目的组成 … 4

　四、公路工程基本建设程序 ……… 5

任务二　公路工程施工组织的编制…9

　一、公路工程施工组织的概念 …… 9

　二、公路工程施工组织的作用和任务 ……………………… 9

　三、公路工程施工组织的分类 …… 10

　四、编制公路工程施工组织的步骤 … 11

　五、编制公路工程施工组织所需要的基本资料 ………………… 13

项目二　公路工程施工方案的制订… 16

任务一　施工方案………………16

　一、施工方案的概念及其组成内容 … 16

　二、施工方案的编制原则 ………18

任务二　施工方法的选择…………18

　一、施工方法的选择原则 ………18

　二、选择施工方法的依据 ………20

任务三　施工机械的选配…………20

　一、机械化施工的意义 …………20

　二、施工机械选择的原则与组合方法 ……………………… 21

　三、施工机械的选择方法 ………23

任务四　作业方式的选择…………26

　一、施工生产类型 ………………26

　二、施工过程的分解 ……………27

　三、施工过程的组织原则 ………28

　四、施工过程的组织任务 ………29

　五、施工作业方式的选择原则 …31

任务五　施工顺序的确定…………32

一、施工顺序的确定原则 …… 32

　　二、确定施工顺序的方法 …… 33

项目三　公路工程施工进度计划的编制 …… 40

任务一　施工进度计划 …… 41

　　一、施工进度计划的内容 …… 41

　　二、施工进度计划编制的原则、依据和作用 …… 41

　　三、施工进度计划的表示方法 …… 42

任务二　流水作业施工进度计划的编制 …… 43

　　一、流水作业的组织形式与方式 …… 43

　　二、流水作业施工的主要参数 …… 44

　　三、流水作业横道图的绘制 …… 48

任务三　施工进度网络计划的编制 …… 54

　　一、网络计划技术的产生与发展 …… 54

　　二、网络计划技术的原理与特点 …… 55

　　三、网络计划技术的分类 …… 56

　　四、双代号网络进度计划图的绘制 …… 56

　　五、单代号网络进度计划图的绘制 …… 76

　　六、单代号搭接网络计划图的绘制 …… 83

任务四　网络计划的优化 …… 92

　　一、工期优化 …… 92

　　二、费用优化 …… 94

　　三、资源优化 …… 97

项目四　资源需求量计划的编制 …… 102

任务一　资源需求量计划的编制依据、原则和要求 …… 103

　　一、资源需求量计划的编制依据和原则 …… 103

　　二、资源需求量计划的编制要求 …… 103

任务二　劳动力需求量计划的编制 …… 104

任务三　施工机具与设备需求量计划的编制 …… 105

任务四　材料需求量计划的编制 …… 106

项目五　施工平面布置 …… 109

任务一　施工总平面图布置 …… 110

　　一、施工总平面图布置的依据 …… 110

　　二、施工总平面图布置的步骤 …… 110

　　三、施工总平面图布置的基本内容 …… 111

　　四、施工总平面图的绘制 …… 111

任务二　单位工程施工平面图布置 …… 113

一、单位工程施工平面图布置的依据 ……… 113

二、单位工程施工平面图布置的内容 ……… 113

三、单位工程施工平面图的绘制 … 114

项目六 施工技术组织措施 ……… 116

任务一 施工技术组织措施概述 ……… 116

一、施工技术组织措施的基本含义 ……… 116

二、施工技术组织措施的分类 … 117

任务二 施工进度技术组织措施 ……… 117

一、影响施工进度的主要因素 … 117

二、施工进度技术组织措施的主要内容 ……… 118

任务三 施工质量技术组织措施 ……… 118

一、影响施工质量的因素 ……… 118

二、工程施工质量控制的原则 … 119

三、施工质量技术组织措施的主要内容 ……… 119

任务四 施工安全技术组织措施 ……… 120

一、安全控制的方针和目标 …… 121

二、影响施工安全的主要因素 … 121

三、施工安全技术组织措施的主要内容 ……… 121

任务五 施工环境技术组织措施 ……… 122

一、公路施工对生态环境的影响 123

二、施工环境技术组织措施的主要内容 ……… 123

项目七 工程经济分析 ……… 127

任务一 工程经济概述 ……… 127

一、工程经济的常用术语 ……… 127

二、工程经济学的研究对象和任务 ……… 128

三、工程经济学的研究步骤和方法 ……… 128

四、工程经济学的特点 ……… 129

五、工程项目经济评价的基本原则 ……… 129

任务二 工程经济时间价值 ……… 129

一、现金流量图的绘制 ……… 129

二、资金的时间价值 ……… 131

三、单利和复利的计算 ……… 132

四、名义利率和有效利率 ……… 133

任务三 资金等值的计算与应用 ……… 134

一、资金等值相关基本概念 …… 134

二、等值的基本公式 ……… 135

任务四 工程经济指标与应用 ……… 140

一、计算期确定 ……… 140

二、基准收益率 …………… 141
三、工程项目经济评价指标 …… 142
四、净现值 …………………… 144
五、财务内部收益率 ………… 146
六、净年值 …………………… 147
七、偿债能力指标 …………… 148

任务五 工程项目方案类型与评价方法 …………………… 149
一、评价方案的类型 ………… 149
二、互斥型方案的比选 ……… 150
三、独立型方案的比选 ……… 152

任务六 工程项目风险与不确定性分析 …………………… 153
一、项目风险与不确定性概述 … 153
二、工程项目不确定性分析 …… 154
三、不确定性条件下的风险决策 … 158

附录 复利系数表 …………… 162

参考文献 …………………… 182

项目一　公路工程施工组织基本知识

知识目标

1. 掌握公路工程基本建设的定义及内容；
2. 理解公路工程产品和施工的特点；
3. 掌握公路工程基本建设项目的组成与划分；
4. 熟悉公路工程基本建设程序；
5. 掌握公路工程施工组织的概念、作用和任务；
6. 熟悉编制公路工程施工组织所需要的基础资料。

能力目标

通过学习与训练，能够在明晰公路工程施工组织的概念、作用与任务的基础上，结合公路工程产品、施工、建设程序等要求，进行公路施工组织文件相关内容的编制。

素养目标

"九层之台，起于累土"，学好公路工程施工组织基本知识是决定公路工程施工组织与管理能力的关键因素之一。培养重视基础、勇于担当、精工细作的职业精神。

任务描述

本项目的任务是结合公路施工组织文件，认知公路工程基本建设程序、施工组织及相关内容，使学生明晰公路施工组织文件的相关内容与要求，通过对公路施工组织编制所需基础资料和内容的熟悉与理解，会编制公路施工组织文件的相关内容。

任务实施

任务一　公路工程基本建设项目

一、公路工程基本建设的内容

（一）公路工程建设

在公路运输生产中必须有公路工程构造物作为生产资料，发展公路运输业，必须进行公路工程建设。公路工程建筑产品（如路基、路面、桥涵等构造物）都属于固定资产。公路建设是固定资产的简单再生产和扩大再生产。公路工程建设的内容按其任务与分工的不同，可分为以下三个方面。

1. 公路工程的小修、保养

公路工程构造物在长期使用过程中，受到行车和自然因素等的作用而不断损坏，只有通过定期和不定期的维修保养，才能保证公路构造物的正常使用，进而使原有生产能力得以维持。因此，公路工程的小修、保养是属于固定资产的简单再生产。

2. 公路工程的大修、中修与技术改造

由于受到结构、材料、设备等功能方面的差异性影响，公路建筑产品各组成部分必然具有不同的寿命。因此，公路工程虽然经过小修与保养，但是到一定年限后某些组成部分仍会丧失其正常使用功能，这时就需要进行更新工作。公路工程的大修、中修与技术改造是对固定资产的更新，如局部改线、提高路基防护等级、提高路面等级等。通过更新与技术改造可以提高公路的运输生产能力，实现固定资产的简单再生产和部分扩大再生产。

3. 公路工程基本建设

随着国民经济的发展，为适应公路交通生产的需求，必须通过重建、扩建、新建公路等基本建设形式来实现固定资产的扩大再生产，以满足公路运输能力的要求。

以上三个方面均为公路工程固定资产再生产不可缺少的组成部分，属于公路建设的内容，且都需要消耗一定的人力、财力和物力。但是，三者在资金来源及管理方式、方法上不完全相同。其中，公路工程的小修、保养由养护部门自行安排和管理；公路工程的大修、中修由养护部门提出计划报上级主管部门批准后，自行管理和安排；对于新建、改建、扩建、重建的公路工程，一般由地方(省、自治区、直辖市)政府主管部门下达任务，新建高速公路由省级主管部门上报国家主管部门审批。一切基本工程建设活动必须按照国家规定和要求进行管理，一切基本工程建设资金活动必须通过中国人民建设银行进行拨款、监督及办理结算。

(二)公路工程基本建设

公路工程基本建设是指需要一定量的投资，通过决策、勘察、设计、施工及有关的经济活动来实现固定资产的建筑、添置、安装，是国民经济各部门为了扩大再生产而进行的增加固定资产的建设工作。具体来说，即将一定的建筑材料、半成品、设备等，通过购置、建造和安装等活动，转化为固定资产的活动，如一条高速公路的竣工、一座桥梁的建成等。

按投资额的构成和工作性质，公路工程基本建设工作内容包括建筑安装工程，设备及工具、器具购置，其他基本建设工作等。

1. 建筑安装工程

建筑安装工程是指兴工动料的施工活动，是投资额最高的一部分，也是基本建设中最复杂的一部分。其包括建筑工程和设备安装活动。其中，建筑工程包括路基、路面、桥涵、隧道、防护工程及沿线设施等；设备安装活动包括高速公路、特大桥梁所需各种机械、设备、仪器的安装与测试等。

2. 设备及工具、器具购置

设备及工具、器具购置是指为公路运营，服务管理，养护等需要所购置的设备、工具、器具，以及为保证新建、改建公路初期正常生产、使用和管理所需办公与生活家具的采购或自制。

3. 其他基本建设工作

其他基本建设工作是指不属于上述各项的基本建设工作，包括公路筹建阶段和建设阶段的管理工作、勘察设计、科研试验、征用土地、拆迁补偿等。

二、公路工程产品和施工的特点

为能对公路工程建设过程进行有效的组织与管理，需要充分了解公路建设的特点。公路工程建设的特点主要包含公路工程产品自身的特点和公路工程施工的特点两个方面。

(一)公路工程产品自身的特点

1. 产品形体的庞大性

公路工程是布设于地表的线型构造物，路基、路面、桥梁等组成部分的形体庞大，占用空间与土地面积多。

2. 产品的固定性

公路工程构造物的空间地理位置不变，占用大量土地，不能移动。

3. 产品的多样性

由于公路建筑产品的使用目的各异，相应技术等级、技术标准不同，结构形式、主体功能千差万别，导致公路的组成结构复杂多样。

4. 产品部分结构的易损性

公路工程部分结构物受到自然因素及车辆荷载等的作用，极易损坏。其暴露于大自然的部分，如路面，在受风、雨、雪及有害气体、液体的侵蚀极易老化损坏，故常需要小修、保养；受行车直接作用的部分，由于轮胎的磨损、行车过程中的振动、冲击等综合外力作用，经常损坏。

(二)公路工程施工的特点

公路工程施工的特点与公路工程产品自身的特点密切相关，针对公路工程产品的特点，公路工程施工具有以下特点。

1. 施工流动性大

公路为布设于地表的线型构筑物，建设范围广，工程数量分布不均匀。路基、小桥及涵洞、路面工程、交通工程、沿线设施及环境绿化等，属于线型分部工程。大、中型桥梁、隧道、高填深挖路段的路基土石方工程等，往往是控制工期的集中工程。

由于产品具有固定性且沿线工程数量不均匀，组织人力、物力围绕固定产品在同一工作面不同时间，或同一时间不同工作面进行施工活动。这就要求时间和空间组织要科学合理地安排，尽量减少空间上的混乱和时间上的浪费，从而使施工有条不紊地向前推进。当某一公路工程产品完工后，施工人员要向新的指定施工现场转移。

2. 施工协助性高

公路工程的类型多种多样，标准化难度大。由于施工时的物资种类、供应地点、机具设备、施工技术水平等技术条件，以及环境、气候因素和工期要求等的差异，相同技术等级的公路，也不可能采用同一施工组织。

为满足工程质量、成本、施工工期的要求，每项工程都需要建设、设计、施工、监理等单位密切配合，材料、动力、运输等相关部门的通力协作，同时，还需要地方各级政府部门和施工沿线各相关单位的大力支持。因此，公路施工过程中的合理调度与共同协作、缜密计划与科学管理是至关重要的。

3. 施工周期长

公路工程具有形体庞大、产品固定、多样性的特点，施工时同一地点要依次进行多个分部作业，例如，进行路面工程施工，必须依次进行清理现场、施工放样、路基工程、涵洞等构造物的施工，从而使施工周期长。特别是大桥工程、长隧道、地质不良地段处，占用和消耗大量的人力、物力和时间资源，待整个施工期结束，公路建筑产品才能投入运营。

在施工过程中，各阶段、各环节必须有机结合，在时间、空间方面合理安排，施工过程稳定有序，才能满足工期要求，人力、物力、财力才能得到有效发挥。

4. 受外界干扰及自然因素影响大

公路工程施工受自然条件、地理环境的影响很大，特别是在夏季高温、洪水；冬季冰冻、大雪；春秋大风、漫天沙尘等不良天气条件下，以及泥沼、岩溶、流沙等不良地质区，不但影响施工，还会给工程造成一定的损失。另外，设计变更、物资供应临时发生变化、地质条件突变等，再加上一些人为因素，如果处理不当，都会直接影响工程质量、成本及工期。这些因素要求在制定施工组织设计时应统筹综合考虑，确保保质保量按期完工。

三、公路工程基本建设项目的组成

公路工程基本建设项目是指需要一定量的投资，经过决策和实施（勘察、设计和施工等单位）一系列程序，在一定的约束条件下形成的以固定资产为明确目标的建设项目。每项基本建设项目，就其实物形态来说，由许多部分组成。为了便于编制各种基本建设项目的施工组织及概预算文件，必须对每项基本建设项目进行划分，可依次划分为基本建设项目、单项工程、单位工程、分部工程和分项工程。

微课：基本建设项目组成

（一）基本建设项目

基本建设项目又称为建设项目。每项基本建设工程就是一个建设项目。建设项目一般是指有总体设计、经济上实行独立核算、行政管理上具有独立组织形式的建设单元。

我国基本建设工作，通常以一个企业、事业单位，或一个独立工程作为一个建设项目。公路建设项目一般是指建成后可以发挥其使用价值和投资效益的一条高速公路、一条国省干线或一座独立大、中型桥梁等。

（二）单项工程

单项工程又称为工程项目。一个建设项目可以由一个单项工程或几个单项工程组成。单项工程是建设项目的组成部分，是具有独立的设计文件，竣工后可以独立发挥生产能力或效益的工程，如独立的桥梁工程、隧道工程，这些工程一般包括与已有公路的接线，建成后可以独立发挥交通功能。倘若在整个路线未修通前，路线中的桥梁或隧道并不能发挥交通功能，也就不能作为一个单项工程。

（三）单位工程

一个单项工程可以由几个单位工程组成。单位工程是单项工程的组成部分，一般是指不能独立发挥生产能力或效益，但具有独立施工条件的工程，如一条公路可分为路线工程、涵洞工程等单位工程。某隧道单项工程可分为土建工程、照明和通风工程等单位工程。由此可见，单位工程一般不能独立发挥生产能力和使用效益。

（四）分部工程

一个单位工程可以包含若干分部工程。分部工程是单位工程的组成部分，一般是按照单位工程的各个部位划分的。例如，公路建设工程中按工程部位可以划分为路基工程、路面工程、桥涵工程等。

(五)分项工程

一个分部工程可以包含若干分项工程。分项工程是分部工程的组成部分,是按照工程的不同施工部位、不同材料、不同施工方法、不同质量要求等因素划分的。例如,基础工程可划分为围堰、挖基、桩基础施工等分项工程。分项工程的独立存在是没有意义的,一般来说,分项工程只是建筑或安装工程的一种基本构成要素,是为了组织施工及为确定建筑或安装工程造价费用而假定的,以便作为分部工程的组成部分。

四、公路工程基本建设程序

基本建设程序是基本建设项目从策划、选择、评估、决策、设计、施工、竣工验收到投入生产或交付使用的整个建设过程中,各个环节、各个步骤之间必须遵循的先后工作次序。其是由基本建设项目本身的特点和客观规律决定的。进行基本建设时,坚持按科学合理的基本建设程序来实施,是遵循自然规律与经济规律管理基本建设的一项根本原则。

微课:公路基本建设程序

公路工程基本建设涉及面广,受自然条件(地质、气候、水文)、技术条件(技术人员水平、机械化程度等)、物资条件(各种原材料供应、运输等)及环境等的制约,需要各个部门、各个环节协作配合,并且要求按照既定的需要和科学的总体设计进行建设。基本建设是一项内容比较复杂的工作,建设过程中任何计划不周或安排不当,都会造成经济损失,甚至给工程带来严重的后果。因此,一切基本建设,按照规定的程序开展各个方面的工作,才能达到预期的效果。对于新建及改建的大中型项目,在符合审批条件的前提下,可根据具体情况,进行合理的交叉;对于小型项目,可根据具体情况,简化程序。

公路工程基本建设程序:根据国民经济长远规划及公路网建设规划,提出项目建议书;通过调查分析,进行可行性研究,编制可行性研究报告;可行性研究报告经批准后,进行初步设计;初步设计经批准后列入国家年度基本建设计划,并进行技术设计和施工图设计;设计文件经审批后组织施工;施工完成后,进行竣工验收,然后交付使用。这些程序必须依次进行,逐步实施。公路工程基本建设程序如图1-1所示。各环节的具体内容分述如下。

(一)项目建议书

根据国民经济和社会发展的长远规划、公路网建设规划、地区规划,提出项目建议书。项目建议书应对拟建项目的建设目的和要求、主要技术标准、原材料及资金来源等提出文字说明。项目建议书是进行各项前期准备工作和可行性研究的依据。

项目建议书的主要内容包括:项目提出的依据、必要性;建设规模;建设初步地点;主要技术标准;建设条件;投资估算和资金筹措方案;建设预计工期;经济效益和社会效益初步评价。项目建议书一般由建设单位提出或委托专业机构编制,上报主管部门后由主管部门转报有权审批部门审批。项目建议书经有权审批部门审批后,可以进行详细的可行性研究工作。

(二)可行性研究

项目建议书一经批准,即可着手进行可行性研究。可行性研究是指在项目决策前,通过对项目有关的工程、技术、经济等各方面进行调查、研究、分析,对各种可能的建设方案和技术方案进行比较和论证,由此考察项目技术上的先进性和适用性、经济上的盈利性和合理性,以及建设的可能性和可行性的一种科学的分析方法。可行性研究是项目前期工作最重要的内容,它从项目建设和生产经营的全过程考察分析项目的可行性,其是否有必要建设,是否可能建设和如何进行建设的问题,其结论为投资者的最终决策提供直接的依据。因此,凡大中型工程、高等级公路及重点工程建设项目(含国防、边防公路)均应对其进行可行性研究,对于小型项目可适当简化。凡未经可行性研究的项目，一律不予以审查报批。

可行性研究按工作深度，划分为预可行性研究和工程可行性研究两个阶段。预可行性研究应重点阐明建设项目的必要性；通过踏勘和调查研究提出建设项目的规模和技术标准，并进行简要的经济效益分析。工程可行性研究应通过必要的测量（高速公路、一级公路必须做）、地质勘探（大桥、隧道及不良地质地段等），在认真调查研究，拥有必要资料的基础上，对不同建设方案从经济上、技术上进行综合论证，提出推荐性建设方案。工程可行性研究报告经审批后作为初步测量及编制初步设计文件的依据。工程可行性研究的投资估算与初步设计概算之差应控制在10%以内。

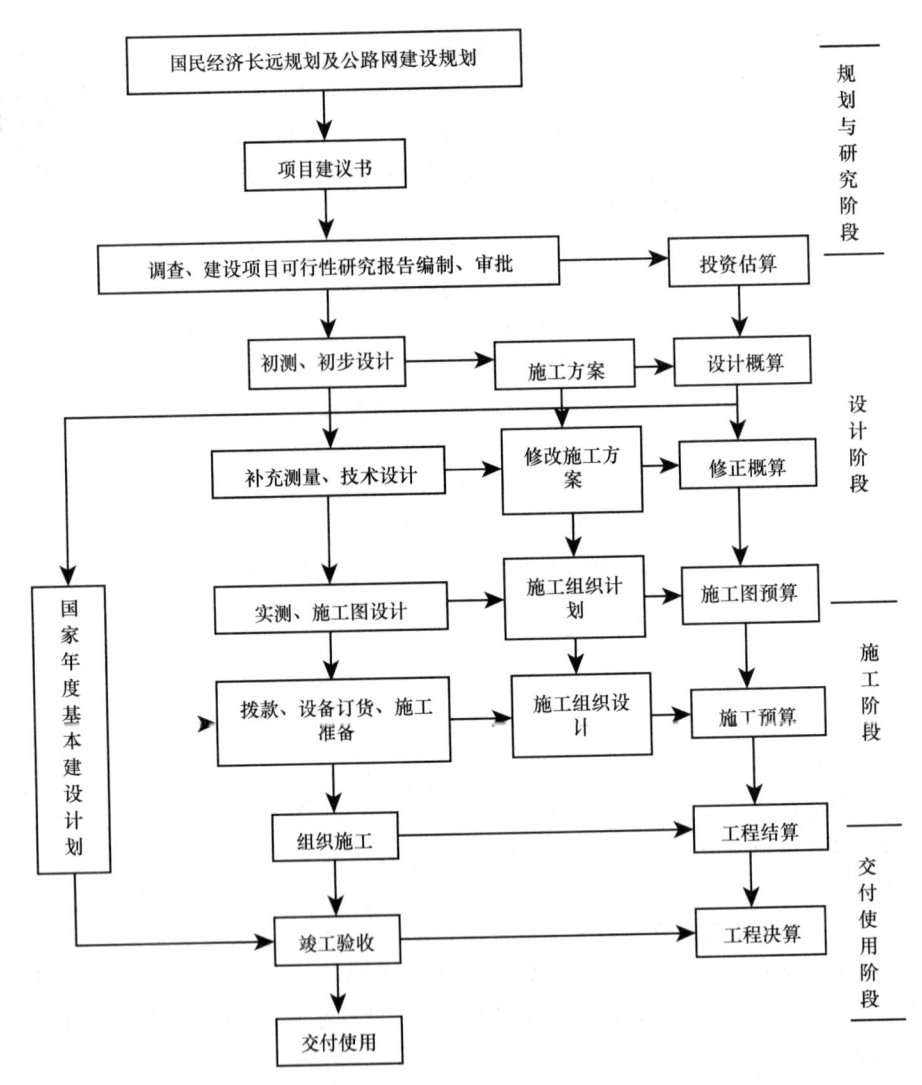

图 1-1 公路工程基本建设程序

公路工程建设项目可行性研究报告的主要内容如下：
(1)建设项目的依据、历史背景。
(2)建设地区综合运输网的交通运输现状，建设项目在交通运输网中的地位及作用。
(3)原有公路的技术状况及适应程度。
(4)论述建设项目所在地区的经济状况，研究建设项目与经济发展的内在联系，预测交通量、运输量的发展水平。

(5)建设项目的地理位置、地形、地质、地震、气候、水文等自然特征。

(6)筑路材料来源及运输条件。

(7)论证不同建设方案的路线起点和主要控制点、建设规模、标准，提出推荐意见。

(8)评价建设项目对环境的影响。

(9)测算主要工程数量、征地拆迁数量，估算投资，提出资金筹措方式。

(10)提出勘测设计、施工计划安排。

(11)确定运输成本及有关经济参数，进行经济评价、敏感性分析。对收费公路、桥梁、隧道尚需作财务分析。

(12)评价推荐方案，提出存在的问题和有关建议。编制可行性研究报告，应严格执行国家的各项政策、规定和交通运输部颁布的技术标准、规范等。

(三)初步设计

公路工程基本建设项目一般采用两阶段设计，即初步设计和施工图设计。对于技术简单、方案明确的小型建设项目，可采用一阶段设计，即施工图设计；对于技术复杂而又缺乏基础资料和经验的建设项目，或建设项目中的特大桥、互通式立体交叉、隧道、高速公路和一级公路的交通工程及沿线设施中的机电设备工程等，必要时可采用三阶段设计，即初步设计、技术设计和施工图设计。

初步设计的目的是确定设计方案，必须进行多设计方案比选，才能确定最合理的设计方案。初步设计应根据批复的可行性研究报告、测设合同及勘测资料进行编制。初步设计的内容依据项目的类型不同而有所变化，一般包括拟订修建原则、选定设计方案、计算主要工程与材料数量、提出初步施工方案、编制设计概算、提供文字说明及相关图表资料。初步设计的文件应当满足编制施工招标文件、主要设备材料订购和编制施工图设计文件的需要。其是下一阶段施工图设计的基础。

初步设计文件经审查批准后，可为国家控制建设项目投资及编制施工图设计文件或技术设计文件提供依据。其也是订购和调拨主要材料、机具、设备，安排有关重大科研项目，联系征用土地、拆迁、施工准备等方面的筹划依据。

(四)列入国家年度基本建设计划

只有建设项目的初步设计及其概算经上级批准后，才能列入国家年度基本建设计划，这是国家对基本建设实行统一管理的手段，未列入国家年度基本建设计划的建设项目，一律不准施工。年度计划是年度建设工作的指令性文件，一经确定后，如果需要增加投资额或调整项目时，必须上报原审批机关批准。

项目列入国家年度基本建设计划后，建设单位根据国家发展和改革委员会颁发的年度基本建设计划，按照批准的可行性研究报告和初步设计文件，编制本单位的年度基本建设计划报经上级批准后，再编制物资、劳动力、财务计划。年度基本建设计划编制完成后，必须按规定程序上报审批。年度基本建设计划报经批准后，作为安排生产、物资分配、劳动力调配和财政拨款或贷款等的依据，并通过招投标或其他方式落实施工单位。

(五)技术设计和施工图设计

技术设计应根据批准的初步设计和补充初测(或定测)资料，解决初步设计中未能解决的重大的、复杂的技术问题。通过科学试验、专题研究及分析比较，落实技术方案，计算工程数量，提出修正的施工方案，编制修正设计概算。技术设计经批准后作为编制施工图设计的依据。

两阶段(或三阶段)施工图设计应根据批准的初步设计(技术设计)和定测(补充定测)资料进

一步对所审定的修建原则、设计方案、技术设计加以深化和具体化，最终确定工程数量，提出文字说明和满足施工需要的图表资料及施工组织计划，并编制施工图预算等设计文件。

施工图设计文件一般由以下内容组成：

(1)总说明书；
(2)总体设计(只用于高速公路和一级公路)；
(3)路线；
(4)路基、路面及排水；
(5)桥梁、涵洞；
(6)隧道；
(7)路线交叉；
(8)交通工程及沿线设施；
(9)环境保护；
(10)其他工程；
(11)筑路材料；
(12)施工组织计划；
(13)施工图预算；
(14)附件。

(六)施工准备

公路工程施工涉及面广，为了保证施工的顺利进行，建设单位、勘测设计单位、施工单位和建设银行等都应在施工准备阶段充分做好相应的准备工作。

(1)建设单位应根据计划要求的建设进度组建专门的管理机构；组织招标投标(包括监理、施工、设备采购、设备安装等方面的招标投标)择优选择施工单位，签订施工合同；办理登记及征地、拆迁等工作；做好施工沿线各有关单位和部门的协调工作，抓紧配套工程项目的落实，提供技术资料、建筑材料、机具设备的供应。

(2)勘测设计单位应按照技术资料供应协议，按时提供各种图纸资料，做好施工图纸的会审及移交、交底工作。

(3)施工单位应首先熟悉图纸并进行现场核对，编制实施性施工组织设计和施工预算，同时组织先遣人员、部分机具、材料进场，进行施工测量、修筑便道及生产、生活用临时设施，组织材料及技术物资的采购、加工、运输、供应、储备。提出开工报告，按投资隶属关系报请交通运输部或省(自治区、直辖市)基本建设主管部门核准；施工中涉及与其他部门有关的问题，应事先联系，签订协议。

(4)工程监理单位组织监理机构或建立监理组织体系，熟悉施工设计文件和合同文件；组织工程监理人员和设备进入施工现场；根据工程监理制度规定的程序和合同条款，对施工单位的各项施工准备工作进行审批、验收、检查，合格后，使其按合同规定要求如期开工。

(5)建设银行应会同建设单位、设计单位、施工单位、监理单位做好图纸的会审，严格按计划要求进行财政拨款或贷款，做好建设资金的供应工作。

(七)工程施工

施工准备工作完成后，施工单位严格按照上级下达的开工日期或工程承包合同规定的开工日期进行施工。施工单位在施工过程中，应严格按照设计文件和施工技术规范，合理组织施工，加强施工管理，确保工程质量与安全、文明施工，并积极推广应用新工艺、新技术，努力降低工程造价，减少工期，注意做好施工记录，建立技术档案。

(八)竣工验收、交付使用

建设项目竣工验收是公路工程基本建设过程的最后一个环节，是全面考核工程建设成本、检验设计和施工质量的重要步骤，也是项目由建设转入使用的标志。按照中国人民建设银行《关于基本建设项目竣工验收暂行规定》和交通运输部关于印发《公路工程竣(交)工验收办法实施细则的通知》的要求，认真负责地对全部基本建设工程进行总验收。竣工验收包括对工程质量、数量、期限、生产能力、建设规模、使用条件的审查，以及对建设单位和施工企业编报的固定资产移交清单、隐蔽工程说明和竣工决算等进行细致的检查。

当全部基本建设工程经过验收合格，完全符合设计要求后，应立即移交给生产部门正式使用，迅速办理固定资产交付使用的转账手续，加强固定资产的管理。对存在问题要明确责任，确定处理措施和期限。

(九)公路建设项目后评价

在公路通车运营2~3年后，用系统工程的方法，对建设项目决策、设计、施工直至通车运营的各阶段工作及其变化的原因，进行全面的跟踪调查、分析和评价的工作称为公路建设项目后评价。通过建设项目后评价以达到肯定成绩、总结经验教训、研究问题、提出建议、改进工作、不断提高项目决策水平和投资效果的目的。公路建设项目后评价报告的主要内容包括建设项目的过程评价、效益评价、影响评价及目标持续性评价。

任务二　公路工程施工组织的编制

一、公路工程施工组织的概念

公路工程施工组织是规划和指导公路工程从工程投标、签订承包合同、施工准备到竣工验收全过程的一个综合性的技术经济文件，是对拟建工程在人力和物力、时间和空间、技术和组织等方面所做的全面合理的安排，是沟通工程设计和施工之间的桥梁，是准备、组织、指导施工和编制施工作业计划的基本依据。施工组织可以是对整个基本建设项目起控制作用的总体部署，也可以是对某一单位工程施工作业的指导依据。作为公路工程基本建设管理的主要手段之一，施工组织既要体现拟建工程的设计与正常使用要求，又要符合施工的客观规律。

微课：公路施工组织概念

具体来说，公路工程施工组织就是从工程的全局出发，按照客观的施工规律和当时、当地的具体条件(自然、环境、地质等)，统筹考虑施工活动中的人力、资金、材料、机械和施工方法等主要因素后，对整个工程的施工进度和资源消耗等作出科学而合理的安排，从而使工程建设在一定的时间和空间内实现有组织、有计划、有秩序的施工，以达到工期尽量短，质量精度高，资金花费少，施工安全性高的效果。

二、公路工程施工组织的作用和任务

1. 公路工程施工组织的作用

公路工程施工组织的作用主要表现在以下几个方面：

(1)施工组织既是施工准备工作的重要组成部分，又是指导各项施工准备工作的依据。

(2)施工组织是确定施工方案和技术组织措施、指挥生产开展工作、进行项目管理、控制施工进度的依据。

(3)施工组织所确定的资源需要量可直接为材料、机具、设备、劳动力需要量等的供应提供依据。

(4)通过编制施工组织,可合理设置为施工服务的各项临时设施,合理部署施工现场,确保文明、安全施工。

(5)通过编制施工组织,可减少施工的盲目性,充分考虑施工中可能遇到的难题,主动调整薄弱环节,为施工提供技术保证。

(6)通过编制施工组织,可将工程项目的设计与施工、技术与经济、整体与局部,以及各部门之间实现有机结合,统一协调。

(7)施工组织与施工单位的施工计划是相辅相成、互为依据的,即制定施工组织应服从施工单位的施工计划;反之,施工组织不仅对施工单位的施工计划起控制性作用,而且是编制施工单位施工计划的基础。

(8)施工组织是投标文件和合同文件的重要组成部分,其准确体现了业主对工程的意图与要求,对能否中标起着重要的作用,可指导投标和签订工程承包合同。

2. 公路工程施工组织的任务

施工组织对于能否优质、高效、按时、低耗地完成公路工程施工任务起决定性的作用。为了确保施工组织设计的合理有效性,发挥其作用,在施工前必须完成的主要任务有以下几项:

(1)确定开工前必须完成的各项准备工作,如核对设计文件、补充调查资料、施工先遣人员进场等。

(2)计算工程数量,确定人力、机械、各种材料、构件等的需要量与供应方案等。

(3)确定施工方案和施工顺序,选择施工机具。

(4)编制施工进度计划,确定每月或每季度人力、材料、机械需用量。

(5)进行施工平面布置,即设备停放场、料场、仓库、拌合站、预制场、生活区、办公室等的布置。

(6)制订确保工程质量及安全生产的有效技术措施。

三、公路工程施工组织的分类

公路工程施工组织是一个总体的概念,根据编制时间、编制阶段、编制对象范围有相应的分类。

(一)按编制时间进行分类

公路工程施工组织按编制时间可分为两类:一类是投标前编制的施工组织,简称标前施工组织;另一类是中标后编制的施工组织,简称标后施工组织。

1. 标前施工组织

标前施工组织是指在投标之前,施工单位在深入了解和研究招标文件、设计文件和设计图纸,以及调查和复核施工现场的基础上,结合本单位的具体情况进行编制的施工组织文件。工程施工单位为了使投标具有竞争力,必须根据业主对投标书所要求的内容编制标前施工组织设计。标前施工组织设计的好坏既是能否中标的关键,又是总包单位进行分包的依据,同时,还是承包单位与发包单位进行合同签约谈判,拟订合同文本中相关条款的基础资料。标前施工组织应根据招标文件的具体要求、施工单位的技术经济条件和施工现场的实际情况进行编制。

2. 标后施工组织

标后施工组织是指在设计阶段编制的施工组织计划和投标时编制的标前施工组织的基础上，为了确保和落实标前施工组织按期或提前实现，施工单位中标及签订合同后编制的施工组织文件。标后施工组织是施工单位在详细研究设计文件、图纸、合同条款，以及现场反复调查复核的基础上，对标前施工组织文件内容进行进一步分析和研究，重新进行补充、完善和落实的过程。标后施工组织作为具体指导施工全过程的技术文件，其内容必须对各分项工程、各工序和各施工组织都要进行施工进度的日程安排和具体操作的设计。

(二)按编制阶段进行分类

公路工程施工组织按编制阶段可分为设计阶段的施工组织和施工阶段的施工组织。

1. 设计阶段的施工组织

公路建设项目可分为初步设计、技术设计、施工图设计。在各个设计阶段，都需要编制相应的施工组织文件。在初步设计阶段拟订施工方案，在技术设计阶段编制修正的施工方案，在施工图设计阶段编制施工组织计划。

2. 施工阶段的施工组织

在施工组织计划的基础上，由施工单位负责编制施工阶段的施工组织。施工阶段的施工组织文件的内容与施工图设计阶段的施工组织计划基本相似，但更具体和详细，这里不再详细论述。

(三)按编制对象范围进行分类

公路工程施工组织按编制对象范围可分为总体施工组织、单位工程施工组织和分部(分项)工程施工组织。

1. 总体施工组织

总体施工组织是以整个建设项目为对象编制的，用以指导整个建设项目施工全过程的各项施工活动的全局性、控制性的指导文件。在总体施工组织的指导下，再深入研究总项目的单位工程或分项工程的施工组织。总体施工组织一般在初步设计或扩大初步设计被批准之后，由总承包企业的总工程师负责，会同建设、设计和分包单位的工程师共同编制。

2. 单位工程施工组织

单位工程施工组织是以一个单位工程为对象编制的，用以指导其施工全过程的各项施工活动的局部性、指导性文件。其任务是按照总体设计的要求，根据现场施工的实际条件，具体安排人力、物力和建筑工程的进行，是施工单位编制作业计划及制订季、月施工计划的依据。单位工程施工组织一般在施工图设计完成后，在拟建工程开工之前，由工程项目的技术负责人负责编制。

3. 分部(分项)工程施工组织

分部(分项)工程施工组织是以分部(分项)工程为编制对象，用以具体实施其施工全过程的各项施工活动的技术、经济和组织的实施性文件。一般对于工程规模大、技术复杂、施工难度大或采用新工艺、新技术施工的建筑物或构筑物，在编制单位工程施工组织之后，常需要对某些重要的又缺乏经验的分部(分项)工程再深入编制专业工程的具体施工组织，如公路施工中的高路堤、深路堑、深基础、大型结构、地下防水工程等。

四、编制公路工程施工组织的步骤

(一)施工图设计文件组成及施工承包合同内容

1. 施工图设计文件组成

施工图设计文件一般由以下内容组成：

(1)总说明书;
(2)总体设计;
(3)路线;
(4)路基、路基面及排水;
(5)桥梁、涵洞;
(6)隧道;
(7)路线交叉;
(8)交通工程及沿线设施;
(9)环境保护;
(10)渡口码头及其他工程;
(11)筑路材料;
(12)施工组织计划;
(13)施工图预算;
(14)附件。

其中,总体设计只用于高速公路和一级公路,附件内容为补充地质勘探、水文调查及计算等基础资料。

2. 施工承包合同内容

施工承包合同内容一般包括工程概况、承包的依据、承包的方式、工程质量、施工工期、开(竣)工日期、工程造价、技术物资供应、工程拨款与结算方式、违约责任、奖惩条款和各自应做的准备工作及配合协作关系等。

(二)编制公路工程施工组织的步骤

公路工程施工组织无论是投标前按投标书的要求编制,还是中标后按合同书的要求编制,其编制步骤大同小异。编制公路工程施工组织的步骤主要包括以下几个方面。

1. 描述工程概况

施工组织中的工程概况,实际上是对拟建项目所做的一个简要的总说明。其内容主要包括工程性质,施工条件,地理位置,建设规模,合同工期,有关地形、地质、气象和水文特征,主要技术标准,主要工程项目及数量等。

2. 进行施工总体安排

施工总体安排是在充分了解工程情况、施工条件和建设要求的基础上,对整个建设项目全局作出的统筹规划和全面安排。其内容一般包括施工组织,技术组织,总体平面布置,设备、人员供应周期和设备、人员、材料运输到施工现场的方法,临时工作安排,施工总进度安排等。

3. 拟订施工总体方案

施工总体方案是指对工程施工所做的总体设想和安排。其是根据施工规律、客观条件和技术要求,将人力、材料、机械设备最有效地组合在一起。施工总体方案的选择是施工组织中最重要的问题,是决定整个工程全局的关键。施工总体方案包括的内容很多,主要包括施工方法的确定、施工机械和设备的选择、施工顺序的安排、科学的施工组织等。

4. 编制施工进度计划

施工进度计划是在选择好施工方案后,对建筑产品的施工顺序、开竣工时间及相互衔接关系在时间上的安排。施工进度计划在项目施工规划中起着主导作用,用以指导项目施工的均衡性。施工进度计划包括划分施工项目,计算工程量和劳动量,计算工作天数、安排工作进度,编制施工进度计划表,检查和调整施工进度计划等。

5. 绘制施工现场平面布置图

施工现场平面布置图在施工现场范围内将施工对象的设计位置、工程材料、施工设备，以及服务于生产和生活的各项临时设施在空间上进行全面合理地布置，以平面图的形式表达出来。

6. 确定资源需要量计划

资源需要量是指工程项目在施工过程中所必须消耗的各类资源的计划用量，它包含劳动力的来源和组合，机械设备的选用和上场时间，以及材料品种的选购和供应的时间、数量等，要根据施工进度的要求及时组织有效的供应。

7. 编制主要技术组织措施计划

施工技术组织措施是指降低工程施工成本、提高工程质量、加快工程施工进度、保证工程施工安全等方面的措施。技术组织措施主要反映工程项目的质量、工期、安全、环保等方面的要求和做法。通过技术组织措施的编制，使业主更能全面了解承包方的现代化管理水平，增强业主对承包方完成项目的信心。

五、编制公路工程施工组织所需要的基本资料

由于公路施工产品具有类型多、施工工期长、受外界及自然因素影响大，需要协调的问题复杂等原因，因此施工前必须掌握准确可靠的原始资料，在此基础上，才能编制出切实可行的施工组织文件。

编制公路工程施工组织需要多方面资料，根据公路工程建设的不同阶段，以及施工组织的具体用途的不同，对资料的内容及深度要求不尽相同。总的来说，编制施工组织所需要的基本资料通常包括建设地点的自然条件和技术经济条件两个方面。在这些资料中，一部分可以由建设单位、设计单位提供；但更多的是要通过现场调查、市场及社会调查和企业内部经营能力调查来取得。

（一）自然条件的调查资料

1. 地形和地貌

重点调查公路沿线、桥位、隧道、工程困难地段的地形和地貌。调查资料用于选择施工用地，布置施工平面图、规划临时设施、掌握障碍物及其数量等。

2. 地质情况

通过试验和地质勘探等手段确定公路沿线地质情况。用以选择路基土石方施工方法、确定特殊路基处理措施、复核地基基础设计与施工方案、选定自采加工材料料场、制订障碍物的拆除计划等。

3. 水文地质

水文地质主要包括地下水和地面水情况。

（1）地下水。判定水质及其侵蚀能力、研究降低地下水水位的措施、选择基础施工方案、复核地下排水设计等。

（2）地面水。调查汛期和枯水期地面水的最高水位。用于制订水下工程施工方案，施工季节、复核地面排水设计。

4. 气象条件

气象条件主要包括气温、降雨及风力和风向。

（1）气温。调查冬季最低气温、冬季期月数及夏季最高气温。用于确定冬期施工项目及夏季防暑降温措施，估计混凝土、水泥砂浆的强度增长情况，选择水泥混凝土工程、路面工程及砌

筑工程的施工季节。

(2)降雨。调查雨季期月数和降雨量，用于确定雨期施工措施、工地排水及防洪方案，确定全年施工作业的有效工作天数及桥涵下部构造的施工季节等。

(3)风力和风向。调查当地最大风力、风向及大风季节，用于布置临时设施，确定高空作业及吊装的方案与安全措施等。

5. 地质灾害情况

地震、泥石流、滑坡等地质灾害的风险性，必要时也应进行调查，并应注意它们对路基等的影响，以便采取专门的设计及施工保障措施。

(二)技术经济条件的调查资料

对技术经济条件的调查分析，例如，调查施工现场的动迁、当地可利用的地方材料、外购材料、砂石料场、水泥生产厂家及产品质量、地方能源和交通运输、地方劳动力和技术水平、当地生活物资供应、可提供的施工供水供电条件、设备租赁、当地消防治安、分包单位的力量和技术水平等状况。技术经济条件的调查资料主要可分为施工资源调查、施工单位能力调查和施工干扰调查三个方面。

1. 施工资源调查

(1)筑路材料。筑路材料主要包括外购材料、地方材料、自采加工材料。

1)外购材料：发货地点、规格、品种、可供应数量、运输方式及运输费用等。

2)地方材料：分布情况、质量、单价、运输方式及运输费用等。

3)自采加工材料：料场选择、料场位置、可开采数量、运距等。

(2)运输情况调查。公路沿线及临近地区的铁路、公路、河流的位置；车站、码头存储货物的能力及到工地的距离；装卸费和运杂费标准；公路及桥梁的最大承载能力；航道的运输能力；当地汽车修理厂的情况及水平；民间运输能力。

(3)供水、供电、通信情况调查。当地水源位置、供水数量、水压、水质、水费；当地电源位置、供电的容量、电压、电费、每月停电次数。对于通信，调查当地邮电机构设置情况。如果以上供水、供电、通信当地都有能力解决，应签订相应的协议书，以利于有关部门提前做好准备。

(4)劳动力及生活设施。劳动力及生活设施主要包括以下几项：

1)公路沿线可利用的劳动力人数、技术水平，还应了解沿线民风、民俗。

2)公路沿线有无可利用的房屋及面积大小。

3)公路沿线的文化教育、生活、医疗、消防、治安情况及支援能力。

4)环境条件。周围有无有害气体、液体、有无地方性疾病。

(5)地方施工能力调查。例如，当地钢筋混凝土预制构件厂、木材加工厂、采石厂等建筑施工附属企业的生产能力，能否满足公路施工的需求量。

2. 施工单位能力调查

在公路设计阶段，施工单位尚未明确，应向建设单位调查落实施工单位。对施工单位，主要调查其施工能力，如施工技术人员数量、施工人数、机械设备的装备水平、施工单位的资质等级及近几年的施工业绩等。对实行招投标的工程，在设计阶段不能明确施工单位，编制施工组织设计时，应从工程设计的角度出发，提出优化的、最合理的意见作为依据。在施工阶段，施工单位已确定，施工单位能够调动的施工力量及技术装备水平，都是编制施工组织设计的依据。

3. 施工干扰调查

调查行车、行人交通量及居民生产生活方面的干扰，用于确定施工方法及考虑管制、避让或安全等措施。

项目小结

1. 公路建设是固定资产的简单再生产和扩大再生产。按其任务与分工的不同，可分为公路工程的小修、保养，公路工程的大、中修与技术改造，公路工程基本建设3个方面。其中，公路工程基本建设工作内容，按投资额的构成和工作性质可分为建筑安装工程，设备及工具、器具购置，其他基本建设工作。

2. 公路建设的特点包含公路工程产品自身的特点及公路工程施工特点。公路工程产品自身的特点是庞大性、固定性、多样性、易损性；公路工程施工的特点是流动性大、协作性高、周期长、外界因素影响大。

3. 公路基本建设程序主要是项目建议书→编制可行性研究报告→初步设计→列入国家年度基本建设计划→施工图设计（特殊或复杂时为技术设计和施工图设计）→组织施工→竣工验收→交付使用。

4. 编制公路工程施工组织的步骤主要包括描述工程概况、进行施工总体安排、拟订施工总体方案、编制施工进度计划、绘制施工现场平面布置图、确定资源需要量计划、编制主要技术组织措施计划。

5. 编制施工组织所需要的基础资料通常包括建设地点的自然条件和技术经济条件两个方面。根据公路工程建设的不同阶段，以及施工组织的具体用途的不同，对资料的内容及深度要求不尽相同。

能力训练

通过本项目的学习，完成下列问题：
1. 公路基本建设项目的定义是什么？
2. 公路工程产品和施工的特点有哪些？
3. 基本建设项目的组成及各组成部分的含义是什么？
4. 公路工程项目基本建设程序包括哪些？
5. 公路工程施工图设计文件一般由哪几部分组成？
6. 公路工程施工承包合同内容一般包括哪些？
7. 什么是公路施工组织？其作用和任务是什么？
8. 公路工程施工组织可分为哪几类？
9. 编制公路工程施工组织的步骤有哪些？
10. 编制公路工程施工组织所需要的基础资料主要包括哪些？

项目二 公路工程施工方案的制订

知识目标

1. 掌握施工方案的概念及其组成内容;
2. 熟悉施工方法及施工机械的选择原则和依据;
3. 熟悉施工生产的类型和施工过程的组织原则;
4. 掌握施工过程的要素及组织任务;
5. 掌握施工顺序的确定原则和方法。

能力目标

通过学习与训练,结合公路工程实际特点,在明晰施工生产类型、施工过程要素及组织任务的基础上,能进行项目施工顺序的确定及施工方法、施工机械的正确选择。

素养目标

"超级工程"港珠澳大桥,其科学合理的工程设计与施工方案,经过了众多设计者、建设者的反复论证与研究完善,工程背后彰显国之匠心。通过学习公路工程施工方案制订内容,培养"执着专注、精益求精、一丝不苟、追求卓越"的工匠精神。

任务描述

本项目的任务是根据对施工方案编制相关内容的学习,在明晰公路施工方法、施工机械、施工顺序确定的原则和依据等基础上,完成对公路工程项目施工顺序确定及施工方法、施工机械的正确选择。

任务实施

任务一 施工方案

一、施工方案的概念及其组成内容

(一)施工方案的概念

施工方案是根据建设目标和工期要求,对施工技术与方法及施工资源配置所进行的统筹规划。拟订施工方案是编制各类施工组织设计时需首要解决的问题。

在建设项目的设计阶段,施工方案是施工组织设计文件的核心内容,或者说,初步设计阶段和技术设计阶段的施工方案与修正施工方案本身就属于施工组织设计文件。实质上,施工组织设计就是施工方案、修正施工方案、施工组织计划、指导性施工组织设计和实施性施工组织设计等施工组织文件的统称。

设计阶段的施工方案、修正施工方案或施工组织计划由勘测设计单位编制，并列入设计文件后按规定上报审批。指导性和实施性施工组织设计文件则完全由施工单位根据批准的初步设计或施工图设计中的施工方案，结合建设项目的工程属性、施工条件、施工单位的技术、装备及管理水平进行编制。其中，指导性施工组织设计中的施工方案，作为投标书中技术文件的主要组成部分，也是评标、定标工作中进行技术评审的主要评价因素，它综合反映了一个施工企业的技术、装备和管理水平，对施工企业能否中标起着极其重要的作用。实施性施工组织设计文件中施工方案是指导工程施工生产的主要技术与经济文件，其通常是作为承包人开工报告的重要组成部分，须报监理和业主审批。批准后的施工方案是指导施工、开展生产、进行技术和经济活动的重要依据。

（二）施工方案的组成内容

（1）施工方案是工程项目施工技术、组织手段和相应资源的有机组合，一般由施工方法确定、施工机械选择、施工顺序安排和施工作业方式四部分内容构成。但编制不同阶段的施工方案时，侧重面不同，在对施工技术、组织方法和资源配置的描述方面，其详细程度也不同。例如，设计阶段的施工方案，主要根据建设项目的建设目标进行规划，侧重于对施工技术方法与施工资源配置（包括人力资源、机械资源、材料及建设资金等）的可行性进行编制。施工方案内容主要包括以下几项：

1）施工方案说明。需要特别说明的是，"施工方案说明"列入初步设计总说明书中，其主要内容如下：

①施工组织、施工力量和特殊工程施工方案；
②主导、关键工程和特殊工程施工方案；
③临时工程安排；
④主要材料供应及设备配置；
⑤下一阶段应解决的问题和注意事项。

2）人工、主要材料及机具设备排表。

3）工程概略进度图（根据施工方案、施工条件及工期目标概略安排）。

4）临时工程一览表。

（2）在招投标及施工阶段的施工方案，主要根据工程属性、施工条件、业主的建设目标和要求（工期和质量），以及相应的施工技术规范编写，主要对工程项目的基本生产过程进行计划、组织与安排。它在保证施工技术方法可行性的基础上，更多地要考虑施工方案的技术先进性与经济性。这一阶段的施工方案在施工技术、生产组织与计划的细节方面比设计阶段的施工方案描述得更具体、更详尽。其主要内容包括以下几项：

1）编制依据；
2）分部分项工程，侧重于关键与特殊工程的工程概况和施工条件；
3）施工总体安排，包括施工准备、施工管理、生产机构建立、施工总平面布置、施工部署、现场布置等内容；
4）施工方法，包括施工验算、工艺流程、施工工序及施工技术规范等；
5）施工机械选择，根据施工方法选择施工机械，合理进行机械组合与匹配；
6）施工组织方法，包括施工作业方法、施工作业次序；
7）质量控制标准与措施；
8）安全文明施工、消防和环保措施。

二、施工方案的编制原则

拟订切实可行的施工方案是编制施工组织设计的关键环节,也是决定工程项目施工过程时效性、可行性和成效性的关键因素。施工方案的编制应遵循以下原则。

1. 编制施工方案应以保证业主的质量要求为前提

施工方案及其施工资源配备首先要满足业主的质量要求和施工技术规范的要求,不符合业主质量要求的施工方案不予考虑。

2. 编制施工方案应满足业主的工期要求

施工方案的优劣及其施工资源配备的多少对施工进度的快慢有着直接影响。合理先进的施工技术方案有益于劳动生产率的提高,并可以有效地加快施工进度。在业主对工期要求比较紧的情况下,更易于满足业主的工期要求。施工方案不合理,且资源配备不足或不匹配时,会导致施工进度缓慢,难以满足业主的工期要求。

3. 编制施工方案应切实可行

施工方案编制应有针对性。施工方案应根据分部分项工程具体的工程属性和施工条件来拟订,既要考虑地形地貌、水文地质、气候气象等自然条件对施工的影响,还要考虑机械设备、材料等资源配置的可能性。一个合理的施工方案,首先应切合实际,更重要的是看操作和实施过程是否可行。

4. 施工方案应经济合理

施工方法及施工资源(指人力、材料、设备及资金等)配置是构成施工方案的主导因素。在一个具体的工程项目施工过程中,当采用的施工方法不同时,为其配置的施工资源是不同的,所消耗的资源种类和数量也是不同的。施工方案一经确定,所包含的施工资源消耗量也随之确定,并可按概(预)算编制方法将其成本测算出来。这就意味着,对于同一工程项目,当采用不同的施工方案时,将会产生不同的成本。因此,可以针对同一工程项目所采用的不同施工方案进行经济性评价,以寻求成本最低的施工方案。

5. 确保生产安全

施工方案的编制要符合有关规范条款的要求,消除隐患,杜绝违规作业,保证人民的生命及财产安全。

6. 施工方案应采用先进技术

新工艺、新技术的推广和应用不仅可以提高施工企业的劳动生产率,为施工企业创造良好的经济效益,还能提高施工企业的技术实力和管理水平,推动科技进步和社会化大生产的进一步发展。

任务二 施工方法的选择

一、施工方法的选择原则

施工方法的选择主要是针对工程项目在基本生产过程中的主导工程或关键工程而言。其中,主导工程是指对总工期有直接影响的施工项目或工序;关键工程是指工艺复杂、技术要求高、施工过程能够制约总工期的施工项目或工序。针对以上施工项目,选择施工方法时应遵循以下原则。

微课:施工方法的选择原则与依据

1. 遵循合法性原则

施工技术规范是规范施工生产过程的行为准则，违背施工技术规范的基本要求，往往会在施工内在质量和施工安全方面出现问题，影响施工成效。当无法保证人民生命安全和财产安全，严重破坏人文及自然景观，甚至造成危害时，再好的施工方法都不足取，这是选择施工方法的先决条件。因此，选择施工方法首先要满足施工技术规范、安全操作规程和环境保护等有关法律、法规的要求。

2. 依据保质性原则

业主在工程承包合同中明确提出，完成工程项目的质量要求，甚至为了保证施工项目的内在质量，业主在招标文件中有时也针对某些关键项目提出了具体的施工工艺要求。选择施工方法时，必须考虑业主或与法规有关的各种因素，如路拌法施工工艺不能运用于高等级路面的施工过程中。

3. 体现经济性原则

当施工方法不同时，工序及工艺顺序不同，各种施工方法所挂接的施工资源也不同。这就意味着，在施工条件一定的情况下，针对同一施工项目，采用不同的工艺施工时，会产生不同的施工成本。所以，承包人以追求合法利润最大化为目的，在制订施工方案时，应该对同一施工项目可行的各种施工方法进行经济评估，通过成本测算，从中选择成本最低、效益最高的施工方法。

4. 遵循结构性原则

桥梁结构类型与施工方法有着密切的关系，如悬臂法施工是伴随着T形刚构体系的出现和设计理论的完善而产生的。选择结构类型有时要根据施工条件和自然条件考虑施工方法的可能性，而特定的施工方法又专门指向了某些特定结构类型的桥型，两者之间是相辅相成的关系，如连续梁、刚构桥和斜拉桥大多采用后张法预应力悬臂拼装或现浇法施工。

5. 结合工程属性原则

工程属性是由社会、自然和施工条件所决定的具体过程项目所具有的特性。其包括建设项目的社会背景和建设意图、项目所处的自然条件和施工条件等因素，它是在这些综合因素的影响下所形成的项目本身所固有的属性。选择施工方法时，要结合工程属性，即将业主的要求、施工条件、自然条件综合起来，统筹兼顾，抓住重点，使其切实可行。

6. 体现施工技术先进性原则

选择先进科学的施工方法，不仅反映了施工单位的技术实力和管理水平，能够赢得良好的社会信誉，还可以帮助施工单位提高劳动生产率，创造良好的经济效益，如施工中能采用机械化施工的就不采用其他落后缓慢的施工作业方法。

7. 结合资源利用性原则

一个中标单位可供利用的资源主要由单位固有资源和社会资源两部分组成。施工单位在招投标前，拟订施工方案时首先要清楚自己的人力、机械和技术力量的储备状况；其次，要在项目所在地进行广泛的资源调查，如了解起重设备及其最大起重吨位，有无拌合站及生产率多大，装载、运输机械能力大小等。在清楚了可供利用资源情况后再选择合适的施工方法。

8. 满足合同工期原则

针对同一施工项目，施工方法不同，施工周期也不同，如混凝土板桥施工，采用装配法就比现浇法施工周期短。因此，当一个施工项目有多个可行的施工方法时，应选择工期短、成本低的施工方法，以满足业主的工期要求。

9. 满足环保要求

在山岭重丘区和城市附近施工时，环保问题更为突出，如石方路基爆破作业，为了不大面积破坏植被，保持原有景观，可采用预裂爆破法、机械破碎法、松土法等施工方法，以期达到良好的环境保护效果。

二、选择施工方法的依据

公路工程建设项目的基本生产过程，包含的分部分项工程项目很多，针对工程项目不同的组成和结构类型，又有许多种施工方法。这些施工方法，看起来名目繁多，千变万化，但从应用的角度看，每种施工方法都有其应用环境、范围和适应条件。选择施工方法的依据主要有以下几项：

(1)招标文件：了解对关键工程施工技术有无特殊要求。

(2)技术规范与质量要求：要满足有关规定。

(3)工期要求：在保证质量和施工安全的条件下，若工期紧，则选择较快施工方法施工；若工期松，则以经济性为主选择施工方法。

(4)工程属性：是指工程项目的规模、结构类型、地形地貌、水文地质条件和工艺与技术要求等。

(5)施工条件：是指气候气象、施工场地、环境和机具、设备、人力、资源等施工资源的状况。

任务三　施工机械的选配

一、机械化施工的意义

随着我国公路建设的迅速发展，机械化施工已成为公路施工主要的施工方法。公路施工具有周期长、流动性大、施工协作性高，以及受外界干扰及自然因素影响等特点，因此，公路实施机械化施工，必须事先做好计划，即编制好机械化施工组织设计。公路机械化施工具有以下优点。

微课：施工机械的选择及组合

1. 机械化施工有利于降低工程成本

采用大规模机械化施工，使过去高成本的工作，现在只需要较少费用即可完成。如大型构件的预制安装、顶推施工法、回旋钻机钻孔、铲运机及自卸车运土等，这些机械将过去高投入、低产出的工程变为技术型、低投入、高产出的工程。另外，工程造价中机械费用占有很大比重，科学合理地组织机械化施工，减少机械使用费，可以大幅度降低工程造价。

2. 机械化施工可大大缩短施工工期

当今工程施工周期大为缩短，这应当归功于机械化施工的推广。例如，一座特大桥的施工工期，过去一般需要近十年时间，而现在的工期只有原来的三分之一左右。

3. 机械化施工可提高工程质量

如今，工程设计精度提高、工程难度加大、连续施工要求高，只有机械化施工才能满足以上各项要求。例如，高速公路的路面平整度，在机械摊铺的条件下才能达到相关规范的要求；特大桥的大体积混凝土，必须采用混凝土输送泵运送才能保证连续浇筑；大型构件的运输等也只有机械化作业才能满足要求，这些都是人力施工达不到的。

4. 机械化施工可优化社会资源，节约社会劳动

机械化施工减少了施工组织计划中对劳动力的需求，将更多的社会劳动力调配到更适合的工作岗位上，从而为社会节约了大量的劳动力。机械化施工也刺激了新型劳动力的成长，使工程施工的机械化得到普及和提高。

5. 机械化施工使公路工程设计空间更为拓展，施工更创新

机械化施工不仅可以为人们建造一个具有承载力的公路工程跨越构造物，同时也在为社会创造美和艺术品。这些只有在机械化生产的条件下，才能同时满足施工技术和美化景观方面的要求。

二、施工机械选择的原则与组合方法

(一) 施工机械选择的原则

选择施工机械，一般应根据施工条件和施工对象的工程特点，结合技术规范、工期及质量要求，遵循下述原则进行选择。

1. 保证工程质量与工期要求

选择施工机械，一般应考虑施工机械的技术性能是否与施工质量及技术规范的要求相适应，所选机械能否达到相应的施工质量要求。对于技术要求高的作业项目，优先采用性能优良或专用的施工机械，这样可以保证工程质量要求和较高的生产率，但也不应片面追求专用机械的高效率，而忽视大材小用所造成的机械效率损失。通常，在满足工程质量要求的前提下，只要工期允许，就要考虑选择适宜的机械，避免造成机械损失。

2. 保证施工安全

在工程施工中，机械作业一定要有可靠性和安全性，如保证行驶稳定，有防止翻车或落体的保护装置、防尘隔声、危险环境可控制作业等。另外，在保证施工人员、设备安全的同时，还应注意保护自然环境、施工现场及其附近其他的建筑设施，不应因采取机械施工而产生负面影响。

3. 充分体现经济性

施工机械经济性选择的基础是单位实物量成本，主要与固定资产消耗及机械运行费用等因素有关。固定资产消耗是指折旧费、大修理费和投资的利息等费用。机械运行费用包括劳动工资、直接材料费、燃料费、润滑材料费、劳保设施费等。一般在选择机械时必须权衡工程量与机械费用的关系，同时还要考虑机械的作业效率和机械运行的可靠性，这是影响经济效益的主要因素。如采用大型机械，虽然一次性投资大，但是产出高，若将投资分摊到较大的工程中，对工程成本影响甚小。当采用先进的机械设备时，由于其技术性能优良，易于操作，大大地降低了维修费用，最终也可以取得较好的经济效益。

4. 保证施工机械的适应性

在公路工程施工过程中，施工范围较广，施工条件千变万化，选用施工机械时应从机械类型及机械的技术性能方面考虑机械的适应性。一是机械的类型及其技术性能应适应工地的气候、地形、土质、施工场地大小、运输距离、施工断面形状尺寸和工程质量要求等；二是机械的容量或产量要与工程进度相符合，尽量避免因机械生产效率不足或剩余造成延缓工期或低负荷作业现象，在条件允许的情况下，尽量选择适应施工对象和进度要求的机械种类和规格。

5. 尽量选用系列产品

在机械化施工中，应减少同功能机械的种类，尽可能使用统一的、标准化的系列产品，以便于维修和管理。

6. 拟选施工机械与其他配套机械的组合要合理可行

拟选施工机械在工作容量、数量搭配、生产效率及动力搭配方面，应与配套的组合机械彼此适应，协调一致。如挖掘机的斗容量应与运输车辆的车厢容量保持相当的比例关系，一般以3～5斗装满车厢为宜。而运输车辆的生产率应略大于挖掘机的生产率，以求最大限度地发挥挖掘机的机械效能。

实际上，在施工方案一定的情况下，选择施工机械时除应满足以上原则外，还须考虑以下因素：

(1)在现有的或可能利用的机械中选择。

(2)满足施工要求，避免大机小用。

(3)合理选择主导机械，充分发挥主导机械的作用，力求组合机械的最佳匹配效果。由于施工作业进度一般是以主导机械的生产能力为主制订的，或者主导机械的生产能力决定施工速度和进度。所以，要慎重选择施工主导机械，且以主导机械的生产能力为主配置辅助机械。另外，还应从全局出发，充分考虑主导机械地重复利用。

(4)工程量大时，选择大机械；工程量小时，选择常规和标准机械。

(二)施工机械组合的基本方法

在综合机械化组列的施工过程中，协调均衡的配套关系是使综合机械化组列达到高效与经济运行的必要条件。可见，要想实现机械化的高效性，首先要使参与组合的各种机械之间配合协调，均衡作业。

1. 施工机械组合的基本条件

(1)各种机械的技术性能必须符合施工质量要求。

(2)各种机械能够具备良好的使用性能，其作业效率和生产率须适应总进度并满足合同期要求。

(3)各种机械应具备良好的安全性和可靠性。

(4)主导机械具有良好的运行工况。

2. 综合机械化组列内部配合的基本要求

(1)一组组列中的主要机械(或关键设备)为基准，其他配套机械都要以确保主要机械充分发挥效率为选配标准。配套机械或设备生产能力应略大于主要机械设备的生产能力。

(2)综合机械化组列中的组合数越少越好。尽可能采用一些综合设备取代几个环节的作业，这样，可提高整个组列运行的可靠性，保证组列的作业效率。

(3)对于组列系统的薄弱环节(运行可靠性低的环节)，在可能的情况下适当地注意局部并列化，这样，也可提高整个组列运行的稳定性。

3. 机械配套的基本原则

(1)以主导机械为主配套其他机械。首先，要科学合理地选择施工任务的主导机械，确定其生产能力；其次，配套机械以主导机械为基准，围绕主导机械选型配套。在作业顺序上与主要机械组衔接的配套机械的工作容量、数量及生产率应稍有储备(生产率储备量在5%～10%)，力求充分发挥主要机械的生产效率。

(2)尽量减少机械配套数量。机械组合数越多，其总的效率越低，如两台效率为0.9的机械组合时，其总效率只有$0.9 \times 0.9 = 0.81$，而且每个组合中，当其中一台发生故障停机时，组合中的其他机械便无法正常工作。因此，在能完成作业内容的前提下，应尽量减少机械配套的数量。

(3)力争组合并列化。为了避免上述不利情况的发生，应尽可能地组织多个系列的组合，并列进行施工，从而减少因组合中一台机械停驶而造成全面停工的现象，减少配套机械工作效率的损失。

(4)配套机械系列化。同一方案应采用同一系列的机械,以便于维修、保养和管理。

(5)按照机械的实际运行工况,合理配套各种机械设备。如在路基施工中,有些辅助性机具或拖式机械通常需要配以另外的牵引车牵引才能作业。这时,两者的实际运行工况要协调平衡;否则,动力剩余过大,将造成浪费,而动力不足会造成超负荷运转,甚至不能完成作业。

4. 施工机械组合的基本原则与方法

(1)按照招标文件及设计要求组合施工机械。在设计文件或招标文件的技术规范中,为了保证工程质量或满足设计上的技术要求,往往对施工方法及主要机械的规格、型号及作业效率等提出一些具体要求,进行机械组合时,首先要以满足这些要求来选择主导机械,然后以主导机械为主合理配置其他施工机械。

(2)按合同工期要求组合关键工程的施工机械。关键工程的作业进度对合同工期的影响很大,它往往决定着施工进度的节奏和快慢程度,例如,在关键的大型土方工程或混凝土工程施工时,为了满足进度要求,宜选择大型机械设备作为施工主导机械,其他机械要以充分发挥主导机械的效能为原则进行选型配套;反之,工程量较小的非重点工程宜选用小型机械进行组合,以免造成机械效率损失和浪费。

(3)满足施工方案要求组合施工机械。施工方案不同,所采用的机械设备也不同,而在一定的施工方案下,受施工方案制约,可选择的主导机械又非常有限。如沥青混凝土面层施工时,只能采用厂拌法,而厂拌法施工的主导机械只有两种——摊铺机和平地机。按规定,高等级公路和市政道路的沥青混凝土面层施工不能采用平地摊铺,所以,对于高等级公路和市政道路施工,摊铺机就是施工主导机械。

按照上述方法选择主导机械的种类后,再根据工程量大小和主导机械的生产率确定机械的型号与规格,决定施工强度。如摊铺机一次性能铺多宽,每日生产量是多少,以满足进度要求和设计要求。

主导机械选型完成后,在以主导机械为主,按机械组合的原则,配置其他配套机械。如选定沥青混凝土面层施工的主导机械——摊铺机后,与之匹配的机械设备有拌合站、摊铺机、运输车辆、压路机,这些配套机械也是由施工方案所决定的。匹配时,在各机械满足质量要求的前提下,一般以保证它们的生产能力要比摊铺机的摊铺能力大 5%~10% 进行配套,并依此机械组列组织试验路段施工。通过试验路段,确定施工参数,调整和优化机械组合,达到最佳匹配效果后作为施工组列。

(4)按最佳经济运行条件组合施工机械。在施工过程中,当施工的主导机械一定时,为了充分发挥综合机械化作业的生产效率,必须以主导机械的作业效率为主,合理进行其他机械选型和配套。

(5)按施工机械的适应性,以提高利用率为原则合理组合施工机械。在合同段的施工过程中,同一类型的施工机械也许在许多分部分项工程中都要使用。因此,在进行某一分项的施工机械组合时,还要考虑分项工程采用的施工机械在其他施工项目中的重复利用问题,以便提高机械的利用率。同时,机械组合还须考虑作业对象的工程特性,因地制宜地选择施工机械。

三、施工机械的选择方法

在公路工程施工中,选择机械除贯彻以上原则外,还须根据机械的技术性能,结合施工方案的要求及招标文件中有关技术规范、质量和进度的要求,针对施工项目的施工条件和实际情况,从下述几个方面出发,选择机械。

1. 按作业内容选择施工机械

在实际工作中,为了降低劳动强度,人们希望分部分项工程所包含的每项作业都有相应的机械完成。因此，人们可能根据机械的使用性能和分部分项工程的具体作业内容选择施工机械。可供路基工程各项作业项目选择的施工机械，见表2-1。

表2-1 路基工程施工机械选择表

工程类别	作业内容	可选择的机械设备
准备工作	1. 清基（包括清除树丛、草皮、黑土、岩基、冰雪）和料场准备； 2. 松土、破冻土（<0.2 m）	伐木机、履带拖拉机和推土机、挖掘机、装载机、高压水泵、松土器、犁、平地机
土方开挖	1. 底宽>2.5 m的河渠、基坑、池塘、港口、码头、采土场等； 2. 小型沟渠和基坑	推土机、铲运机、挖掘机、装载机、冲泥机、吸泥机、开挖机、清淤机
石方开采	1. 砾石开采； 2. 岩石开采； 3. 石料开采	1. 挖掘机、推土机； 2. 空气压缩机、凿岩机、穿孔机、爆破设备； 3. 破碎机、筛分机
冻土开挖	河渠、基坑、池塘、港口、码头	推土机、冻土犁、冻土锯、冻土钻、冻土铲
土石填筑	1. 大中型堤坝、高质路基、场地等； 2. 小堤坝、路基、梯田、台阶等	1. 推土机、铲运机、羊足碾、压路机、平地机； 2. 夯板碾压机、洒水车、推土机、铲运机、犁
运输	1. 机械设备运输； 2. 土石运输	1. 火车、轮船、拖车、汽车、起重机； 2. 推土机、铲运机、装载机、汽车
整形	1. 削坡； 2. 平整	1. 平地机、大犁、推土机、铲运机、挖掘机； 2. 平地机、推土机、铲运机、犁

实践证明，通常中小型项目选择通用性较好的机械比较经济合理，大型项目要结合施工方案，并针对具体的作业内容慎重选择主导机械及配套机械，才能获得较好的经济效益。

2. 按土质条件选择施工机械

土、石是机械施工的主要对象，其品质和状态直接影响机械作业的工效及成本。按土的工程类别及特性选择施工机械。土的类别及软、硬程度不仅对机械的通行性有影响，而且影响机械进行各种作业的难易程度，甚至是可能性。土的工程特性不同，选择的施工机械也应不同。为此，土质条件是选择土方机械的一个重要依据。

为了便于根据土质的类别和工程特性选择施工机械，依据机械作业的难易程度将土划分为软土和硬土两类。其中，软土包括淤泥、流沙、沼泽土和湿陷性大孔隙黄土、黑土及软弱黏土（含水率较大）等；硬土包括较为干燥的黏土、砂石、砂砾石、软石、块石和岩石等。其中，硬土开挖和运输机械选择可参考表2-2；软土开挖施工机械选择可参考表2-3；各类土压实机械（机具）选择可参考表2-4。

3. 按机械通行性选择施工机械

机械通行性是指机械行走与通过地面的难易程度。其与施工现场的便道、地形、土质及行驶质量状况等因素有关，对施工机械的作业效率影响较大。因此，选择施工机械有时需要专门考虑机械通行性的影响，如地面潮湿、泥泞时，一般选用履带式机械，或者可根据需要专门选择轮胎式机械。

表 2-2 硬土开挖和运输机械选择表

施工机械 土质	推土机	铲运机	正铲挖掘机	反铲挖掘机	装载机	松土机	开沟机	平地机	自卸车	底卸车	钻孔机	凿岩机
黏土和壤土	√	△	√	√	√	√	√	√	√	√		
砂土	√	√	√	√	√		√	√	√	√		
砂砾石	√	×	√	√	√		△	△	√	△		
软岩和块岩	△	×	√	△	△	×	×	×	√	×	√	√
岩石	×	×	×	×	×	×	×	×	√	×	√	√

注：√—适用；△—尚可用；×—不适用

表 2-3 软土开挖机械选择表

施工机械 水分状况	通用推土机	低比压推土机接地比压/kPa			水陆两用挖掘机	挖泥船
		19.6～29.4	11.8～19.6	<11.8		
湿地	△	√	√	√	√	×
轻沼泽地	×	√	√	√	√	×
重沼泽地	×	×	△	√	√	△
水下泥地	×	×	×	√	√	√

注：√—适用；△—尚可用；×—不适用

表 2-4 各类土压实机械(机具)选择表

施工机械 土的名称	静力式压路机	自行轮胎式压路机	牵引式轮胎压路机	振动压路机	羊足碾	夯实机	夯锤	推土机	沼泽地推土机
块石、圆石、砾石	△	△	△	√	×	√	△	√	×
砾石土	√	√	√	√	√	√	√	√	×
砂	√	√	√	√	×	√	√	√	×
砂质土	√	√	√	√	△	√	√	√	×
黏土、黏性土	△	√	√	×	√	√	√	△	△
黏性土、混石黏土	△	√	√	√	√	√	△	△	△
非常软的黏土、黏性土	×	×	×	×	△	×	×	×	√
非常硬的黏性土	×	×	△	△	×	√	√	√	×

注：√—适用；△—尚可用；×—不适用

4. 根据运距选择运土机械

根据运距选择运土机械，主要是相对铲运机械而言，每种机械都有一个经济运距。选择运土机械时，应考虑土的性质与状态，结合现场施工条件，参考表 2-5 选用。

表 2-5 土方运输机械的经济运距

施工机械 经济运距	履带 推土机	履带 装载机	轮胎 装载机	拖式 铲运机	自行式 铲运机	轮式拖车	自卸汽车
经济运距/m	<80	<100	<150	100~150	300~1 500	>2 000	>2 000
道路条件	土路不平	土路不平	土路不平	土路不平	土路不平	平坦路面	一般路面

5. 根据气象及气候特征选择施工机械

气象条件是影响机械施工的重要因素之一，如湿度、温度和大气压等，在一定程度上会影响施工机械的作业效率，导致进度缓慢。若施工机械在湿度大、气温低和高原地区较高的大气压环境中作业时，选择施工机械必须采用应对措施以满足这些特殊条件要求。

例如，冬季土方施工选择机械时，首先应根据施工机械的技术性能可否达到规定技术和质量要求来选择主要的开挖机械。然后选配解破冻土和粉碎冻土的专用施工机械与主导机械联合作业，如松土器松土、冻土犁松土、羊足碾碾压等。

此外，选择施工机械时也要考虑季节影响，如少水河流段在汛期预计流量增大时，主梁吊装可采用架桥机，而旱期可考虑采用起重机吊装等。

6. 考虑机械的作业效率对进度影响

机械的运行工况（完好程度）、施工现场及其施工条件对机械生产能力（生产率）的影响较大，为此，在关键工程中要注意配备工况良好、效率较高的机械，以免影响施工进度。

任务四 作业方式的选择

一、施工生产类型

生产类型是区分生产性质的标志，它反映了各类生产活动的特征及生产特点。生产类型不同，生产过程也不同，在生产组织和管理方面采取的模式和方法也不同。讨论生产类型的目的就是寻求各种生产类型的生产组织规律，以便在管理时"对症下药"。

(1)生产类型按产品和工艺特点可分为固定性产品生产和移动性产品生产。

1)固定性产品生产。固定性产品生产是劳动对象固定，劳动者携带劳动工具围绕劳动对象移动。通常，土木建筑工程均属于此类，也称为建筑施工性生产，如路基施工、路面施工、桥梁下部施工等。由于固定性产品生产所需的人力、材料和施工机具设备处在不断变化和流动状态下，其生产过程组织较为复杂，所以，通过周密计划、科学组织来管理和控制生产过程是极其必要的。

2)移动性产品生产。移动性产品生产是劳动者及设备相对固定，劳动对象沿着生产线移动。普通产品生产大多属于此类，也称为加工装配性生产，如生产电视机、啤酒等。在公路工程施工过程中，一些半成品也可按这种生产类型加工制作，如机制路缘石、拌合厂生产沥青混合料等。因为这种生产类型的施工资源相对持续稳定，并在固定的程式下运行，所以其生产过程组织比较简单，只需要建立有关的制度，实现程式化管理即可。

(2)生产类型按产品生产的重复性可分为单件生产、批量生产和大量生产。

1)单件生产。每件产品存在构造差异，需要单独设计，但仅制造一次，存在多道工序时需要多工种配合完成产品，专业化生产程度低，如路基、涵洞、挡土墙施工等。

2)批量生产。产品规格不同，批量构造统一，用量较小，工序、工种相对稳定，专业化程度较高，可周期性地重复和批量生产，如涵管、盖板预制(孔径不同、布筋不同)等。

3)大量生产。产品规格单一，产品结构及其使用材料一致，用量大，工序、工种稳定，专业化生产程度很高，可连续大量地生产，如路缘石、护栏柱等，可完全实现工厂化。

公路建筑产品的实物形态及形状结构十分复杂，它由各种构造物及其组成构件、附属设施等组成，并与不同的地形地貌结合在一起，可以说，没有任何两种公路建筑产品的实物形态是完全相同的。总体来看，它是以单件生产为主，但公路建筑产品的设计与施工实行标准化、装配化后，也有少量公路建筑产品构造物的结构类型、制作材料和工艺技术是基本相同的，甚至有批量或大量组成构件、半成品的生产过程是完全相同的。因此，从生产过程组织方式来看，公路建筑产品的构、配件又可以组织各种类型的生产来开展施工活动。

由此可见，公路建筑产品的生产类型基本属于固定性产品生产，从产品主体施工的重复性来看，也主要以单件生产为主，但部分构、配件实行标准化设计后，也可实现工厂化批量生产。

二、施工过程的分解

(一)施工过程的概念

施工过程就是生产建筑产品的过程，是由一系列相联系的施工生产活动所组成，是劳动者利用劳动工具作用于劳动对象的过程。为了更有效地组织施工生产，必须首先研究施工生产过程的内容。施工生产过程的内容是相互联系的劳动过程和自然过程的结合。

公路施工过程含有两个方面的含义：一方面，劳动过程，离不开人、材料、机械等；另一方面，自然过程，如水泥混凝土硬化过程养生，乳化沥青分裂过程等。按施工过程所需劳动性质及在基本建设中起的作用不同，可将施工过程划分为以下几项。

1. 施工准备过程

施工准备过程是指建筑产品在投入生产前所进行的全部生产技术准备工作，如可行性研究、勘察设计、施工准备等。

2. 基本施工过程

基本施工过程是指为完成产品而进行的生产活动，即施工现场所发生的活动，如路基、路面、桥涵等的施工。

3. 辅助施工过程

辅助施工过程是指为保证基本施工过程的正常进行所需的各种辅助生产活动，如机械设备维修、动力的生产、材料加工等。

4. 服务施工过程

服务施工过程是指为基本施工过程和辅助施工过程服务的各种服务过程，如原材料、半成品、机具、燃料等的供应与运输等。

(二)施工过程的要素

现行的公路工程设计概(预)算文件编制办法，按公路工程划分为路基；路面；桥梁涵洞；交叉工程；隧道；其他工程及沿线设施；临时工程；管理、养护服务房屋八个项目。每个项目又细分为若干个分部、分项工程。如独立大桥工程，划分为桥头引道、基础、下部构造、上部构造、沿线设施、调治及其他工程、临时工程七个分部工程。

公路施工过程是按照上述分部、分项工程按结构顺序施工。为了更好地管理施工过程，使施工组织设计做得更科学、合理、详细，将施工过程依次划分为以下几项。

1. 动作与操作

（1）动作是指工人在劳动时一次完成的最基本的活动，如筛分试验中的取筛子，向1号筛中放料等。

（2）操作由若干个相互关联的动作组成，例如，消化生石灰这个操作是由拿工具—走向化灰池—向池中放水—将生石灰投入池中—搅拌等若干个相互关联的动作所组成的。完成一个动作所耗用的时间长短与占用空间大小等，是制定劳动定额最重要的基础资料。

2. 工序

工序由若干个操作组成。工序是指施工技术相同，在劳动组织上不可分割的施工过程，是一个工人或一组工人，在一个工作地上，对同一种劳动对象连续进行的施工生产活动。工作地是工人们进行生产活动的场所，也称为施工现场。例如，当劳动对象（石砌挡墙）不动，由若干个工人顺序地对它进行施工生产活动，即挖基坑—砌基础—砌墙身，每种生产活动就称为一道工序；再如，"现浇水泥混凝土基础"这一工程项目可分解成以下几道工序：挖基坑—安装钢筋—支模板—制备混合料—浇筑混凝土—自然养生—拆除模板。从上述施工工艺流程可以看出，各工序由不同的工种或使用不同的机具依次地或平行地完成，工序在工人数量、施工地点、施工工具及材料等方面均不发生变化。如果上述因素中某个因素发生改变，就意味着从一道工序转入另一道工序。工序为《公路工程预算定额》的最小子目。

3. 操作过程

操作过程是由几个在技术上相互关联的工序所组成的，可以相对独立完成某一分部、分项工程。

在施工组织设计时，一般将工序作为最小的施工过程要素。组织公路工程施工，研究施工过程的最小要素，以适应施工组织、计划、管理等工作。

三、施工过程的组织原则

施工过程组织的影响因素有很多，如施工地点、施工性质、建筑产品结构、材料、机械设备条件、自然条件等。施工过程的组织灵活多样，没有完全相同的模式。但是无论施工过程的组织怎样变化，为了降低工程成本，缩短施工工期，保证工程质量，都应遵守以下基本原则。

1. 施工过程的连续性

微课：施工过程的组织原则

施工过程的连续性是指建筑产品的施工过程各阶段、各工序的进行，在时间上是紧密衔接的，不发生各种不合理的中断现象，即在施工过程中，劳动对象始终处于被加工、检验状态，或处于自然过程中（如水泥混凝土的硬化）。

保持和提高施工过程的连续性，可以降低成本。施工过程的连续性要求凡是能平行进行的不同工序活动（在不同的施工段上），必须组织平行作业。平行性是连续性的必然要求（流水作业法即可体现这一特性）。施工过程的连续性与施工技术水平有关，同时，也与施工组织工作的水平有关。

施工过程连续性的主要影响因素有以下几项：

（1）作业方式。组织平行作业是保持连续性的先决条件，流水作业是在合理利用资源的情况下，保持施工过程连续性的有效方法。

(2)施工资源。人力、材料、机械设备等资源供应不足或缓慢，机械运行工况不好，往往会导致停工待料现象。

(3)自然条件。刮风、下雨等不可抗拒的自然因素，被迫停工或降低生产效率等。

(4)其他。如工程发生意外，社会干扰，施工组织不当等。

2. 施工过程的协调性

施工过程的协调性(也称为比例性)是指建筑产品的施工过程各阶段、各工序之间，在生产能力上要保持一定的比例关系，不发生脱节和比例失调的现象。其主要体现在以下几个方面：

(1)各工序之间在施工能力上应保持适当的比例关系，如路面施工时，拌合站的出料能力应略大于车辆的运料能力就不会出现窝工现象。

(2)每道工序的人力、机械配备及占用的工作面应保持适当的比例关系，如人工配合摊铺机摊铺沥青混合料时，如果配合比例不当，就会造成人工损失。

(3)人力、材料、设备、资金等资源供应与生产进度应保持适当的比例关系。

协调性在很大程度上取决于施工组织设计的正确性。在施工过程中，由于材料原因(如品种变化、货源改变等)、采用新工艺、自然因素的变化等的影响，都会使实际生产能力发生变化，造成产品比例失调。因此，施工组织工作必须根据变化的情况，采取措施，及时调整各种比例关系，保证施工过程的协调性。协调性是保证施工生产顺利进行的前提，使施工生产过程中人力和设备得到充分利用，避免产品在各个施工阶段和工序之间的停顿、等待，从而缩短施工工期。

3. 施工过程的均衡性

施工过程的均衡性(也称为节奏性)是指施工过程的各个环节，都要按照施工计划的要求，在一定时间内，生产出相等或递增数量的产品，使各生产班组或设备的任务量保持相对稳定(各施工段劳动量大致相等)，不发生时松时紧现象(使用同一种材料、机械或半成品的项目不要安排在同一时间施工)。均衡性能充分利用工时，有利于保证生产质量、降低成本，有利于劳动力和机械设备的调配。实现生产的均衡性，必须保持生产的比例性，加强计划管理，强化生产指挥系统，搞好施工技术和物资准备。

4. 施工过程的经济性

施工过程的经济性是指施工过程除满足技术要求外，必须讲求经济效益，要用最低的劳动消耗尽量取得较大的生产成果。

通过以上可以看出，连续性、协调性和均衡性是相互制约的、有关联的，在施工组织过程中，连续性、协调性和均衡性使用得好，施工过程的经济性自然就能保证。

四、施工过程的组织任务

(一)施工过程的空间组织

施工过程的空间组织主要解决如何设置项目管理和生产机构及这些机构与其机械、设备在施工过程中的空间(或平面)布置问题。

1. 组建项目管理机构

根据拟建项目的工程属性和施工需要建立项目施工管理机构和生产机构。其中，项目管理机构的项目经理和主要技术负责人应满足招标文件的强制性资格要求，项目经理部下设的各职能机构需要根据承包人可供利用的人力资源状况及施工项目需要确定，一般包括工程技术部、质检部、机械部、材料部、经营计划部、劳动安保部、财务部、综合办公室，以及中心实验室等职能部门，同时，还须建立健全质量与安全保证体系。

2. 建立生产作业单位

生产机构是开展施工活动的主要力量，开工前在项目经理部的领导下，还要根据工程属性及施工方案的需要，组建施工作业班组。其设置原则如下：

(1)按工艺原则(工艺专业化)设置作业单位。

1)生产单位(班组)的设置方法：将同工种的工人和所需机械设备集中在一起，为完成同一工艺(工序)施工而组建生产作业单位，如木工班、钢筋班、开山爆破组等。

2)特点：这类班组只能完成一道工艺(工序)，一般不能独立生产"产品"(包括构件、半成品或分项工程)。

3)适用范围：适用于多品种、多规格的产品生产，以单位生产为主。

4)优点及缺点：优点是有助于提高班组人员的专业技能，能充分发挥班组人员及其机具、设备的潜力，设备投资少，便于专业化管理，有利于形成默契、高效的团队，具有较强的适应产品品种变化的能力；缺点是施工组织管理难度大，其关键环节是调配、协作和配合。

(2)按对象原则(产品专业化)设置作业单位。

1)生产作业单位的设置方法：将生产某种"产品"(指构件、半成品或分项工程)所需的工人、机具设备集中在一起，为完成该"产品"需要进行不同工艺施工而组建的生产作业单位。

2)特点：这类班组为生产某种"产品"而组建，可以完成该"产品"包含的若干道工序，独立地进行该种"产品"生产。

3)适用范围：适用于少品种、少规格的产品生产，以批量生产为主，如混凝土构(配)件、大梁、涵管预制厂、桥涵施工队、路面施工队等。

4)优点及缺点：优点是可以组织流水作业，实现连续与均衡生产，便于施工组织与集中管理，省时省料，便于质量控制。缺点是设备分散，不能充分发挥设备潜力；设备投入大；对产品品种变化的适应能力较差。

3. 生产设备、生活及服务设施的布置

合理布置生产设备、生活及服务设施的平面位置，绘制施工总平面图和施工现场平面图，保证生产、生活及服务过程安全畅通。

4. 临时辅助设施的布置

合理布置临时辅助设施，切实安排各工序及工艺过程的操作空间和工作面，保证施工安全和施工过程的流畅性与安全性。

(二)施工过程时间组织的任务与类型

1. 施工过程时间组织的任务

施工过程时间组织的任务包括合理选择作业方式，科学安排施工顺序，编制并优化进度计划。其目的是保证质量，缩短工期，以达到合同工期要求，降低成本。

2. 施工过程时间组织的类型

在施工过程中，把施工对象(工程项目)人为地划分成若干段(有些是自然形成的)，这些段称为施工段。公路施工过程时间组织类型主要有以下三种。

(1)单施工段多工序型。单施工段多工序型是指施工项目只有一个施工段并含有若干道工序的施工生产过程，如单项掘进的独立隧道工程。这类施工生产过程的时间组织比较简单，一般按工艺顺序确定施工工期即可。在施工组织过程中，需要重点安排各道工序的生产力配置问题。

微课：施工作业方式

（2）多施工段多工序型。多施工段多工序型是指一个工程项目包含或可划分为若干个施工段，而每个施工段又含有若干道工序的施工生产过程。这类施工生产过程的时间组织比较复杂，可按实际工程属性和施工条件，采用多种方式进行生产组织，并需要解决各施工段的施工顺序和施工资源配置问题，加强生产过程的组织协调和调度工作。

多施工段多工序型可分为两种情况：一种是各施工段上完成施工任务时的施工过程相同，即工序和工艺顺序相同；另一种是各施工段上完成施工任务时的施工过程不同，即工序和工艺顺序不同。如何看待这两种情况，主要取决于施工段的划分和施工组织条件。若在一个合同段内，有两个结构类型相同的拱桥，将每个桥看成相对独立并具备独立施工条件的施工段，就属于前一种情况；否则，一个合同段内有一座拱桥和一座梁桥，则属于后一种情况。从施工组织条件来看，这两种情况可选择的施工作业方式不同。前一种可选择平行、流水、顺序作业三种方式施工；后一种只能按各自的工序及工艺顺序展开，按其工艺顺序完成施工任务。若将这两个独立施工段的施工过程，看成两条独立的生产线，那么这两条生产线可以平行作业、搭接作业，也可以交叉作业。

（3）混合型。混合型是指一个建设项目中存在多个施工段，既包含相对独立的单施工段多工序型生产过程，又含有相对独立的多施工段多工序型的施工生产过程。公路建设项目具有点多线长和固定分散的特点，多属于混合型时间组织类型。

在施工过程时间组织时，刻意划分纯粹的时间组织类型没有任何意义，只有在一个合同段的、复杂的结构组成中，按照工程属性及施工条件，抓施工组织规律，相对独立地划分出合同段内含的单施工段多工序或多施工段多工序的时间组织类型，在制订施工方案的工程中才有现实意义，且才能够掌握施工生产的客观规律，有效地进行时间组织。

五、施工作业方式的选择原则

1. 满足合同工期要求

针对同样的施工项目，选择不同的施工方式组织生产，其作业周期也不同，选择施工方式时应结合业主的工期要求加以选择。

2. 充分贯彻施工过程组织的四个原则

当施工方式不同时，施工生产过程的均衡性、节奏性和连续性也不同，最终体现出不同的经济效益，因此，选择施工方式要在保证工期的前提下，以提高经济效益为目的，充分贯彻连续性原则，优先采用流水作业法组织施工，保证均衡生产，充分挖掘施工潜力，避免施工资源的损失与浪费，降低施工成本，提高经济效益。

3. 遵循客观规律

任何工程项目，在一定施工与自然条件下，都有特定的工程属性，其施工过程也存在固有的客观规律。进行工程项目施工时，要遵循工程项目施工的客观规律选择施工方式，以便建立良好的施工秩序，顺利进行施工生产。

4. 充分利用施工资源

组织平行、顺序和流水作业时，其资源流动的状态完全不同。平行作业资源投入量大，管理不便，积压流动资金，制约施工进程；顺序作业资源投入量小，但间歇作业，不能充分发挥设备潜力；流水作业资源投入量持续稳定，可连续作业，能够充分挖掘设备潜力。选择施工方式时，要充分利用施工资源，建立高效的运作秩序，以便多快好省地完成施工任务。如具备流水施工条件，但为了片面追求施工进度而采用平行作业法组织施工，进而产生资金积压、难以组织施工资源等负面作用，就会影响生产秩序与经济效益。

5. 因地制宜，切实可行

施工方式的选择应根据业主的施工要求，结合具体的施工与自然条件进行选择，要适应相应的施工方法的需要和具体的施工组织条件，避免不切实际的生搬硬套和脱离施工客观规律。如为了组织流水作业，无论结构有无界限，进行不合理的分段，施工过程划分不合理，都会导致作业班组施工过多而产生资源浪费和管理困难等问题。

6. 施工方式与施工方法适应性原则

施工方式选择要与施工方法相适应，不能脱离施工方法的制约关系而随意选择施工方式。例如采用装配法施工的梁板桥，上部结构预制和下部结构及其基础施工固然要采用平行作业法。而下部结构施工，当桥墩较多时，可按墩台划分施工段，优先采用流水作业法组织施工，若采用顺序作业法或平行作业法施工则不科学、不合理，这是由装配法施工的性质所决定的。

任务五　施工顺序的确定

一、施工顺序的确定原则

施工顺序泛指建设项目分部分项的先后作业次序。它反映了工程项目施工的内在规律，也是选择施工方式的主要依据。虽然一个工程项目的施工顺序多种多样，看似杂乱无章，但是在确定施工顺序时，抓住规律，仔细分析分部分项工程之间的逻辑与因果关系，在满足业主特定限制条件（工期、技术规范、工艺要求等）的前提下，总能选择出最佳的施工顺序。

施工顺序是施工方式赖以生存的基础。施工顺序主要解决分部分项工程的先后作业次序问题，它与施工作业方式密切相关。实际上，从本质上来看，平行、顺序、搭接和流水等施工作业方式是各施工项目因果关系的形式表现，反映了施工顺序的基本特征，而拟定施工顺序时，也是试图挖掘工程项目本身的施工客观规律，再通过组织方式建立一种施工秩序再现出来。

施工顺序不同于工艺顺序。施工顺序是指各施工项目质检的先后施工次序，从总体上讲，它应体现工程项目施工的内在规律，反映各分部分项工程施工的因果与逻辑关系。而工艺顺序主要是指具体某个分部分项工程项目的工序，以及这些技术上互相关联的各工序之间的相互关系，它反映了具体的某个施工项目在特定施工方法制约下的施工规律，并可通过工艺框图表现出来。例如钻孔桩施工时，其工序和工艺顺序是钻孔桩所特有的，工艺框图简要表达了各工序的施工内容和施工程序。通常，施工技术方案以此为依据，结合施工技术规范制定。工艺顺序是施工单位编制施工技术方案的主要依据。

安排施工顺序须仔细分析分部分项工程质检的逻辑关系，统筹兼顾。一般遵循以下原则。

1. 必须符合工艺必然的衔接要求

公路施工项目各分部分项工程之间存在一定的层次关系和顺序关系，如工程总体施工应符合先下后上、先主体后局部、先内后外的客观规律，违背这些规律就无法正常地组织施工。

2. 必须与施工方法相适应

施工方法不同，其施工过程也不同，如板梁桥采用装配法或现浇法施工时，其施工工序和工艺顺序就不同，装配法在用于上部结构和下部结构施工时，采用平行或搭接作业方式施工，旨在压缩工期，而现浇法只能按其固定的程序逐次完成各道工序顺序作业。安排施工顺序不能脱离施工方法。

3. 考虑水文地质等自然因素的影响

安排施工顺序时，必须充分考虑洪水、雨季、冬季、不良地质地段的影响，有的因素对施工顺序的安排起着决定性的作用，如桥梁下部工程一般安排在汛期到来之前完成或之后开始。

4. 考虑影响全局的关键工程，合理安排施工顺序

例如，路线中的大中桥、隧道、深路堑等，如不提前完工，势必会影响后续施工项目作业，故应先行施工，为后续工程运送材料和机械设备创造条件。

5. 必须遵循施工过程的组织原则

在施工中，之所以精心安排施工顺序，是为了更好地贯彻连续性、均衡性和节奏性的要求，以便建立良好的施工秩序，适应工程施工的客观规律，从而达到压缩工期，提高投资效益的目的。

6. 必须考虑安全生产的要求

例如，石方路基施工时需要划分若干施工段，为保证施工安全，一般不进行相邻工段连续爆破，土方爆破和清渣运输往往需间隔、跳跃式安排施工作业顺序，使爆破与清渣作业保持一定的安全距离。

7. 压缩工期原则

采用不同的施工顺序，将会产生不同的时间组织成果，对总工期的影响很大。因此，应因地制宜采取施工组织措施，并通过优化施工顺序来压缩工期。如路面基层与面层施工时，可以采取搭接和顺序作业。当路线较长，有条件组织搭接作业时，使面层施工与基层施工相隔一定的时间相继开工，就会有效地压缩工期。

8. 经济效益原则

理论上，任何施工项目在特定的施工条件下，都有一个对应于投资最低点的工期，称为最优工期。若业主工期要求允许，作为承包人就应该按照正常的施工条件和施工组织条件选择施工方式，科学安排施工顺序，以求最优工期，创造良好的经济效益。

二、确定施工顺序的方法

无论从总体安排还是局部施工考虑，施工顺序对施工总工期都有直接影响。为了寻求工程施工的客观规律，建立良好的施工秩序，需要进一步探讨施工顺序安排的基本理论和方法，以便指导工程实践，科学合理地安排施工顺序。

（一）m 个施工段 2 道工序时，施工次序的确定

对于这类问题可以用约翰逊—贝尔曼法则来解决。这个法则的基本思想是先行工序施工工期短的要排列在前面施工；而后续工序施工工期短的要排列在后面施工。也即首先列出 m 个施工段的"流水节拍表"（各个施工段上各工序的流水节拍的计算，将在第五章介绍），然后，在表中依次选取最小数，而且每列只选一次，若此"数"属于先行工序，则从前面排列；反之，则从后面排列。

具体步骤通过示例详解如下：

（1）填列"流水节拍表"（表2-6）。

（2）绘制"施工次序排列表"，见表2-7（熟练后可不绘制此表，而在表2-6下边加一栏，直接排序）。

微课：两道工序多个施工段的施工顺序的编制——约贝法

表 2-6 流水节拍表

施工段\工序	A	B	C	D	E	F
a	4	4	6	8	3	2
b	7	4	5	1	6	3

表 2-7 施工次序排列表

填表次序\施工次序	1	2	3	4	5	6
1						D
2	F					
3		E				
4					B	
5			A			
6				C		
列中最小数	2	3	4	5	4	1
施工段号	F	E	A	C	B	D

(3)填表排序,即按约翰逊-贝尔曼法则填写表 2-7,从而可将各个施工段的施工次序排列出来。在本示例中,根据表 2-6,各施工段的施工次序排列如下:第一个最小数是 1,属于后续工序,所以填列在表 2-7 中施工次序的最后一格,并将表 2-6 中 D 施工段这一列划去;第二个小数是 2,属于先行工序,所以填列在表 2-7 中施工次序的最前面一格,并将表 2-6 中 F 施工段这一列划去;依此类推,将表 2-7 填列完毕,可确定各个施工段的最优施工次序为 F、E、A、C、B、D。

(二)m 个施工段 3 道工序时,施工次序的确定

对于这类问题,如果符合下列两种情况中的一种,就可采用约翰逊-贝尔曼法则:

(1)第 1 道工序中最小的施工期 a_{min} 大于或等于第 2 道工序中最大的施工期 b_{max},即 $a_{min} \geq b_{max}$。

(2)第 3 道工序中最小的施工期 c_{min} 大于或等于第 2 道工序中最大的施工期 b_{max},即 $c_{min} \geq b_{max}$。

对于 m 个施工段 3 道工序时,施工次序的排序问题,只要符合上述两条中的一条时,即可按下述步骤来求得最优施工次序:

第一步:将各个施工段中第 1 道工序 a 和第 2 道工序 b 的流水节拍(施工期)依次加在一起,即 $a+b$。

第二步:将各个施工段中第 2 道工序 b 和第 3 道工序 c 的流水节拍(施工期)依次加在一起,即 $b+c$。

第三步:将以上两步中得到的流水节拍表(施工工期表),看作两道工序的流水节拍表(施工工期表),见表 2-8 中的 $a+b$ 和 $b+c$。

第四步:按上述 m 个施工段 2 道工序时的排序方法,求出最优施工次序。

微课:三道工序多个施工段的施工顺序的编制——约贝法

第五步：按所确定的施工次序绘制施工进度图，确定施工总工期。

表 2-8 流水节拍表   d

施工段 工序	A	B	C	D	E
a	3	2	8	10	5
b	5	2	3	3	4
c	5	6	7	9	7
$a+b$	8	4	11	13	9
$b+c$	10	8	10	12	11
最优次序	B	A	E	D	C

本例按上述方法确定出最优施工次序为 B、A、E、D、C，总工期为 39 d；若按 A、B、C、D、E 的顺序施工，则总工期为 42 d。

如果 m 个施工段 3 道工序不满足上述特定条件，应如何确定最优施工次序呢？对于这种情况，可以采用穷举法，找出最优施工次序。即还是按照上述原理，将工序重新组合成虚拟的 2 道工序(包括所有可能的情况)，再按约翰逊－贝尔曼法则确定最优施工次序。

例如，表 2-9 为 4 个施工段，3 道工序，但是不满足上述特定条件，可以将 a、b、c 3 道工序重新组合成以下 2 道工序(包括所有组合情况)：$(a, b+c)$、$(a+c, b)$、$(a+b, c)$；$(a, b+c)$；$(a+c, b+c)$；$(a+b, a+c)$。注意：先行工序和后续工序的位置不能颠倒，即 $(a+c, a+b)$ 的组合是错误的。

表 2-9 流水节拍表   d

施工段 工序	A	B	C	D
a	3	4	7	9
b	3	5	6	4
c	5	6	8	7

(三) m 个施工段工序多于 3 道时，施工次序的确定

1. 运用约翰逊－贝尔曼法则近似法确定

当工序多于 3 道时，求解最优施工次序变得比较复杂，但是，仍可以将工序按一定方式进行组合，将其变成虚拟的 2 道工序，然后按约翰逊－贝尔曼法则确定较优的施工次序。

把 n 道工序分成任意两组，将同组工序的作业时间对相加得到两道虚拟工序，然后继续归并直至剩下最后的两道虚拟工序。从一定数量的分组中经比较取工期最短者，作为相对最优解。若能够排列出所有分组的可能性，即可找出最短工期的精确解。

【例 2-1】 某施工任务有 4 个施工段，每个施工段有 4 道相同工序，其流水节拍表(作业时间表)见表 2-10，求其最优施工次序及最短施工总工期。

表 2-10　流水节拍表　　　　　　　　　　　　　　　　　　　　　　　　d

施工段 工序	A	B	C	D
a	6	2	5	3
b	4	7	1	2
c	8	9	3	6
d	1	5	4	8

若不排序，则按直接编阵法（见下文）得施工总工期为 43 d。

解：组合 1（表 2-11）：

表 2-11　流水节拍表　　　　　　　　　　　　　　　　　　　　　　　　d

施工段 工序	A	B	C	D
a+b	10	9	6	5
c+d	9	14	7	14
较优次序	D	C	B	A

较优次序为 D、C、B、A，按直接编阵法得施工总工期为 35 d。

组合 2（表 2-12）：

表 2-12　流水节拍表　　　　　　　　　　　　　　　　　　　　　　　　d

施工段 工序	A	B	C	D
a+c	14	11	8	9
b+d	5	12	5	10
较优次序	D	B	C	A

较优次序为 D、B、C、A，按直接编阵法得施工总工期为 33 d。

组合 3（表 2-13）：

表 2-13　流水节拍表　　　　　　　　　　　　　　　　　　　　　　　　d

施工段 工序	A	B	C	D
a+d	7	7	9	11
b+c	12	16	4	8
较优次序	B	A	D	C

较优次序为 B、A、D、C，按直接编阵法得施工总工期为 44 d。

组合 4(表 2-14):

表 2-14 流水节拍表 d

工序＼施工段	A	B	C	D
a	6	2	5	3
$b+c+d$	13	21	8	16
较优次序	B	D	C	A

较优次序为 B、D、C、A,按直接编阵法得施工总工期为 37 d。
组合 5(表 2-15):

表 2-15 流水节拍表 d

工序＼施工段	A	B	C	D
$a+b+c$	18	18	9	11
d	1	5	4	8
较优次序	D	B	C	A

较优次序为 B、D、C、A,按直接编阵法得施工总工期为 33 d。结果同组合 2。

从以上五种组合中找出最优顺序为 D、B、C、A,总工期为 33 d,比按 A、B、C、D 顺序,施工总工期减少了 10 d。还有其他组合方式,有兴趣的同学可以继续做下去。

2. 直接编阵法

直接编阵法是在确定了施工项目的最优工序的前提下,计算施工项目作业工期的有效方法,具体步骤如下:

第一步:按最优解顺序列出作业时间矩阵,简称"优阵"。此时应注意按分组前原有工序列表。

第二步:由"优阵"元素 a_{ij} 求新矩阵元素 b_{ij}(其中,i 代表行,j 代表列)。

对于第一行新元素 $b_{1j}=a_{1j}+b_{1,j-1}$;

对于第一列新元素 $b_{i1}=a_{i1}+b_{i-1,1}$;

对于第 i 行、第 j 列的新元素 $b_{ij}=a_{ij}+\max\{b_{i-1,j}, b_{i,j-1}\}$。

第三步:列出新矩阵即可完成各项任务工期,即总工期。

【**例 2-2**】 求表 2-16 所列任务的总工期。

表 2-16 流水节拍表 d

任务＼工作	M1	M2	M3	M4
N1	4	3(7)	5(12)	7(19)
N2	3(7)	6(13)	1(14)	2(21)
N3	5(12)	9(22)	2(24)	8(32)
N4	7(19)	4(26)	5(31)	1(33)

注:表 2-16 中所列为"优阵";表 2-16 中括号内数值为新矩阵元素

解：第一行：$a_{11}=b_{11}$；$b_{12}=a_{12}+b_{11}=3+4=7$；$b_{13}=a_{13}+b_{12}=5+7=12$……，各新元素用"优阵"元素值加左边新元素值。

第一列：$a_{11}=b_{11}$；$b_{21}=a_{21}+b_{11}=3+4=7$；$b_{31}=a_{31}+b_{21}=5+7=12$……，各新元素用"优阵"元素值加下边新元素值。

其他行列新元素用"优阵"元素加左边新元素值中较大值，见表 2-16 所示的单元格中，$b_{33}=a_{33}+\max\{b_{23}, b_{32}\}=2+\max\{22, 14\}=2+22=24$。直至计算完毕，工期为 33 d。

通过以上讨论的方法确定施工顺序，寻求最优工期，应用范围非常有限，但在实际工作中，划分施工过程不必太细、太多，只要以主导工序为主，将施工辅助工作或次要工序归并到主导工序中，看成一道工序来确定其作业周期，多数情况下施工过程数减少到 2 道，这样，就可以大大地提升约翰逊—贝尔曼法则的应用范围。

项目小结

1. 施工方案一般由施工方法确定、施工机械选择、施工顺序安排和施工作业方式四部分内容所构成。编制不同阶段的施工方案时，侧重面不同。设计阶段的施工方案主要根据建设项目的建设目标进行规划，侧重于对施工技术方法与施工资源配置的可行性进行编制；在招投标及施工阶段的施工方案主要对工程项目的基本生产过程进行计划安排，更多地考虑施工方案的技术先进性与经济性。

2. 选择施工方法的依据主要有招标文件、技术规范、工期要求、工程属性、施工条件等。机械化施工为公路施工主要的施工方法，对于施工机械的选择，应从作业内容、土质条件、机械通行性、运距、气象及气候特征、机械的作业效率等方面来考虑。

3. 按施工过程所需劳动性质及在基本建设中起的作用不同，将施工过程划分为施工准备过程、基本施工过程、辅助施工过程、服务施工过程、服务施工过程。分部分项工程施工过程要素可依次动作→操作→工序→操作过程，一般将工序作为最小的施工过程要素。

4. 施工过程的组织基本原则包括连续性、协调性、均衡性、经济性。在选择施工作业方式时，除应充分考虑施工过程组织的基本原则外，还需要考虑工期要求、施工资源充分利用、可行性、施工方式与施工方法适应性等。

5. 对于多个施工段 2 道工序的施工次序确定问题，可采用约翰逊—贝尔曼法则解决；对于多个施工段 3 道工序的施工次序确定问题，满足限定条件之一时，仍可采用约翰逊—贝尔曼法则予以确定。在确定了施工项目的最优工序的前提下，可采用直接编阵法计算作业工期。

能力训练

通过本项目的学习，完成下列问题：

1. 什么是施工方案？施工方案主要包括哪些内容？
2. 选择施工方法的依据和原则有哪些？
3. 施工机械选择方法有哪些？施工机械组合需要考虑哪些因素？
4. 施工过程依次可分解为哪些要素？施工过程的组织原则有哪些？
5. 施工过程时间组织和空间组织的任务分别是什么？
6. 根据工序流水节拍表(表 2-17)，请用约翰逊—贝尔曼法则求最优施工工序。

表 2-17　流水节拍表

工序 \ 任务	A	B	C	D	E
a	6	6	8	7	9
b	4	3	4	6	6
c	2	4	1	2	3

项目三 公路工程施工进度计划的编制

知识目标

1. 了解施工进度计划的编制内容、原则、依据、作用，以及施工进度计划的表示方法；
2. 熟悉流水作业施工进度计划的编制内容和方法；
3. 熟悉双代号网络进度计划的编制内容和方法；
4. 熟悉单代号网络进度计划的编制内容和方法；
5. 理解网络进度计划工期、费用、资源的优化。

能力目标

通过学习与训练，能够绘制流水作业施工进度横道图；能够根据施工项目工作之间的逻辑关系绘制双代号网络进度计划图、双代号时标网络进度计划图、单代号网络进度计划图；能够进行网络进度计划工期、费用、资源的优化。

素养目标

通过本项目的学习，培养时间就是金钱的进度管理意识，树立全局观。

任务描述

某城市道路全长为 15 km，双向六车道，现要对该城市道路进行更新改造。该城市道路更新工程可分解为测量工作、土方工程、路基施工、安装排水设施、清除杂物、路面施工、路肩施工及清理场地八项工作，分别用代号 A、B、C、D、E、F、G、H 表示各项工作，根据各项工作的工程量确定其各工作的持续时间和逻辑关系，见表3-1。

表 3-1 某城市道路改造工程各工作逻辑关系表

工作代号	A	B	C	D	E	F	G	H
工程名称	测量工作	土方工程	路基施工	安装排水设施	清除杂物	路面施工	路肩施工	清理场地
紧后工作	B	C、D、E	F、G	F	G	H	H	—
工作时间/d	2	10	5	4	1	3	2	1

分析该工程项目能否采用流水作业施工？试根据各工作的逻辑关系及工作的持续时间绘制合适的施工进度图，计算工期，并确定关键线路。

任务实施

任务一 施工进度计划

一、施工进度计划的内容

施工过程涉及施工内容的范围可大可小，如路面工程，包含垫层、基层、面层、硬化路肩、安装路缘石等一系列操作过程，范围较大，而钢筋工程几乎就是一道工序，范围很小。编制施工进度计划时，到底如何编制，取决于时间组织的取向性。一般制订合同段的总进度计划，应以分部分项工程为主来列项，而编制分部分项工程的进度计划时，则以工序为主来列项。

施工进度计划是施工过程组织的核心。其内容主要包括以下几项：

(1)根据拟定的施工方法和工程属性合理选择施工方式，科学安排施工顺序。

(2)在满足业主工期要求和保证工程质量的前提下，制订切实可行的进度计划。

(3)根据进度计划进行工期优化，以满足合同工期要求。

(4)施工进度计划是施工组织设计的主要内容，也是时间组织成果的最终体现。进行时间组织的目的就是制订、优化施工进度计划，缩短工期，保证施工过程的连续性、均衡性、节奏性，使各项施工活动在充分体现效益与秩序中逐步展开和完成。

二、施工进度计划编制的原则、依据和作用

1. 施工进度计划编制的原则

(1)符合合同文件中有关进度的要求；

(2)编制的施工进度计划应先进、可行，通过努力可以实现；

(3)切合实际，与项目经理部的施工能力相协调；

(4)满足企业对工程项目要求的施工进度目标；

(5)保证施工过程的均衡性和连续性；

(6)有利于节约施工成本，保证施工质量和施工安全；

(7)采用科学的方法编制施工进度计划，如采用网络计划技术等方法。

2. 施工进度计划编制的依据

(1)上级或合同规定的开工、竣工日期；

(2)设计图纸、定额资料等；

(3)工程项目所在地的水文、地质、气象等自然情况；

(4)工程项目所在地资料可利用情况；

(5)项目部可能投入的施工力量、机械设备和主要材料的供应及到货情况；

(6)影响施工的经济条件和技术条件；

(7)主要工程的施工方案；

(8)工程项目的外部条件等。

3. 施工进度计划编制的作用

(1)有利于领导部门抓住关键，统筹全局；

(2)有利于施工企业合理布置人力、物力，正确指导施工生产活动的顺利进行；

(3)有利于施工人员明确目标，更好地发挥主动精神；

(4)有利于企业内部及时配合,协同作战。

因此,正确的编制施工进度计划是保证各施工项目,以及整个建设工程按期交付使用、充分发挥投资效益、降低公路工程施工成本的重要条件。

三、施工进度计划的表示方法

如果采用人们习惯使用的语言文字来表达施工生产过程中施工进度组织的内容和成果,则具有很大的局限性。当工程项目的施工过程比较复杂时,更是"词不达意",不符合表达技术含义需要准确、唯一的要求。为此,在长期的生产实践中,人们创造出了灵活多样、简捷直观、方便实用,并能真正表达施工过程中施工进度内涵的表达方式,即用含有大量数据、信息的图表表示施工过程中施工进度的内容和成果,通常称其为工程施工计划进度图。其主要有以下几种。

1. 横道图

横道图(又称为横线图或甘特图),是将各项生产任务的作业时间用一条横向线段(横道)表示在具体时间坐标的边栏上的形式。横道图有横向工段式和横向工序式两种表现形式,分别如图 3-1、图 3-2 所示。

工序	进度/d					
	1	2	3	4	5	6
模板	构件①	构件②	构件③	构件④		
钢筋		构件①	构件②	构件③	构件④	
混凝土			构件①	构件②	构件③	构件④

图 3-1 横向工段式进度图

施工段	进度/d					
	1	2	3	4	5	6
构件 1	模板	钢筋	混凝土			
构件 2		模板	钢筋	混凝土		
构件 3			模板	钢筋	混凝土	
构件 4				模板	钢筋	混凝土

图 3-2 横向工序式进度图

2. 斜线图

斜线图与横道图的区别仅仅是用斜线表示各项施工任务的时间进程,而且绘图的过程是由下而上进行的。斜线图有斜线工段式和斜线工序式两种,分别如图 3-3、图 3-4 所示。

工序	进度/d					
	1	2	3	4	5	6
混凝土			构件①	构件②	构件③	构件④
钢筋		构件①	构件②	构件③	构件④	
模板	构件①	构件②	构件③	构件④		

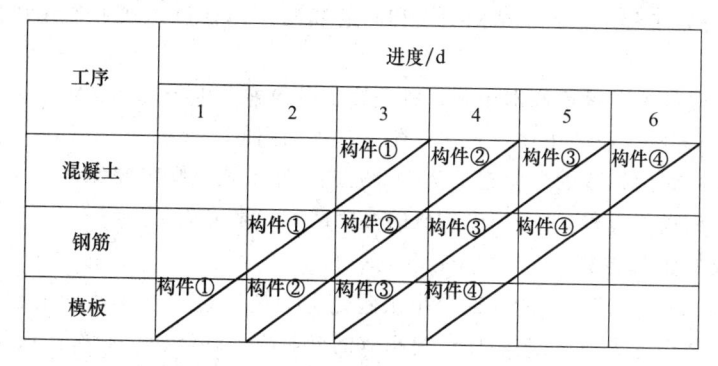

图 3-3　斜线工段式进度图

工序	进度/d					
	1	2	3	4	5	6
构件 4				模板	钢筋	混凝土
构件 3			模板	钢筋	混凝土	
构件 2		模板	钢筋	混凝土		
构件 1	模板	钢筋	混凝土			

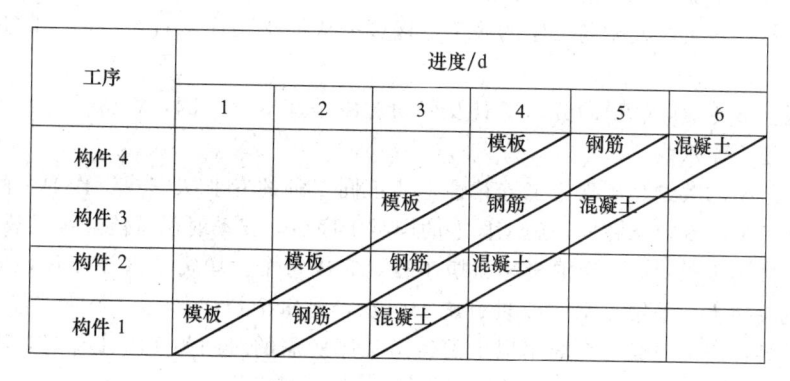

图 3-4　斜线工序式进度图

3. 网络计划图

网络计划图是由箭线和节点组成的，用来表示工程流程顺序方向的网状图形。在网络计划图上标注作业时间等参数的施工进度计划称为网络计划。其是目前工程上广泛使用的、较为科学的时间组织成果表达方式。常见的网络计划有单代号网络计划、双代号网络计划、时标网络计划、搭接网络计划、流水网络计划等形式。

任务二　流水作业施工进度计划的编制

一、流水作业的组织形式与方式

流水作业法是建立在合理分工、紧密协作和批量生产基础上的一种科学合理的施工组织方法，由于它能充分体现施工过程的连续性、均衡性和协调性，经济效果突出，人们在进行施工过程组织时，只要条件允许，应尽可能采用此法来组织施工。

1. 流水作业的组织形式

(1) 具备若干个施工段（俗称工段）。施工段是具有独立施工条件和一定工作面的施工段落。通常，施工段是人们根据方案要求和施工组织需要，自然地或按结构组成界限人为地从公路建筑产品中划分出来的施工单元，作为施工组织的研究对象，施工段的存在为组织流水作业创造了必要的条件。

施工段可以是批量生产的构件，如梁、板等；也可以是具有独立工作条件

微课：流水作业组织的前提条件

和工作面的分部分项工程，如若干结构类型相同的涵洞，具有独立施工条件和相同工艺顺序的若干个施工段落。

（2）每个施工段的施工过程基本相同。每个施工段的施工生产过程必须是由若干道工序或操作过程组成的，而各施工段的工序及工艺顺序是基本相同的。

（3）每道工序由专门组建的专业施工队（组）完成。按工艺原则组建专业施工队（组），每道专业性较强的工序（或操作过程）都必须由相应的专业队（组）来完成。

2. 流水作业的组织方式

首先，将组成公路建筑产品的分部分项工程划分为施工过程基本相同的施工段，并按施工段的主要工序（或操作过程）及工艺顺序组建相应的专业施工队（组）；其次，从某一施工段开始，让专业施工队（组）按照工艺顺序（工序的先后次序）相隔一定时间依次投入该工段，完成该段的施工任务后，再让专业队（组）携带必要的机具，按各施工段的先后次序在不同的施工段上移动，依次并连续进行各施工段上相同工序的施工，逐段完成同类工序，直至各施工队完成所有的施工任务。

一般情况下，专业队（组）的劳动工具及劳动对象是基本不变的，将劳动力及其劳动工具的移动路线称为施工流水线。

流水施工组织的关键是确保施工连续性，使不同工种的专业队完成工作的时间尽可能衔接起来。即不同工种的专业队在同一施工段上的同类工序后，移动时尽可能连续或减少间歇时间。

例如，某桥梁工程，有4个混凝土桥墩工程，完成每个桥墩需要3道工序，即立模板、绑扎钢筋、浇筑混凝土。采用流水作业进行施工组织，将每个桥墩作为一个施工段，3道工序建立3个作业班组，假定完成每个施工段上的每道工序所需的时间为1个工作日，则完成该桥桥墩工程施工进度的横道图，如图3-1、图3-2所示。

二、流水作业施工的主要参数

流水作业施工过程是一个相对独立和完整的系统，在这一系统中，决定流水作业状态和结果的主要因素是流水作业参数。其包括空间参数、工艺参数和时间参数。

（一）空间参数

空间参数包括工作面和施工段数。它们反映了流水作业的空间分布位置及操作空间的大小，决定着施工资源投入的限度。

1. 工作面 A

在施工段上，为生产工人及机械设备所能提供或可供利用的操作空间称为工作面，它反映了施工作业所占用的操作空间的大小。工作面的大小应根据工艺要求及施工组织需要确定。人为开辟的工作面应以"既要充分发挥人机效率，还要遵守安全操作规程要求"为度来确定它的大小，如钻孔平台、挖方现场等；当工作面大小由结构界限限定时，能够投入的生产资料是有限的，有时它是决定某道工序作业时间长短的主要依据，如开挖基坑等。

微课：流水作业的空间参数

2. 施工段数 m

施工段数是指组织流水作业时，人为或自然划分出的施工段落数目，将一个施工段看成一个"产品"，满足流水作业批量化生产的要求。它反映了流水作业过程中施工队、机械设备的位置和分布状态。

通常划分施工段有两种方法：一种是根据独立的施工条件自然组合而成，如几个类型相同的基础、涵洞等；另一种是根据施工方案要求及施工组织需要人为划分。划分施工段的目的是多创工作面,为下道工序尽早开工创造条件,也为不同的专业队(组)同时作业创造必要条件。

划分施工段的要点如下:

(1)人为划分施工段时,应使各施工段劳动量大致相等,相差以不超过15%为宜。

(2)自然组合施工段时,应考虑是否具备独立的施工条件、相同的结构类型,以及相同的工序及工艺顺序。

(3)施工段的划分,应考虑施工规模、资源供应等,通常以主导工序的组织为依据,保证完成主导工序的专业队能够连续施工。

(4)施工段的划分,应考虑施工规模对象的结构完整性,如大型人工构造物以伸缩缝、沉降缝为界分段,一般的工程结构应在受力最小面而又不影响结构外观的位置分段。

(5)施工段的划分,应考虑各专业队(组)是否有合适的工作面,能满足专业队(组)工人和机械的操作。

(二)工艺参数

工艺参数包括施工过程数和流水强度。它们反映了流水作业过程的工艺特征、顺序,以及工艺作业过程的快慢程度,在很大程度上,它决定了流水施工作业的速度。

1. 施工过程数 n

在流水作业中,通常将一个施工段的施工过程称为一项施工任务,若有 m 个工段,就有 m 项施工任务。这些施工任务无论是制作一个构件,还是完成一个分部分项工程,它们的施工生产过程均可划分为 n 个具有独自工艺特点的工序(或操作过程),其划分数量 n 即称为施工过程数,又称为工序数。组织流水作业时,一般情况下,一道工序(或操作过程)需要组建一个专业班组来完成,实际上,有些工序是不需要单独组建专业队(组)来完成的,如"浇筑混凝土"和"养生"虽是两道工序,但不必为后者单独组建"养生队",它完全可由混凝土专业队兼顾完成。施工过程数 n(工序数)要根据构造物的复杂程度和施工方法来确定,一般应注意以下问题:

(1)工序划分的粗细,应以流水作业进度计划的性质为度。对于分部分项工程进度计划,应划分得细一些,以工序或操作过程为主;对于实施性流水作业进度计划,可划分到分项工程;对于控制性的进度计划,应划分得粗一些,可以是单位工程,甚至是单项工程。

(2)结合所选择的施工方案划分工序。如桥梁上部结构施工时,现浇钢筋混凝土梁、板与预制安装梁或板,两者划分施工工序的差异是很大的。

(3)划分工序应重点突出,抓住主要工序,不宜太细,使流水作业进度计划简明扼要。如路面工程可以划分为底基层、基层、面层,面层将路缘石、路肩等操作过程归并其中。

(4)一个流水作业进度计划内的所有工序应按施工先后顺序排列,反映施工过程的客观规律,所采用的名称应与现行定额的项目名称一致。

2. 流水强度 V

流水强度又称为流水能力或生产能力,是指每个作业班组在单位时间内所完成的工程数量,它反映了流水作业工艺过程流动的强弱程度,决定了施工的速度。

(1)机械施工过程的流水强度按式(3-1)计算。

$$V = \sum_{i=1}^{x} R_i C_i \tag{3-1}$$

式中 R_i——某种施工机械台数;

C_i——该种施工机械台班生产率,即台班的产量定额(机械台班定额的倒数);

x——投入同一工序的主导施工机械种类。

（2）人工操作过程的流水强度按式(3-2)计算。

$$V = R \cdot C \tag{3-2}$$

式中　R——每个作业班组人数；

C——每个工人每班生产量(人工产量定额)。

【例3-1】　某铲运机铲运土方工程，施工队现有推土机1台，其台班产量定额 $C=3\,125.0\ \text{m}^3/台班$，现有铲运机3台，其台班产量定额 $C=442.5\ \text{m}^3/台班$，则机械施工的流水强度为多少？如果采用人工挖运该土方工程，施工队有挖土工 $R=10$ 人，人工产量定额 $C=6.1\ \text{m}^3/工日$，则人工操作的流水强度是多少？

解：机械施工的流水强度 $V=1\times 31\,250+3\times 4\,425=44\,525\ (\text{m}^3/台班)$；

人工操作的流水强度 $V=10\times 6.1=61.0\ (\text{m}^3/工日)$。

微课：流水作业的时间参数1

（三）时间参数

时间参数包括流水节拍和流水步距。它们反映了流水作业过程的时间流动状态和节奏性，是决定总工期长短的主要因素。

微课：流水作业的时间参数2

1. 流水节拍

流水节拍是指专业队(组)在施工段上完成某一段工序(或操作过程)的延续时间，用 t_i 表示，表3-2为某流水作业的流水节拍表，图3-5所示为按照该流水节拍表绘制的流水施工横道图。流水节拍的长短决定了流水作业施工过程的节奏性，并与总工期成正比，若流水节拍长，则总工期也长。

表3-2　拱涵各工序流水节拍表　　　　　　　　　　　　　　　　　　　　　d

工序 n ＼ 工段 m	拱涵1	拱涵2	拱涵3	拱涵4
开挖基础	2	1	3	2
砌筑	1	2	2	2
回填	3	2	2	1

图3-5　拱涵流水作业横道图

决定某道工序流水节拍长短的主要因素有该道工序的施工方案、劳动量或作业量、投入人工及机械设备的数量、作业班制，同时，还受到工作面的限制。流水节拍的确定方法有以下四种。

(1)定额计算法。在正常的施工组织条件下，通过查用定额，根据式(3-3)计算。

$$t_i = \frac{Q_i S_i}{R_i n_i} = \frac{P_i}{R_i} \frac{1}{n_i} \tag{3-3}$$

式中　t_i——工段上第 i 道工序的流水节拍；

　　　Q_i——工段上第 i 道工序要完成的工程数量，为实际工程数量/定额单位；

　　　P_i——工段上第 i 道工序的劳动量或作业量，即完成第 i 道工序需要的人工工日数或机械台班数；

　　　S_i——工段上第 i 道工序的时间定额，即完成单位合格产品的时间；

　　　R_i——完成工段上第 i 道工序的专业队需要的人工或机械台数，受工作面限制；

　　　n_i——完成工段上第 i 道工序的专业队的作业班制数，可采用一、二或三班制。

(2)三种时间估算法。当有些工序的工艺、技术等经改进和革新后无定额可循，无法直接用定额方法确定流水节拍 t_i 时，可根据以往的施工经验，估算三种时间，计算其加权平均值，采用应用数学中的概率统计方法确定流水节拍 t_i，根据式(3-4)计算。

$$t_i = (a + 4c + b)/6 \tag{3-4}$$

式中　t_i——根据三种估算时间计算的加权平均时间；

　　　a——根据经验估算的最乐观的完成时间；

　　　b——根据经验估算的最悲观的完成时间；

　　　c——最有可能完成该道工序的时间。

(3)倒排工期法。当施工项目的工期很紧，必须在规定工期完成施工任务，而且施工项目的整个生产过程又能组织成平行流水作业或流水作业时，可根据合同分解的阶段性工期要求，采用倒排进度的方法求流水节拍 t_i。首先将一个工程对象划分为几个施工段，估算出每个阶段所需要的时间；然后将每个阶段划分为若干个施工过程和若干个施工段；再确定某一施工过程的施工总持续时间 T_i，根据施工段数 m 反求流水节拍，按式(3-5)计算。

$$t_i = T_i/m \tag{3-5}$$

最后检查反算所求的流水节拍 t_i 是否大于工作面限制的最小流水节拍 $t_{\min}$。$t_{\min}$ 可用式(3-6)计算。

$$t_{\min} = \frac{A_{\min} \cdot Q_i}{A \cdot C \cdot \alpha} \tag{3-6}$$

式中　$A_{\min}$——每个技工或每台机械所需要的最小工作面；

　　　Q_i——某施工段上第 i 道工序的工程量，Q_i＝实际工程量/定额单位；

　　　A——某作业工序所在施工段上的实际工作面；

　　　C——产量定额，时间定额的倒数；

　　　α——某施工段上投入作业工序的工人数与技工数的比值，当机械化作业时，$\alpha=1$。

当施工段数确定后，流水节拍越大，工期就相应延长。从理论上讲，希望流水节拍越小越好，但由于施工作业时受工作面的限制，流水节拍过小将使施工无法进行。因此，根据工期反算的流水节拍，必须大于最小流水节拍，如不满足，可通过调整施工段数目和专业队数，再综合考虑其他因素后重新确定。

(4)经验法。企业在以往的施工过程中，根据企业的本身施工技术及施工组织与管理特点，积累了许多有关分部分项施工过程组织的经验数据，有些企业还计算了自己的核算指标及施工定额。根据这些经验确定流水节拍更能反映企业的施工技术和管理水平，也比较简捷，切合实际，更具实效性。可见，依据企业的有关定额、施工经验或实际劳动生产率确定流水节拍也是一种简单实用的有效方法。

2. 流水步距

流水步距是指两相邻工序的专业队（组）相继投入第一个施工段开始工作的时间间隔，即开始时差，用 K 表示，如图3-5中的 K_{12} 和 K_{23} 所示。

流水步距的大小与总工期成正比，在施工段数目和流水节拍确定的条件下，流水步距越大，总工期就越长；流水步距越小，总工期就越短。

确定流水步距的基本要求如下：

(1)确定流水步距应始终保证相邻两道工序客观存在的先后工艺顺序。

(2)确定流水步距应尽量保持各专业队（组）连续工作。

(3)确定流水步距应最大限度缩短两道工序开工时刻的时间间隔，保证前后两道工序的衔接时间最短。

(4)确定流水步距应满足施工质量和安全要求为前提，如混凝土需要达到规定强度要求，拆模后才能进行下道工序。每道工序开工必须保证人身安全，具备开工条件才能开工等。

3. 流水展开期与流水稳定期

如图3-5所示，从第一道的工序的专业队（组）开工时间算起，到最后一道的工序的专业队（组）开工时间为止的时间间隔称为流水展开期，用 T_0 表示；从第一个施工段的末道工序开工时间算起，到最后一个施工段的末道工序结束时间为止的时间间隔称为流水稳定期，用 T_n 表示。

流水展开期与流水稳定期是计算总工期的基础，同时，它们也反映了施工过程中，施工资源需要量的变化规律。当施工进程在流水展开期阶段，各专业队（组）依次投入，所需材料设备持续增长。施工进程超过展开期，意味着专业队（组）已全部投入施工，每天的资源需求和完成的工作量是连续、均衡甚至不变的，并在最后一个施工段的第一道工序结束时，资源需要量开始持续递减，直至完成全部施工任务。

4. 技术间歇时间和组织间歇时间

在总工期一定的前提下，流水步距和大小与工序数 n、施工段数 m 及流水节拍 t_i 有关。对于两道紧密衔接的相邻工序，流水步距的大小一般采用"潘特考夫斯基法则"确定。对于两道衔接不是很紧密的相邻工序，确定流水步距的大小一般应考虑相邻工序交接的时间，如混凝土的养生、油漆的干燥或进行质量检查验收的等待时间等。组织间歇时间是指由于技术和组织原因造成流水步距以外增加的间歇时间，如仪器设备检修、机械转移等间歇时间，如图3-5所示，拱涵2和拱涵3在砌筑工序上的间隔时间就是组织间歇时间。

三、流水作业横道图的绘制

一道工序的流水节拍与该道工序的工程量成正比，与投入的人力、机械设备数量和作业班次成反比，在保证具有足够工作面的前提下，可通过调整资源投入量来改变流水节拍的长短，这就为设计不同工序流水节拍之间的数量关系创造了必备的条件。根据各施工段上不同工序的流水节拍 t_i 之间的数量关系，可将流水作业分为有节拍流水作业和无节拍流水作业两种类型。

(一)有节拍流水作业

有节拍流水作业是指各施工段上相同工序的流水节拍 t_i 均相等的流水作业。其包括全等节拍流水作业、成倍节拍流水作业和分别流水作业三种形式。

1. 全等节拍流水作业

全等节拍流水作业是指各施工段上各道工序的流水节拍 t_i 均相等的流水作业，即在各施工段上相同工序的流水节拍 t_i 相等，同一施工段上不同工序的流

微课：全等节拍流水作业

水节拍 t_i 也相等的流水作业形式。表 3-3 为某施工项目全等节拍流水作业表。

表 3-3 某施工项目全等节拍流水作业表

工序 n \ 工段 m	构件 1	构件 1	构件 3	构件 4
模板	1	1	1	1
钢筋	1	1	1	1
混凝土	1	1	1	1

(1)作图。根据表 3-3 所列的各工序流水节拍 t_i，绘制两种横道图。横线工序式全等节拍流水横道图如图 3-6 所示。横向同一施工段不同工序的专业队交接连续，竖向不同施工段相同工序的专业队沿流水线转移工段，衔接连续。横线工段式全等节拍流水横道图如图 3-7 所示。横向不同施工段相同工序的专业队沿流水线连续作业，竖向同一施工段不同工序交接时衔接连续。横线工段式全等节拍流水横道图是工程上常用的横道图。

(2)特点。各施工过程的流水节拍 t_i 与相邻工序之间的流水步距 K 完全相等，即 $t_i = K = C$（常数），适用于各工序的工作量（或作业量）基本相同的施工项目。

(3)工期确定。可采用作图法和公式法确定总工期，从图 3-6、图 3-7 中可以看出，总工期 $T = 6$ d，虽然作图方法不同，但工期计算结果相同。

施工段	进度/d					
	1	2	3	4	5	6
构件 1	模板	钢筋	混凝土			
构件 2		模板	钢筋	混凝土		
构件 3			模板	钢筋	混凝土	
构件 4				模板	钢筋	混凝土

图 3-6 横线工序式全等节拍流水横道图

工序	进度/d					
	1	2	3	4	5	6
模板	构件①	构件②	构件③	构件④		
钢筋		构件①	构件②	构件③	构件④	
混凝土			构件①	构件②	构件③	构件④

图 3-7 横线工段式全等节拍流水横道图

根据图 3-7 所示的横线工段式全等节拍流水横道图，推算工期计算公式如下：

$$T = T_0 + T_n = (n-1) \cdot K + m \cdot t_i = (m+n-1) \cdot t_i \tag{3-7}$$

式中　T——稳定流水作业总工期；

　　　T_0——流水展开期，从第一道工序开工至末道工序开工延续的时间间隔；

　　　T_n——流水稳定期，末道工序开工直至全部完成各施工任务所需时间。

式中其他符号意义同前。

2. 成倍节拍流水作业

成倍节拍流水是指各施工段上相同工序的流水节拍 t_i 相等，同一施工段上不同工序的流水节拍 t_i 不相等，但存在一个大于1的最大公约数 K_K，各工序的流水节拍 t_i 和该最大公约数 K_K 成倍数。表3-4 中流水作业挖基础、砌墙身、回填土三道工序的流水节拍存在一个最大公约数2，成倍节拍流水可按全等节拍流水方式进行施工组织。

微课：成倍节拍流水作业

表3-4　某施工项目成倍节拍流水作业表

工段 m 工序 n	施工段1	施工段2	施工段3	施工段4
挖基础	2	2	2	1
砌墙身	6	6	6	3
回填土	4	4	4	2

施工组织步骤：成倍节拍流水的施工过程组织方法有固有的程序，按工序数 n 组成 n 个专业队，但将流水节拍 t_i 较大的同类工序的专业队分成 t_i/K_K 个作业组，加大其资源投入数量，共组成 $\sum t_i/K_K$ 个作业组，按全等流水组织作业，如图3-8所示。组织步骤如下：

(1) 确定不同工序流水节拍 t_i 的最大公约数 K_K（1除外）。K_K 可认为是流水作业的"公共流水步距"，表3-4 的成倍节拍流水作业的公共流水步距 $K_K = 2$。

(2) 求各道工序的专业队数目 b_i。每道工序的流水节拍 t_i 是 K_K 的几倍，就应相应安排几个施工队，才能保证均衡施工。同一施工项目的各个施工队，依次相隔 K_K 个时间单位投入流水施工，因此，施工队数目 b_i 按式(3-8)计算。表3-4 中砌墙身的流水节拍 t_i 是最大公约数 K_K 的3倍，一个专业队可分为三个作业组依次投入生产，这比较符合开创工作面时由小及大的自然规律。

$$b_i = t_i/K_K \tag{3-8}$$

式中　K_K——各道工序流水节拍的最大公约数；

　　　b_i——某道工序的专业队的分组数目。

式中其他符号意义同前。

(3) 求施工项目的作业组数目 $\sum b_i$。$\sum b_i$ 在组织成倍节拍流水作业过程中所起的作用相当于全等节拍流水作业中的工序数 n，成倍节拍流水作业是 $\sum b_i$ 个作业组相隔 K_K 天依次投入生产的作业方式，实质上，仍然是全等节拍流水作业的组织形式。表3-4 为成倍节拍流水作业，作业组数目 $\sum b_i = \sum t_i/K_K = 1+3+2 = 6$（组）。

(4) 把各工序作业班组数目的总和 $\sum b_i$ 看成是全等节拍流水作业中的工序数 n，将公约数 K_K 看成流水步距，按全等节拍流水作业组织施工，如图3-8所示。

由全等节拍流水作业工期计算公式及图3-8可知，成倍节拍流水作业的工期可采用式(3-9)计算。

进度 工序 n	班组级	工 作 日/d							
		2	4	6	8	10	12	14	16
基础	挖-1								
砌墙身	砌-1		K_K						
	砌-2								
	砌-3								
回填土	填-1								
	填-2								

施工段 1 ⋯⋯; 施工段 2 ═══; 施工段 3 ▨▨

图 3-8 成倍节拍流水作业横道图

$$T = (m + \sum b_i - 1)K_K \tag{3-9}$$

式中符号意义同前。

由式(3-9)可知，表 3-4 成倍节拍流水的总工期为

$$T = (m + \sum b_i - 1)K_K = (3 + 6 - 1) \times 2 = 16(d)$$

3. 分别流水作业

全等节拍流水在实现施工的连续性、均衡性和节奏性方面的优点是十分明显的。但由于施工过程的性质和复杂程度不同，有时可能会出现某些施工过程所需的人数和机械台数超出了施工段上工作面所能容忍的最大限度，从而使施工无法进行。这时，只能减少施工和机械台数，这又必然导致这些施工过程的流水节拍增长，其结果无法按全等节拍流水组织施工。此时便可采用分别流水施工的组织形式来组织施工。

微课：分别流水作业

分别流水是指在不同施工段上相同工序的 t_i 相等，在同一施工段上不同工序的 t_i 互相不相等，也不成倍数关系的流水作业方式。表 3-5 为某工程项目分别流水作业节拍表。

表 3-5 某工程项目分别流水作业节拍表
d

工序 n \ 工段 m	构件 1	构件 2	构件 3	构件 4
模板	2	2	2	2
钢筋	1	1	1	1
混凝土	3	3	3	3

(1)特点。同一工序在各施工段上的流水节拍均相等；不同工序的流水节拍部分或全部不相等；专业施工队数目等于工序数目 n，分别流水作业的最大缺点是同一施工段上不同工序的 t_i 不相等，正因如此，导致其施工组织过程中会出现不可避免的组织间歇时间，使专业队作业断断续续，流水步距是一个变数。

(2)作图。一般情况下的分别流水，其首道工序和末道工序可以根据工艺要求或有关条件，设计成作业队在施工段间连续施工的方式[图 3-9(a)]或者间歇施工的方式[图 3-9(b)]。

(3)工期计算。当设计为连续施工方式时，总工期为流水展开期和流水稳定期两部分时间组成，即第一个施工段各流水步距之和加上最后投入生产的专业队在每施工段上完成相同工序的作业持续时间之和，可用式(3-10)计算。

$$T = T_0 + T_n = \sum_{i=1}^{n} K_{i,i+1} + T_n \tag{3-10}$$

式中　$K_{i,i+1}$——相邻两道工序的流水步距；
　　　T_0——流水展开期；
　　　T_n——流水稳定期。
式中其他符号意义同前。

工序	施工进度/d								
	2	4	6	8	10	12	14	16	18
模板	构件①	构件②	构件③	构件④					
钢筋			构件①	构件②	构件③	构件④			
混凝土				构件①			构件②	构件③	构件④

(a)

进度 工序 n	工 作 日/d							
	2	4	6	8	10	12	14	16
模板								
钢筋								
混凝土								

构件 1 ▭；构件 2 ▨；构件 3 ☰；构件 4 ▬

(b)

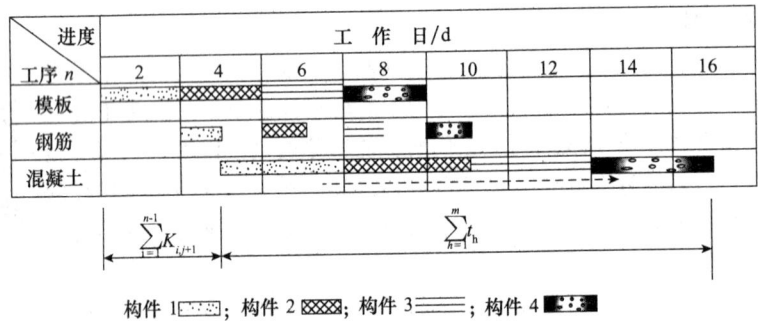

图 3-9　分别流水作业施工图

(a)分别流水作业队连续施工横道图；(b)分别流水作业队间隙施工图

当设计为间歇施工方式时，由于末道工序有时可能不连续，机动性较大，导致流水稳定期 T_n 较难确定，其总工期很难用公式 $T=T_0+T_n$ 计算，因此作图法确定较为直观、简捷，绘制完作业图的同时，即可知其总工期，如图 3-9(b)所示。表 3-5 中的分别流水作业的工期为 15 d。

(二)无节拍流水作业

无节拍流水作业是指在各施工段上，同类工序的流水节拍 t_i 不完全相同，同一施工段上各工序的 t_i 也互不相等的流水作业形式。表 3-6 为某施工项目无节拍流水作业表。无节拍流水作业 $t_i\neq$ 常数且 $K_{i,j}\neq$ 常数，施工连续性和节奏性较差，但可通过组织措施调整和优化。

1. 确定施工段的最优施工次序

首先运用约翰逊－贝尔曼法则对施工段的先后施工顺序进行排序(参考项目二)，表 3-6 所示的流水作业最优施工顺序为 A→D→B→C，按照最优次序调整后的流水节拍表见表 3-7。

微课：无节拍流水作业—潘氏法

表 3-6　某施工项目无节拍流水作业表

工序＼工段	A	B	C	D
a	2	3	3	1
b	1	2	1	2
c	3	3	3	2
$a+b$	3	5	4	3
$c+b$	4	5	4	4
最优次序	A	D	B	C

表 3-7　最优次序流水节拍表

工序＼工段	A	D	B	C
a	2	1	3	3
b	1	2	2	1
c	3	2	3	3

2. 施工法的选择

每道工序组织一个专业的施工队，在最优施工顺序下选择紧凑法施工或者作业队连续法施工。

(1)紧凑法施工绘图。开工要素主要是指工作面及施工队。对于某一施工段，任何一道工序开工都必须同时具备以下两个条件。

1)该工序的紧前工序已完工，施工段上的工作面空出。

2)该工序的专业队(组)已完成了上一施工段的同类工序，开工前资源具备，人、机待发。紧凑法施工按照工作面和施工队这两个条件同时具备的最早时间开工，只要具备开工条件即可开工，作图时尽量使所拍工作的横道图在时间上向前靠拢，尽量减少相邻工作之间的间隙，因此紧凑法组织施工的工期最短。如图 3-10 所示为表 3-6 所示流水作业的紧凑法施工横道图，工期为 14 d。

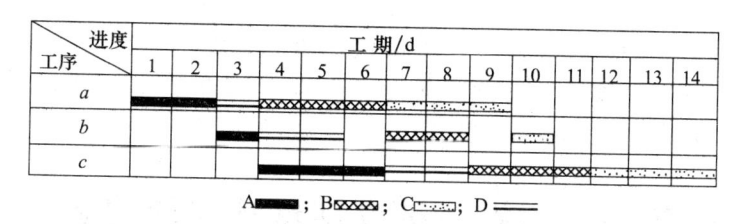

图 3-10　无节拍流水作业紧凑法施工横道图

(2)作业队连续法施工绘图。在工期一定的情况下，为了使各施工专业队能在各施工段间进行连续作业，首先运用潘特考夫斯基法(又称为潘氏法则)相邻队间的最小流水步距 K，并根据此步距绘图，即可保证专业队连续作业。

潘氏法则确定相邻工序的最小流水步距 K，根据相等工序流水节拍"累加数列，错位相减，取大差"的方法，按以下步骤确定表 3-7 所示的无节拍流水作业相邻工序之间的最小流水步距。

首先，确定相邻工序流水节拍的累加数列。由表 3-7 可知，三道工序的累加数列分别为 a_1＝$\{2,3,6,9\}$；b_2＝$\{1,3,5,6\}$；c_3＝$\{3,5,8,11\}$。其次，将这些相邻数列错位相减得最小流水步距。

1）求 $K_{A,B}$。

$$\begin{array}{r} 2\ 3\ 6\ 9\ \\ -1\ 3\ 5\ 6 \\ \hline 2\ 2\ 3\ 4\ -6 \end{array}$$

则 $K_{A,B}$＝$\max\{2,2,3,4,-6\}$＝4。

2）求 $K_{B,C}$。

$$\begin{array}{r} 1\ 3\ 5\ 6\ \\ -3\ 5\ 8\ 11 \\ \hline 1\ 0\ 0\ -2\ -11 \end{array}$$

则 $K_{B,C}$＝$\max\{1,0,0,-2,-11\}$＝1。

根据式(3-10)计算作业队连续法施工的工期：

$$T = T_0 + T_n = \sum_{i=1}^{n} K_{i,i+1} + T_n = (4+1)+(3+2+3+3) = 16(\text{d})$$

按最小流水步距及表 3-7 作图，各工序的作业队可以保证施工连续，如图 3-11 所示，该方法同样适用于分别流水作业。

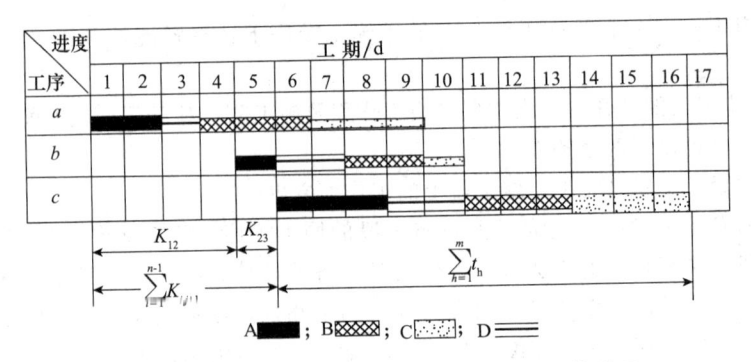

图 3-11 无节拍流水作业作业队连续法施工横道图

按作业队连续法绘制横道图，虽然可以实现连续生产，但是与紧凑法施工相比，工期增加了 2d。一般应根据实际需要权衡利弊而定取舍。若采取一定的技术组织措施能够调整和优化进度图，往往可以两者兼顾，达到双赢的效果。

任务三　施工进度网络计划的编制

一、网络计划技术的产生与发展

网络计划技术也称为网络计划法，是 20 世纪 50 年代后期发展起来的一种计划管理的科学方法。早在 20 世纪初期，美国工程师亨利发明了"横道图法"，它是以时间为横坐标，以各分项工程或施工工序为纵坐标，按一定的先后施工次序和工艺流程，用带时间比例的水平横道线表示对应项目或工序持续时间的施工进度计划图表。但是，随着科学技术的不断进步，建设规模越来越大,横道图法的一些缺点也逐渐显露出来,如不能显示各项工作之间的内在联系和逻辑关系,特别是不能使用现代化的计算工具——计算机。

为了适应现代化大生产的组织管理,一些行之有效的网络计划技术陆续产生。1956 年,美国杜邦公司开发了一种面向计算机描述工程项目的合理安排进度计划的方法,此方法称为关键线路法(Critical Path Method,CPM)。杜邦公司采用此方法安排施工和维修等计划,仅一年时间就节省了约 100 万美元。到 1958 年,美国海军部武器局特别计划室提出了计划评审法(Program Evaluation and Review Techniques,PERT)。该方法用于制订美国海军北极星导弹研究计划,获得了良好的效果,比原定计划完成时间提前了两年,并节省了大量资金。

随后,网络计划技术风靡全球,不断发展,以 CPM 法为基础,又研制了如搭接网络计划法(DLN)、图形评审技术法(GERT)、风险评审技术法(VERT)、决策网络计划法(DN)、仿真网络计划法和流水网络计划法等。从此,网络计划技术作为一种现代管理方法,广泛应用于工业、农业、建筑业、国防和科学技术研究各个领域。

我国从 20 世纪 60 年代开始应用网络计划技术,著名数学家华罗庚教授结合我国实际情况,在吸收国外网络技术理论的基础上,将其统一命名为统筹法。网络计划技术在我国已广泛应用于国民经济各个领域的计划管理中,而应用最多的还是工程项目的施工组织与管理,并取得了巨大的经济效益。

二、网络计划技术的原理与特点

(一)网络计划技术的基本原理

网络计划技术是从整个系统出发,将一项工程作为一个系统,将系统中相互依存、相互制约的要素之间的关系用网络图的形式形象地表示出来。人们可以预先分析和估计工程项目进行过程中可能发生的各种影响和资源利用的因素,统筹规划和安排,并进行目标优化,全面地达到优质、节省和快速的要求。

网络计划技术的基本原理:第一,应用网络图的形式来表达一项工程中各项工作之间错综复杂的相互关系及其先后顺序;第二,可进行时间参数的计算,通过计算能找出决定工期的关键工作和关键线路;第三,通过优化、调整,不断地改进网络计划,寻求最优方案并付诸实施;第四,在计划执行过程中进行有效的检测和控制,以便合理使用资源,优质、高效、低耗地完成预定的工作。

(二)网络计划技术的特点

(1)能将工程项目生产过程的各个环节有机地组织起来,并指明其中的关键所在,从而使各级领导和管理人员既能统筹安排,考虑全局,又能抓住关键,实行重点管理。

(2)能反映整个生产过程各项工序之间相互制约和相互依赖的关系。

(3)能通过各种时间的计算,确定出关键工序,便于管理人员抓住关键,确保按期竣工,避免盲目抢工。

(4)通过各工序总时差(动机时间)和局部时差的计算,能更好地运用和调配人力与设备,达到降低成本和加快进度的目的。

(5)在计划执行的过程中,能够预见某一工序因故提前或推迟完成对工程进度的影响程度,便于及早采取措施,保证自始至终对计划进行有效的控制与监督。

(6)能够设计出许多可行性方案,并从中选择出最佳方案。

(7)可以利用计算机进行计算、调整与优化。

网络计划技术不仅是一种编制计划的方法,还是一种科学的施工管理方法。它有助于管理人员合理地组织生产，使他们做到心中有数，知道管理的重点应该放在何处，如何缩短工期，在何处挖掘潜力，如何降低成本。

三、网络计划技术的分类

(一)按工序持续时间能否确定分类

(1)肯定型网络计划。肯定型网络计划是指网络图中各工序的持续时间值是固定的，整个网络计划有确定的计划总工期，它可以用制定定额的方法来确定，如关键线路法(CPM)。

(2)非肯定型网络计划。非肯定型网络计划是指网络图中各工序的作业时间不能确定，只能采用估值，整个网络计划无确定的计划总工期，如计划评审法(PERT)。

(二)按网络结构分类

(1)单代号网络计划。单代号网络计划是指以单代号表示法绘制的网络计划。单代号网络计划图用圆圈表示工序，箭线表示各工序之间相互制约、相互依赖的关系。

(2)双代号网络计划。双代号网络计划是指以双代号表示法绘制的网络计划。双代号网络计划图用箭线表示工序，圆圈表示各工序之间的相互关系。

(三)按目标分类

(1)单目标网络计划。单目标网络计划是指只有一个终点节点的网络计划，即网络图只有一个最终目标。

(2)多目标网络计划。多目标网络计划是指终点节点不止一个的网络计划。此种网络计划有若干个独立的最终目标。

(四)按时间表示方法分类

(1)时标网络计划。时标网络计划是指用箭线在横坐标的投影长度表示工序时间的网络图。

(2)非时标网络计划。非时标网络计划是指箭线长短与工序作业时间无关的网络图。

(五)按应用范围分类

(1)总网络计划。总网络计划是指以整个计划任务为对象编制的网络计划，如整条公路施工网络计划。

(2)局部网络计划。局部网络计划是指以计划任务的某一部分对象编制的网络计划，如一座小桥涵工程。

四、双代号网络进度计划图的绘制

(一)双代号网络计划图的构成

用双代号网络计划图来表示工程进度计划是目前应用较为普遍的网络计划形式。双代号网络计划图由箭线、节点和线路三个要素组成。其工作由箭线来表示，节点都编以号码，箭线前后两个节点的号码代表该箭线所表示的工序，因此称为"双代号"。

微课：双代号网络图的三要素

1. 箭线

一条箭线表示一项工作，如挖基坑、安砌护栏、浇筑混凝土等。箭线的箭头和箭尾各与一个圆圈衔接，如图3-12所示，i为箭尾，表示工作的开始；j为箭头，表示工作的结束。工作名称写在箭线上方，持续时间写在箭线下方。箭线表示各项工作之间的关系，主要取决于网络计划的详细程度。

$$i \xrightarrow[\text{持续时间}]{\text{工作名称}} j$$

图 3-12 工作表示方法

双代号网络计划图箭线又可分为实箭线和虚箭线。

(1)实箭线。实箭线表示工作需要占用时间和消耗资源,如挖基坑这项工作,完成它需要消耗一定的人工、材料、机械和时间。也有些工作只消耗时间,不消耗资源,如混凝土养护,常用"→"表示。

(2)虚箭线。虚箭线表示工作既不消耗时间,也不消耗资源,即虚工作,只是用来表示工作之间逻辑关系的一种符号,常用"-→"表示。

2. 节点

节点又称为事件,是网络图中两道工序之间的交接点,用圆圈表示。箭尾的节点为开始节点,箭头的节点为结束节点。网络图的第一个节点称为网络起始节点,最后一个节点称为网络终点节点,它们分别表示网络计划的开始和结束,除整个网络计划的起点、终点节点外,其余任何一个节点都称为中间节点,有双重含义,既是前面工序结束节点,又是后面工序的开始节点。节点种类如图 3-13 所示。

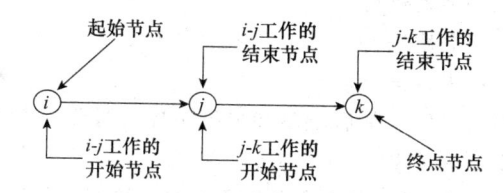

图 3-13 节点种类

3. 线路

从网络起始节点到网络终点节点的通路称为线路。线路有很多条,通过计算可以找到需用时间最长的线路,这条线路称为关键线路,位于关键线路上的各工作称为关键工作,关键线路一般用粗箭线(或双箭线)来表示。如图 3-14 所示双代号网络计划图中 1—2—3—5—6 线路为关键线路。

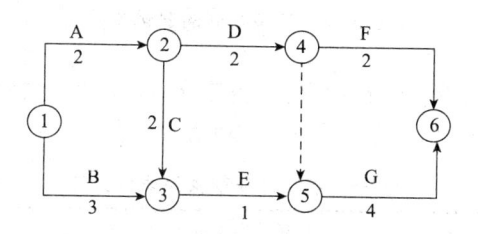

图 3-14 双代号网络计划图

关键工作完成的快慢直接影响着工程的总工期,这就突出了整个工程的重点,使施工的组织者明确主要矛盾。关键线路并不是一成不变的,在一定条件下,关键线路可能转化为非关键线路。例如,当采用了一定的技术组织措施,缩短了关键线路上各工作的持续时间,就有可能使关键线路发生转移,使原来的关键线路变成非关键线路,而非关键线路却变成了关键线路。

(二)双代号网络计划图的绘制

1. 双代号网络计划图的逻辑关系及约束关系

(1)逻辑关系。逻辑关系是指工序之间客观存在的一种相互制约或相互依赖的先后顺序关系。根据施工工艺和施工组织的要求,逻辑关系包括工艺逻辑关系和组织逻辑关系。如桩基础施工,打桩→挖槽→承台→基础→回填土为工艺逻辑关系;盖板涵 A→盖板涵 B→盖板涵 C 为组织逻辑关系。在表示施工进度计划的网络图中,根据施工工艺和施工组织的要求,应正确反映各道工序之间相互依赖和相互制约的关系,这也是网络图与横道图的最大不同之处。

各工序之间的逻辑关系表示是否正确,是网络图能否反映工程实际情况的关键,也是网络计划实施的重要依据。如果逻辑关系错了,网络图中各种时间参数的计算就会发生错误,关键线路和工程的总工期也将发生错误。要绘制一个正确的网络图,必须根据施工工艺和施工组织的要求确定各道工序之间的逻辑关系,才能逐步地按工序的先后顺序将代表各道工序的箭线连接起来,绘制成一张正确的网络图。

确定各道工序之间的逻辑关系,必须解决以下三个问题。
1)该工序必须在哪些工序之前进行。
2)该工序必须在哪些工序之后进行。
3)该工序可以与哪些工序平行进行。

这样,工作关系就有紧前工序、紧后工序和平行工序。紧前工序和紧后工序之间存在制约关系,而平行工序之间没有制约关系。

如图 3-15 所示,就工序 C 而言,它必须在工序 D 之前进行,是工序 D 的紧前工序;工序 C 必须在工序 A、B 之后进行,是工序 A、B 的紧后工序;而工序 A、B 是平行进行的,则 A、B 是平行工序。

图 3-15 工序之间的逻辑关系

在网络图中,各工序之间的逻辑关系是千变万化的,表 3-8 列出了网络图中最常见的一些逻辑关系及其表示方法,表中的工序名称均以字母表示。

表 3-8 各工序逻辑关系表示方法

序号	工作之间的逻辑关系	网络图中的表示方法	说明
1	A、B 两项工作依次施工	○→A→○→B→○	A 制约 B 的开始,B 依赖 A 的结束
2	A、B、C 三项工作同时开始施工	○→A,B,C→○	A、B、C 三项工作为平行施工方式

续表

序号	工作之间的逻辑关系	网络图中的表示方法	说明
3	A、B、C三项工作同时结束		A、B、C三项工作为平行施工方式
4	A、B、C三项工作，A结束后，B、C才能开始		A制约B、C的开始，B、C依赖A的结束，B、C为平行施工
5	A、B、C三项工作，A、B结束后，C才能开始		A、B为平行施工，A、B制约C的开始，C依赖A、B的结束
6	A、B、C、D四项工作，A、B结束后，C、D才能开始		引出节点正确地表达了A、B、C、D之间的关系
7	A、B、C、D四项工作，A完成后，C才能开始，A、B完成后，D才能开始		引出虚工作 ij 工作，正确地表达它们之间的逻辑关系
8	A、B、C、D、E五项工作，A、B、C完成后，D才能开始，B、C完成后，E才能开始		引出虚工作 ji 工作，正确地表达它们之间的逻辑关系
9	A、B、C、D、E五项工作，A、B完成后，C才能开始，B、D完成后，E才能开始		引出两个虚工作 hi 工作和 hj 工作，正确地表达它们之间的逻辑关系

(2)约束关系。

1)全约束(图3-16)，逻辑关系见表3-9。

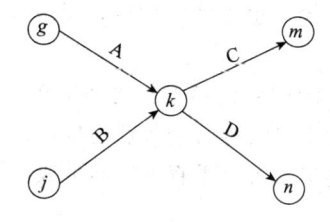

图3-16 "全约束"示意

表3-9 "全约束"逻辑关系

工作	C	D	工作	A	B
紧前工作	A、B	A、B	紧后工作	C、D	C、D

2)半约束(图3-17),逻辑关系见表3-10。

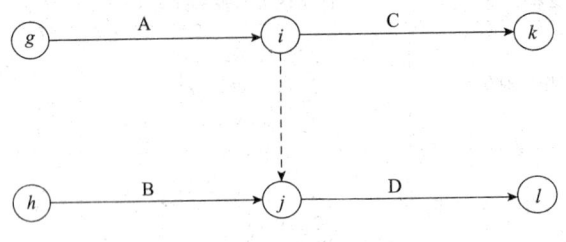

图 3-17 "半约束"示意

表 3-10 "半约束"逻辑关系

工作	C	D	工作	A	B
紧前工作	A	A、B	紧后工作	C、D	D

3)三分之一约束(图3-18),逻辑关系见表3-11。

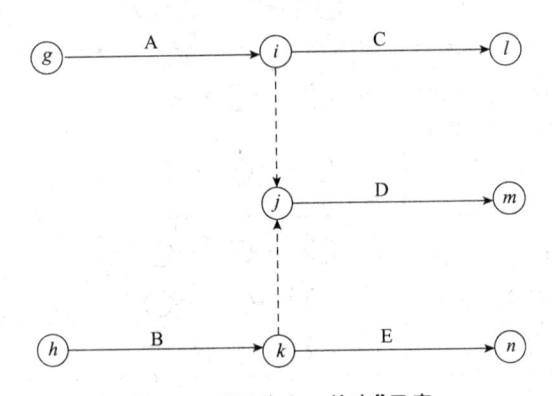

图 3-18 "三分之一约束"示意

表 3-11 "三分之一约束"逻辑关系

工作	C	D	E	工作	A	B
紧前工作	A	A、B	B	紧后工作	C、D	D、E

2. 虚箭线在双代号网络计划图中的应用

虚箭线表示该工序既不消耗时间,也不消耗资源,是一个假想的工作,它只是表达了各工序之间的逻辑关系。

在双代号网络计划图中,只表示前后相邻工作之间的逻辑关系,既不占用时间,也不消耗资源的虚拟的工作称为虚工作,用虚箭线将两个节点连接,如图3-19所示。

虚工作用虚箭线表示,其表达形式可以垂直方向向上或向下,也可以水平方向向右。

图 3-19 虚工作表示方法

在双代号网络计划图中,虚工作起着联系、区分和断路三个作用。

如图3-20所示,工作A、B、C、D之间的逻辑关系:工作A完成后,可同时进行B、D两项工作，工作 C 完成后，进行工作 D，不难看出，工作 A 完成后其紧后工作为 B，工作 C 完成后，其紧后工作为 D 的关系很容易表达，但工作 D 又是工作 A 的紧后工作，为把工作 A 和工作 D 联系起来，必须引入虚工作 2—5，逻辑关系才能正确表达。

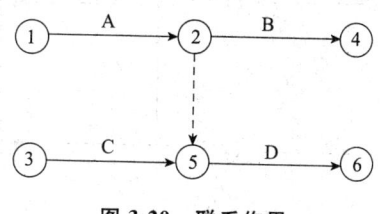

图 3-20　联系作用

双代号网络计划图是用两个代号加一条箭线表达一项工作，如果两项工作用同一代号，则不能明确表示出该代号表示哪一项工作，因此，不同的工作必须用不同的代号，如图 3-21 所示。左侧图中出现了相同代号的错误，此时，右侧图中引入了虚工作 1—2，可以将 A、B 两个工作明确区分开。

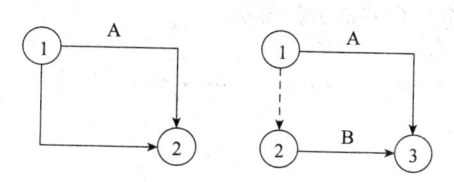

图 3-21　区分作用

在图 3-22 中，可以判断出工作 C、D 同是工作 A、B 的紧后工作，但是，为了表达工作 C 是工作 A、B 的紧后工作，而工作 D 只是工作 B 的紧后工作，这时，就需要引入虚工作，将工作 D 与工作 A 断开，起到断路的作用。

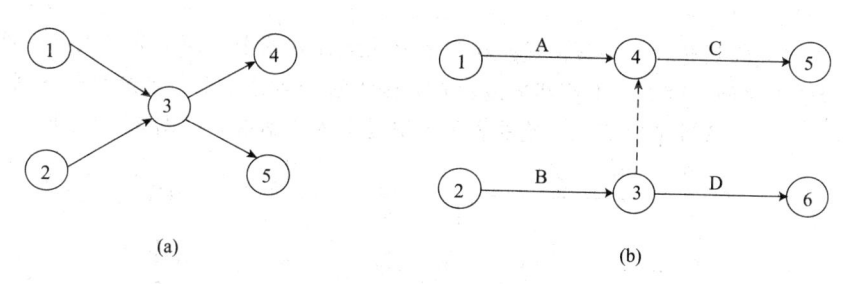

(a)　　　　　　　　　　　(b)

图 3-22　断路作用

在双代号网络计划图中，虚工作的作用是非常重要的，为了表达工作之间正确的逻辑关系，常常需要引入虚工作，用以表达其联系、区分和断路的作用，一般先按照某个工序的紧前工序主动增设虚箭线，待网络图构成后，再删去必要的虚箭线。虚工作的引用要恰如其分，不能滥用，要以必不可少为限，另外，增加虚工作后，要全面检查，不要顾此失彼。

3. 双代号网络计划图的绘制规则

绘制双代号网络计划图按照有关绘图的基本规则进行；否则，就不能正确地表示各工序之间的逻辑关系进行时间参数的计算。绘制双代号网络计划图一般应遵循以下规则：

（1）不是分期完成任务的网络图中只允许有一个起始节点和一个终点节点。

微课：双代号网络图的绘图规则

如图 3-23(a)所示，网络图中有两个起始点 1 和 2，两个终点节点 7 和 8，该网络图的正确画法如图 3-23(b)所示。

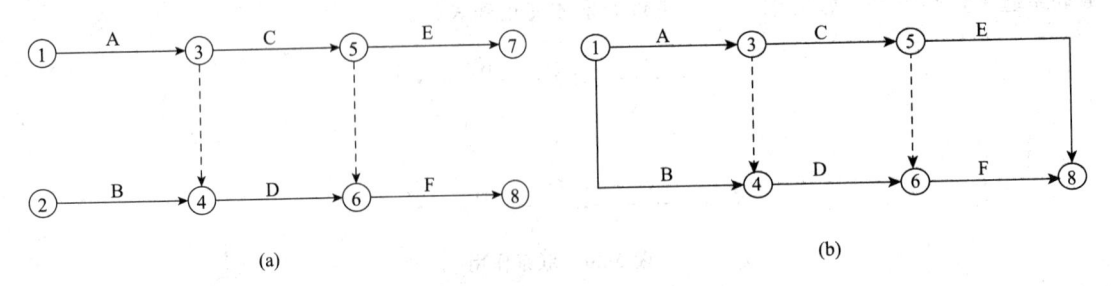

图 3-23 双代号网络计划图的表示方法
(a)错误的表示方法；(b)正确的表示方法

如图 3-24 所示，节点 1 和节点 6 别为起始节点和终点节点，节点 1 只有箭线从它出发，没有箭头指向它；而节点 6 只有箭头指向它，而无箭线从它出发。如果出现多个起始节点或终点节点，则可增加虚箭线或将节点合并的方法解决。

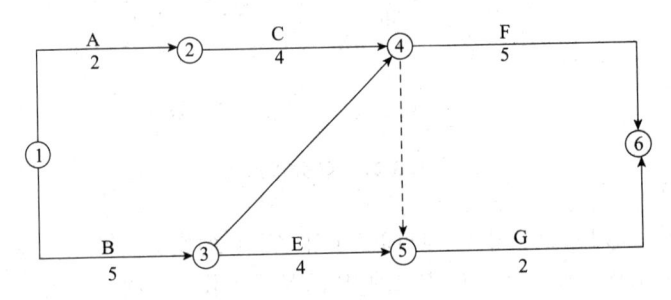

图 3-24 双代号网络计划图 1

(2)一对节点之间只允许有一条箭线。在双代号网络计划图中，两个节点表示一项唯一的工序，如果一对节点之间有两条以上箭线同时存在，则无法分辨这两个节点分别代表哪一项工序，如图 3-25(a)所示。在这种情况下，正确的表示方法是引入虚箭线，如图 3-25(b)所示。

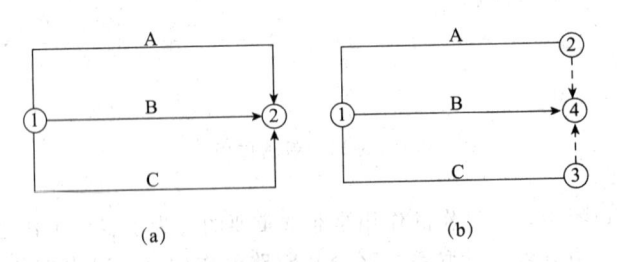

图 3-25 双代号网络计划图 2
(a)错误的表示方法；(b)正确的表示方法

(3)双代号网络计划图中不允许出现循环线路。在双代号网络计划图中，如果从一节点出发沿某一线路又能回到原出发的节点，此线路为循环线路。如图 3-26(a)所示，1—2—3—1 就是一条闭合回路，它表示逻辑上的矛盾，工序 A、B、C 的每项都无法开始，也无法结束，如果用计算机计算时间参数，只能循环运行，无法输出结果。正确画法如图 3-26(b)所示。

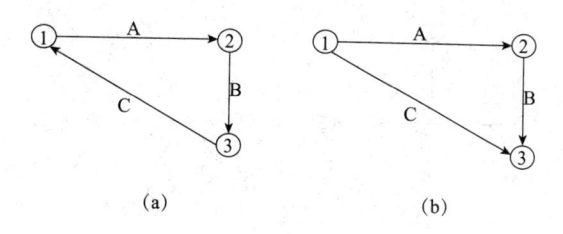

图 3-26 双代号网络计划图 3
(a)错误的表示方法；(b)正确的表示方法

(4)节点之间严禁出现双向箭线和无箭头的连线。如图 3-27 所示，双代号网络计划图中出现了双向箭头和无箭头的工作都是错误的绘制方法。

图 3-27 双代号网络计划图中双向箭头和无箭头的情况

(5)节点有多条外向箭线或多条内向箭线时，使用母线法绘图。如图 3-28 所示，从节点 1 引出的多条外向箭线，以及指向节点 90 的多条内向箭线，均采用母线法绘制。

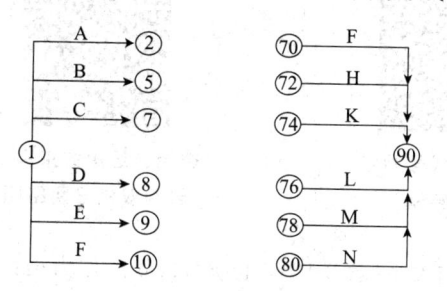

图 3-28 母线法绘图

(6)双代号网络计划图的分布应合理，尽量避免箭线交叉。如图 3-29 所示，网络图工作 1—2 和工作 3—4 就出现的箭线交叉，为错误的绘制方法。

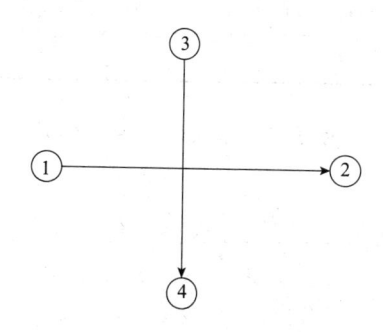

图 3-29 双代号网络计划图箭线交叉

双代号网络计划图中箭线的交叉一般可以通过整理来避免。当箭线的交叉不可避免时，可采用"暗桥""断桥"等方法加以处理，如图 3-30 所示。

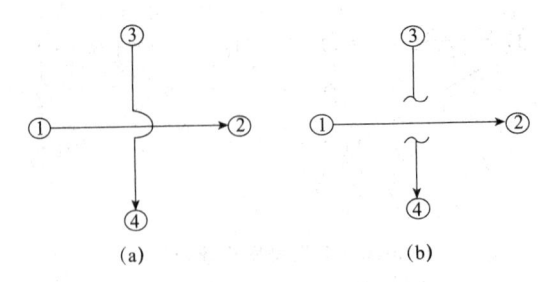

图 3-30 双代号网络计划图中箭线交叉的情况
(a)暗桥法；(b)断桥法

4. 双代号网络计划图的绘制方法

按施工次序的约束条件画出双代号网络计划草图。再逐步整理和编排草图，尽量消除交叉箭杆。调整编排时，可采用下列方法：

(1)后退法：从结束的工作排起，由后向前排，一直排到开始工作。

(2)前进法：从开始的工作排起，按紧接在后面的工作依次排列，直到结束工作。

微课：双代号网络
图的绘制

微课：运用约束模型
绘制双代号网络图

【例 3-2】 根据紧后工作关系(表 3-12)，已知 H、I 工作为结束工作，按后退法绘制双代号网络计划图。

表 3-12 双代号网络计划图逻辑关系

工序代号	A	B	C	D	E	F	G	H	I
紧后工序	C	D、E	G、F	G、F	H	H	I	—	—
持续时间/d	4	6	6	7	5	9	7	4	8

解：根据表 3-12 中所给各工序的逻辑关系及双代号网络计划图的绘图规则，绘制双代号网络计划图如图 3-31 所示。

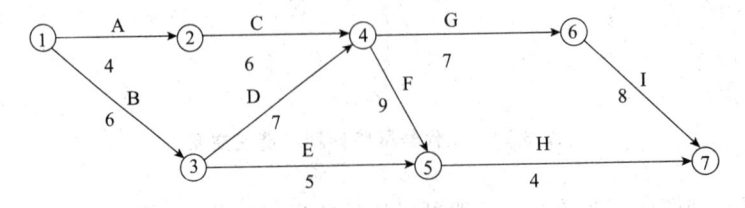

图 3-31 双代号网络计划图

【例 3-3】 根据紧前工作关系(表 3-13)，已知 A 工作为开始工作，按前进法绘制双代号网络计划图。

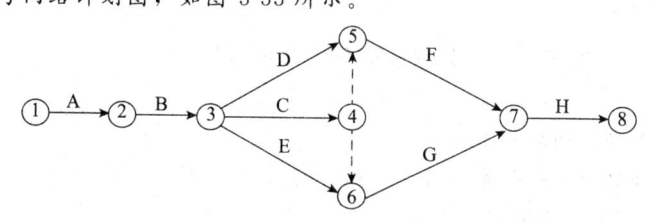

表 3-13 双代号网络计划图逻辑关系

工作代号	A	B	C	D	E	F	G	H	I	J	K
紧前工作	—	A	A	A	B	B、C	C、D	D	E、F	G、H、F	I、J
持续时间/d	2	4	8	2	4	6	6	4	3	2	2

解：根据表 3-13 中所给各工序的逻辑关系及双代号网络计划图的绘图规则，绘制双代号网络计划图如图 3-32 所示。

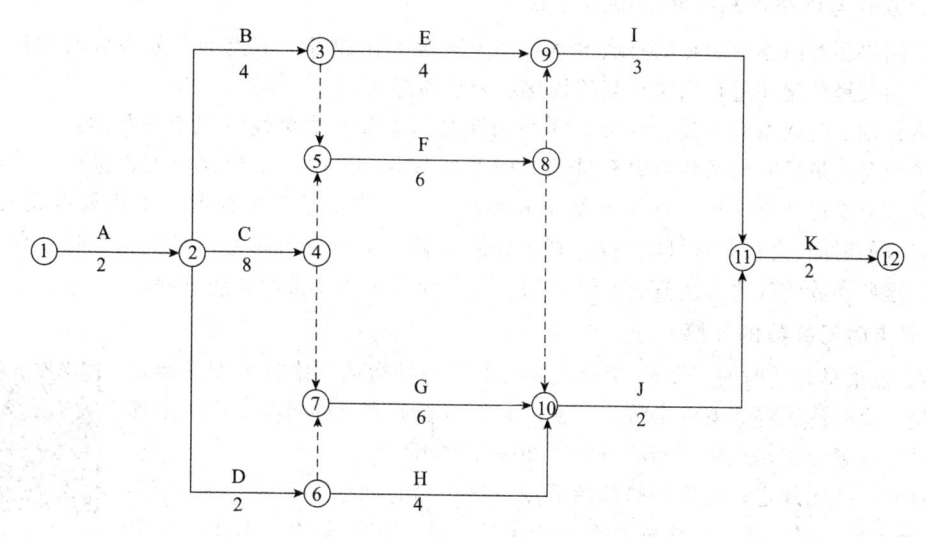

图 3-32 双代号网络计划图

【**例 3-4**】根据表 3-14 所给的逻辑关系，绘制双代号网络计划图。

表 3-14 逻辑关系表

工作代号	A	B	C	D	E	F	G	H
紧前工作	—	A	B	B	B	C、D	C、E	F、G

解：绘图步骤如下：

(1) 绘制没有紧前工作的工作 A。

(2) 绘制只有一项紧前工作 A 的工作箭线 B，以及只有一项紧前工作 B 的工作 C、D、E。

(3) 对于工作 F(G) 而言，是有多项紧前工作的情形。但在紧前工作中存在一项只作为本工作紧前工作的工作 D(E)，则将本工作 F(G) 箭线直接绘制在紧前工作 D(E) 工作箭线之后，再借助虚箭线将工作 C 箭线的箭头节点与本工作 F(G) 工作箭线的箭尾节点分别相连。

(4) 对于工作 H 而言，是有多项紧前工作的情形。并且其紧前工作 F 和 G 都只作为本工作 H 的紧前工作，则将工作 F、G 箭线的箭头节点合并，再从合并后的节点开始绘制出本工作 H 的工作箭线。

最终所绘双代号网络计划图，如图 3-33 所示。

图 3-33 双代号网络计划图

注意：

①表中工作C、D有共同的紧前工作B，共同的紧后工作F，即工作CD同时开始、同时结束，要遵循双代号网络模型，如图3-33所示；同理，工作C、E、F、G也同时开始、同时结束。

②绘制时，对于有多项紧后工作的工作应布置在中间，以避免箭线交叉。如工作C、D、E中，其中工作C有两项紧后工作，所以布置在中间。

(三)双代号网络计划时间参数的计算

计算网络图时间参数的目的是通过网络图上各项工作和各个节点的时间参数的计算，找出网络图中的关键线路并进行网络计划的优化、调整和控制。

网络计划的时间参数按其特征可分为控制性时间参数和协调性时间参数两类。其中，控制性时间参数包括最早时间系列参数和最迟时间系列参数。这两个系列参数主要包括节点最早开始时间和节点最迟开始时间，如工作最早开始时间、工作最早完成时间、工作最迟完成时间、工作最迟开始时间。协调性时间参数包括工作总时差、工作自由时差、工作相干时差和工作独立时差。这些参数的计算方法有公式计算法、图上计算法和表格计算法三种。

1. 节点时间参数的计算

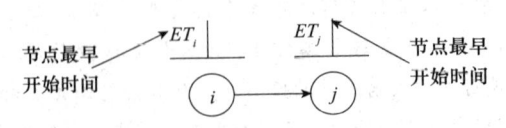

(1)节点最早开始时间(ET)。节点最早开始时间是指从网络计划图的起始节点开始，沿着箭线到达下一个节点的某一时刻，表示该节点紧前工作的全部完成，其后的紧后工作最早开始的时间，如图3-33所示。

计算时，如无规定，网络图的起始节点最早开始时间应等于零，即$ET=0$。其余节点的最早开始时间应顺着箭线依次进行计算，直至终点节点。如果有多条箭线汇集到某一个节点，则应对进入该节点的各条箭线分别进行计算，再取其最大值作为该节点最早开始时间，即顺箭线相加，箭头相碰取最大值。取最大值是因为以该节点为开始的各道工序，必须等它的紧前工序全部结束后才能开始。用公式表示为

$$ET_j = \max\{ET_i + t_{i-j}\} \quad (i, j = 2, 3, \cdots, n) \tag{3-11}$$

式中　ET_i——节点i的最早开始时间；

　　　ET_j——节点j的最早开始时间；

　　　t_{i-j}——工作(i, j)的持续时间；

　　　n——网络计划图中终点节点的编号。

按式(3-11)计算得到终点节点的最早开始时间即计划的总工期，即式中ET_j为计划总工期(图3-34)。

图3-34　节点最早开始时间ET

【**例3-5**】 如图3-35所示，计算节点最早开始时间ET。

解： 计算步骤如下：

(1)①节点最早开始时间按规定为0。

(2)②节点最早开始时间为①节点最早开始时间加A工作工期，即$0+2=2$，注意②节点只有一条内向箭线，所以不需要判断大小值。

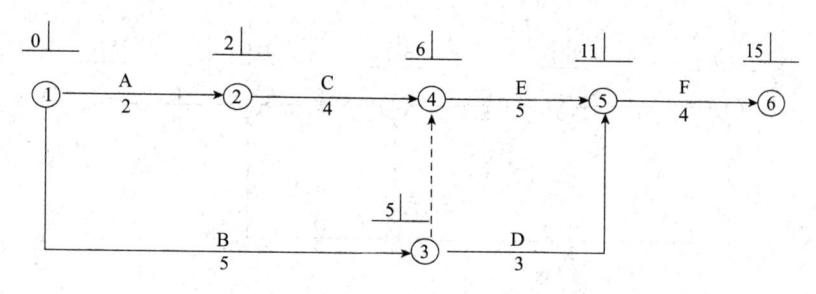

图 3-35 节点最早开始时间 ET 的计算

(3)③节点最早开始时间为①节点最早开始时间加 B 工作工期，即 0+5=5，同上不需要判断大小值。

(4)④节点最早开始时间为②节点最早开始时间加 C 工作工期，即 2+4=6，因为④节点最早开始时间 6 表示④节点的紧前工作 B、C 已全部完成，紧后工作 E 可以开始，而不是③节点最早开始时间 5，即第 5 d 是 B 工作的完成时间，而 C 工作还没有完成。因为 E 工作必须等 B、C 工作都完成了才可以开始，即 E 工作的最早开始时间是第 6 d 而不是第 5 d。

(5)⑤节点最早开始时间为④节点最早开始时间加 E 工作工期，即 6+5=11，而不是③节点最早开始时间加 D 工作工期，即 5+3=8，因为 F 工作必须等 D、E 工作全部完成后才能开始，所以 5 节点最早开始时间是 11 和 8 中取最大值为 11 d。

(6)⑥节点最早开始时间为⑤节点最早开始时间加 F 工作工期，即 11+4=15。

整个计算步骤用公式表达如下：

$$ET_1=0, \quad ET_2=ET_1+D_{1-2}=0+2=2$$
$$ET_3=ET_1+D_{1-3}=0+5=5$$
$$ET_4=\{ET_2+D_{2-4}=2+4=6, \quad ET_3+D_{3-4}=5+0=5\}_{max}=6$$
$$ET_5=\{ET_3+D_{3-5}=5+3=8, \quad ET_4+D_{4-5}=6+5=11\}_{max}=11$$
$$ET_6=ET_5+D_{5-6}=11+4=15$$

(2)节点最迟开始时间(LT)。节点最迟开始时间是指从网络计划图的终点节点开始，逆着箭线方向计算出的以该节点为结束节点的各项工序最迟完成的某一时刻，如图 3-36 所示。

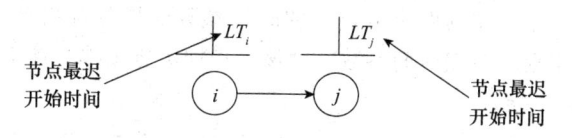

图 3-36 节点最迟开始时间 LT

计算时，如无规定，网络图的终点节点的最迟结束时间应等于计划总工期，即 $LT(a)=T=ET(a)$；如另有规定，则应取规定的工期。如果有多条箭线从某一节点出发，则应对从该节点出发的各条箭线分别进行计算，再取其最小值作为该节点的最迟结束时间，即逆箭线相减，箭尾相碰取最小值。取最小值是因为先行工序必须保证其各后续工序早开工的需要。用公式表示为

$$LT_i=\min\{LT_j-t_{i-j}\}(i=-1, n-2, \cdots, 2, 1) \tag{3-12}$$

式中 LT_i——节点 i 的最迟开始时间；

LT_j——节点 j 的最迟开始时间。

【例 3-6】 如图 3-37 所示，计算节点最迟开始时间 LT。

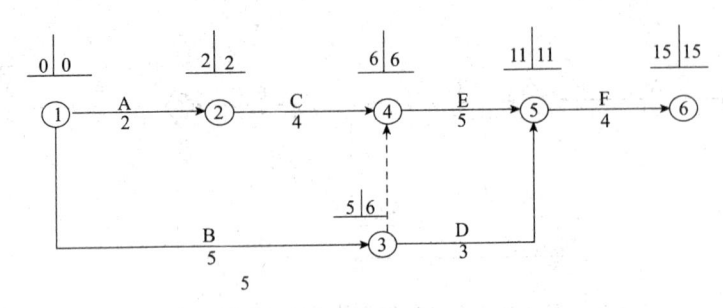

图 3-37 节点最迟开始时间 ET 的计算

解：计算步骤如下：

(1) ⑥节点最迟开始时间按规定为计划总工期 15 d，即⑥节点最早开始时间。

(2) ⑤节点最迟开始时间为⑥节点最迟开始时间减去 F 工作工期，即 15－4＝11，注意⑤节点只有一条外向箭线，所以不需要判断大小值。

(3) ④节点最迟开始时间为⑤节点最迟开始时间减去 E 工作工期，即 11－5＝6，同上不判断大小值。

(4) ③节点有两条外向箭线，因为⑤节点最迟开始时间减去 D 工作工期为 8，即 11－3＝8；而④节点最迟开始时间减 0，即 6－0＝6。所以，③节点最迟开始时间为 6，即③节点最迟开始时间必须满足紧后工作最迟开始时间的最小值。

(5) ②节点最迟开始时间为④节点最迟开始时间减去 C 工作工期，即 6－4＝2，不需要判断大小值。

(6) ①节点有两条外向箭线，因为②节点最迟开始时间减去 A 工作工期为 0，即 2－2＝0；而③节点最迟开始时间减去 B 工作工期为 1，即 6－5＝1。所以，①节点最迟开始时间为 0。

整个计算步骤用公式表达如下：

$$LT_6 = ET_6 = 15, \quad LT_5 = LT_6 - D_{5-6} = 15 - 4 = 11$$

$$LT_4 = LT_5 - D_{4-5} = 11 - 5 = 6$$

$$LT_3 = \{LT_4 - D_{3-4} = 6 - 0 = 6, \quad LT_5 - D_{3-5} = 11 - 3 = 8\}_{min} = 6$$

$$LT2 = LT4 - D2-4 = 6 - 4 = 2$$

$$LT_1 = \{LT_2 - D_{1-2} = 2 - 2 = 0, \quad LT_3 - D_{1-3} = 6 - 5 = 1\}_{min} = 0$$

需要注意的是，代表某工作的两个节点上的时间参数如果各自相等，并且箭尾节点时间参数加上工作持续时间等于箭头节点时间参数，则该工作即关键工作。该节点就在关键路线上。

2. 工作时间参数的计算

(1) 工作最早开始时间（ES）。工作最早开始时间是指一个工作在具备一定工作条件和资源条件后，可以开始工作的最早时间。在工作程序上，工作最早开始时间要在紧前工作完成后方能开始。工作 $(i-j)$ 的最早开始时间等于箭尾节点 (i) 的最早开始时间，即

$$ES_{i-j} = ET_i \tag{3-13}$$

式中符号意义同前。

(2) 工作最早完成时间（EF）。工作最早完成时间是指一项工作如能在最早开始时间开始，对应就有一个最早完成时间，它等于箭尾节点的最早开始时间加上工作 $(i-j)$ 的持续时间了，即

$$EF_{i-j} = ET_i + t_{i-j} = ES_{i-j} + t_{i-j} \tag{3-14}$$

式中符号意义同前。

(3)工作最迟完成时间（LF）。工作最迟完成时间是指在不影响整个计划按期完成的条件下，本工作最迟必须完成的时间，用 LF_{i-j} 表示。它等于节点 j 的最迟结束时间，即

$$LF_{(i-j)} = LT_{(j)} \tag{3-15}$$

式中符号意义同前。

(4)工作最迟开始时间（LS）。工作最迟开始时间是指在不影响整个计划按期完成的条件下，本工作最迟必须开始的时间，用 LS_{i-j} 表示。它等于工作最迟完成时间减去该工作的持续时间，即

$$LS_{i-j} = LF_{i-j} - t_{i-j} \tag{3-16}$$

式中符号意义同前。

【例 3-7】 如图 3-38 所示，计算双代号网络计划工作时间参数。

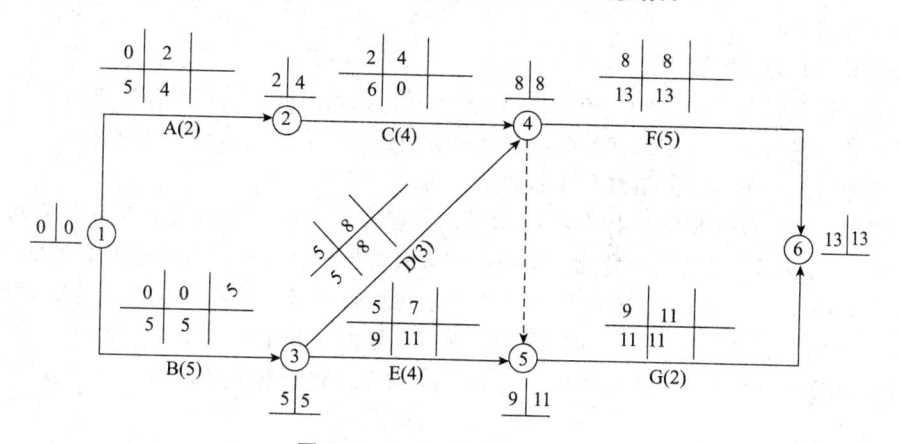

图 3-38　工作时间参数的计算

解： 计算步骤如下：

(1)计算节点时间参数 ET、LT（过程略）。

(2)计算工作最早开始时间 ES、最早结束时间 EF。即

$$ES_{1-2} = ET_1 = 0 \quad EF_{1-2} = ES_{1-2} + D_{1-2} = 0 + 2 = 2$$
$$ES_{1-3} = ET_1 = 0 \quad EF_{1-3} = ES_{1-3} + D_{1-3} = 0 + 5 = 5$$
$$ES_{2-4} = ET_2 = 2 \quad EF_{2-4} = ES_{2-4} + D_{2-4} = 2 + 4 = 6$$
$$ES_{3-4} = ET_3 = 5 \quad EF_{3-4} = ES_{3-4} + D_{3-4} = 5 + 3 = 8$$
$$ES_{3-5} = ET_3 = 5 \quad EF_{3-5} = ES_{3-5} + D_{3-5} = 5 + 4 = 9$$
$$ES_{4-6} = ET_4 = 8 \quad EF_{4-6} = ES_{4-6} + D_{4-6} = 8 + 5 = 13$$
$$ES_{5-6} = ET_5 = 9 \quad EF_{5-6} = ES_{5-6} + D_{5-6} = 9 + 2 = 11$$

(3)计算工作最迟开始时间 LS、最迟结束时间 LF。即

$$LF_{5-6} = LT_6 = 13 \quad LS_{5-6} = LF_{5-6} - D_{5-6} = 13 - 2 = 11$$
$$LF_{4-6} = LT_6 = 13 \quad LS_{4-6} = LF_{4-6} - D_{4-6} = 13 - 5 = 8$$
$$LF_{3-5} = LT_5 = 13 \quad LS_{3-5} = LF_{3-5} - D_{3-5} = 11 - 4 = 7$$
$$LF_{3-4} = LT_4 = 13 \quad LS_{3-4} = LF_{3-4} - D_{3-4} = 8 - 3 = 5$$
$$LF_{2-4} = LT_4 = 13 \quad LS_{2-4} = LF_{2-4} - D_{2-4} = 8 - 4 = 4$$
$$LF_{1-3} = LT_3 = 5 \quad LS_{1-3} = LF_{1-3} - D_{1-3} = 5 - 5 = 0$$
$$LF_{1-2} = LT_2 = 4 \quad LS_{1-2} = LF_{1-2} + D_{1-2} = 4 - 2 = 2$$

3. 工作时差的计算

工作时差是指在不影响整个任务完工时间的条件下，某项活动可以利用的机动时间。工作

时差包括工作总时差、工作自由时差、工作相干时差和工作独立时差。

(1) 工作总时差(TF)。工作总时差是指在不影响紧后工作的最迟必须开始时间的前提下，本工作所拥有的最大机动时间。也就是说，在保证紧后工作最迟开工的条件下，本工作推迟其最早开始或延长其持续时间的幅度。它既可以用节点时间参数来表示，也可以用工作时间参数来表示。

微课：时差的计算

用节点时间参数来表示：
$$TF_{i-j}=LT_j-ET_i-t_{i-j} \tag{3-17}$$

用工作时间参数来表示：
$$TF_{i-j}=LS_j-ES_{i-j}=LF_{i-j}-EF_{i-j} \tag{3-18}$$

式中符号意义同前。

工作总时差具有以下性质：

1) 如果工作总时差 $TF_{i-j}=0$，则工作 ($i-j$) 无任何机动时间，其他时差也都为 0。

2) 工作总时差与前后工作都有关系，它是一条线路所共有的最大机动时间。

3) 工作总时差一般用于控制整个计划的总工期。

4) 若 $TF_{i-j}>0$，则说明该工作存在机动时间；若 $TF_{i-j}=0$，则说明该工作没有机动时间；若 $TF_{i-j}<0$，则说明计划工期超过规定工期，应采取措施予以缩短，确保施工工期按期完成。

(2) 工作自由时差(FF_{i-j})。工作自由时差是指在不影响紧后工作最早可能开始时间的前提下，工作 $i-j$ 所具有的机动时间。也就是说，在保证紧后工作最早开工的条件下，$i-j$ 工作推迟其最早开始或延长其持续时间的幅度。它既可以用节点时间参数来表示，也可以用工作时间参数来表示。

用节点时间参数来表示：
$$FF_{i-j}=ET_j-ET_i-t_{i-j} \tag{3-19}$$

用工作时间参数来表示：
$$FF_{i-j}=ES_{j-k}-ES_{i-j}-t_{i-j} \tag{3-20}$$

式中　ES_{j-k}——工作 $j-k$ 的紧后工作的最早开始时间。

式中其余符号意义同前。

工作自由时差具有以下性质：

1) 工作自由时差总是小于或等于其总时差。

2) 工作自由时差对紧后工作的最早开始时间没有影响。

3) 工作自由时差用于控制工程项目实施过程中的中间进度，使计划各阶段的工作按期完成。

(3) 工作相干时差(IF_{i-j})。工作相干时差是指可以与紧后工作共同利用的机动时间。其是在工作总时差中除自由时差外，剩余的那部分时差。其计算公式为

$$IF_{i-j}=LF_j-ET_j \tag{3-21}$$

或

$$IF_{i-j}=TF_{i-j}-FF_{i-j} \tag{3-22}$$

式中符号意义同前。

(4) 工作独立时差(DF_{i-j})。工作独立时差是指在不影响紧前工作最迟结束时间及紧后工作最早开始时间的前提下，本工作所拥有的机动时间。其可以用节点时间参数来表示，也可以用工作时间参数来表示。

用节点时间参数来表示：
$$DF_{i-j}=ET_j-LT_i-t_{i-j} \tag{3-23}$$

用工作时间参数来表示：

$$DF_{i-j} = ES_{j-k} - LF_{h-i} - t_{i-j} \tag{3-24}$$

式中符号意义同前。

注：$h-i$ 工作是 $i-j$ 工作的紧前工作；$j-k$ 工作是 $i-j$ 工作的紧后工作。

【例 3-8】 用节点时间参数计算图 3-39 所示各工作的工作时差。

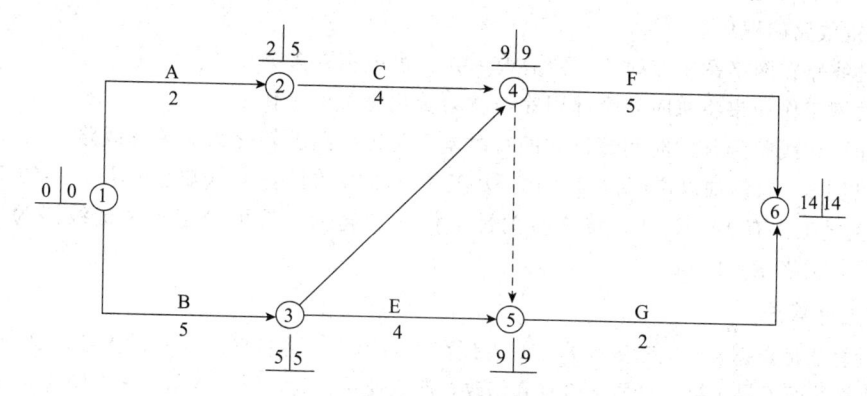

图 3-39 用节点时间参数计算工作时差

解：计算步骤如下：

(1) 计算工作总时差 TF_{i-j}。

$$TF_{1-2} = 5-0-2 = 3 \quad TF_{1-3} = 5-0-5 = 0$$
$$TF_{2-5} = 9-2-4 = 3 \quad TF_{3-4} = 9-5-4 = 0$$
$$TF_{3-5} = 9-5-3 = 1 \quad TF_{4-6} = 14-9-2 = 3$$
$$TF_{5-6} = 14-9-5 = 0$$

(2) 计算工作自由时差 FF_{i-j}。

$$FF_{1-2} = 2-0-2 = 0 \quad FF_{1-3} = 5-0-5 = 0$$
$$FF_{2-5} = 9-2-4 = 3 \quad FF_{3-4} = 9-5-4 = 0$$
$$FF_{3-5} = 9-5-3 = 1 \quad FF_{4-6} = 14-9-2 = 3$$
$$FF_{5-6} = 14-9-5 = 0$$

(3) 计算工作相干时差 IF_{i-j}。

$$IF_{1-2} = 3-0 = 3 \quad IF_{1-3} = 0-0 = 0$$
$$IF_{2-5} = 3-3 = 0 \quad IF_{3-4} = 0-0 = 0$$
$$IF_{3-5} = 1-1 = 0 \quad IF_{4-6} = 3-3 = 0$$
$$IF_{5-6} = 0-0 = 0$$

(4) 计算工作独立时差 DF_{i-j}。

$$DF_{1-2} = 2-0-2 = 0 \quad DF_{1-3} = 5-0-5 = 0$$
$$DF_{2-5} = 9-5-4 = 0 \quad DF_{3-4} = 9-5-4 = 0$$
$$DF_{3-5} = 9-5-3 = 1 \quad DF_{4-6} = 14-9-2 = 3$$
$$DF_{5-6} = 14-9-5 = 0$$

4. 关键线路的确定与性质

(1) 关键线路。在网络图中，由关键工作组成的线路即关键线路。在网络图的各条线路中，持续时间之和最长的线路就是关键线路。关键线路用粗实线表示。

(2) 非关键线路。在网络图中，关键线路以外的线路即非关键线路。非关键线路中总时差不为零的工作称为非关键工作。非关键线路上的工作并非全由非关键工作组成。

(3)关键线路的确定。

1)在网络图中,总时差最小的工作所组成的线路就是关键线路。

2)关键线路上所有节点的两个时间参数均相等;反过来,如果节点的两个时间参数相等,该节点不一定是关键线路上的节点。

(4)关键线路的性质。

1)关键线路在网络图中有时不一定只有一条,可能存在多条。

2)非关键工作如果将总时差全部用完,就会转化为关键工作。

3)当非工作线路延长的时间超过它的总时差,关键线路就转化为非关键线路。

现仍以例3-8为例加以说明。通过例3-8工作时差参数计算,可知总时差为零的工作有B、E、F,即关键工作有B、E、F,将这些关键工作连接起来,就可确定出关键线路为①→③→④→⑤→⑥,或者B—E—F。

5. 图上计算法

图上计算法是根据各时间参数计算公式直接在网络图上计算各时间参数的方法。这种方法无须列式计算,简捷而不易出错,且便于检查和修改,所以使用较为广泛,表示方法如图3-40所示。

图 3-40 图上计算法的表示方法

【**例 3-9**】 用图上计算法计算图3-41中所示网络计划图的各项工作时间参数及节点时间参数,并用粗箭线标注出关键线路。

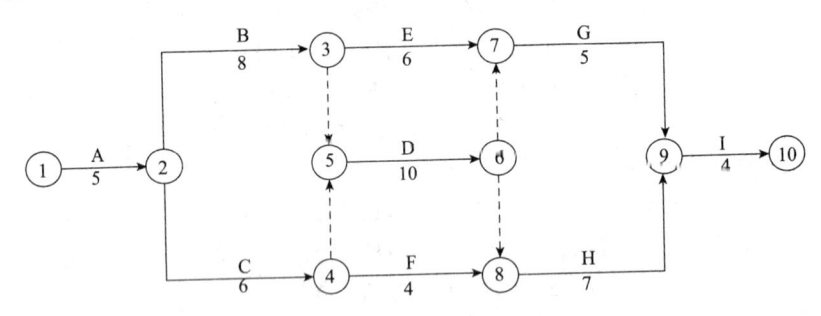

图 3-41 双代号网络计划图

解: 根据公式法计算各时间参数,并根据计算结果按图示法直接标于图上,如图3-42所示。

6. 表上计算法

表上计算法是以表格的形式来计算时间参数,原理同图上计算法,限于篇幅,这里不再赘述。

(四)双代号时标网络图

1. 时间坐标网络计划

时间坐标网络计划简称时标网络计划,是网络计划的一种表达方式。前面所介绍的网络计划属于一般网络计划或初步网络计划。在一般网络计划图中,工作持续时间在箭线下方标注但是因为没有时间坐标,各项工作的开始时间、结束时间及持续时间的长短不能直接看出,不能直观地反映这个计划的进程。为了克服以上不足,在一般网络计划图的上方或下方增加一时间

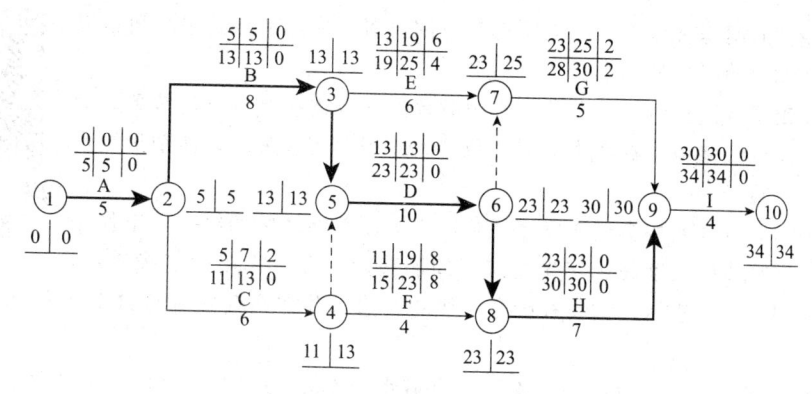

图 3-42 图上计算法计算结果

坐标,箭线的长短即表示该工作持续时间的长短,这样,可使整个进度计划的进程更加直观。时标网络计划图还是计划调整、优化、控制的有用工具。

2. 时间坐标网络计划的适用情况

时标网络计划图比较接近横道图,它吸收了横道图简单易懂的优点。目前,时标网络计划图多应用于以下几种情况:

(1)工作项目较少,并且工艺过程简单的工程施工计划。使用时标网络计划图编制这种工程施工计划时,能迅速地边绘边算边调整。

(2)在进行资源优化过程中,使用时标网络计划图逐日进行资源平衡调整最为方便。

(3)对于大型复杂的工程,可以先使用时标网络计划图的形式绘制各分部分项工程的网络计划,然后综合起来绘制出比较简明的总网络计划。也可以先编制一个总的施工网络计划,以后每隔一段时间,对即将施工的各分部分项工程绘制详细的时标网络计划图。时间间隔的长短要根据工程的性质,所需要的详细程度由工程的复杂性决定。

3. 时标网络计划图的特点

时标网络计划更能表达进度计划中各项工作之间恰当的时间关系,使网络计划易于理解,方便应用。箭线的长短和所在的位置表示工作的时间进程,有利于计划管理人员分析网络计划,并对其进行合理的优化、调整。因此,时标网络计划图具有以下特点:

(1)时标网络计划图比较接近横道图,能直观地反映整个网络计划的时间进程。

(2)时标网络计划图能直观地反映各项工作的开始时间和完成时间、机动时间及网络计划的关键线路在计划执行过程中,可以随时检查哪些工作已经完成,哪些工作正在进行及哪些工作将要开始。

(3)因为时标网络计划图能直观反映哪些工作同时进行,所以可方便确定在同一时间内劳动力、材料、机具设备等资源的需要量,并进行资源需求曲线图的绘制。

(4)调整优化后的时标网络计划图,可在下达施工任务书时,作为进度计划下达给承包人直接使用。

4. 双代号时标网络计划图的绘制

时标网络计划图可以按节点最早开始时间(节点最早时间)或节点最迟结束时间(节点最迟时间)绘制。

(1)按节点最早开始时间绘制双代号时标网络计划图。具体画法步骤如下:

1)根据工作逻辑关系绘制一般双代号网络计划图,在网络图上计算各节点时间参数并确定关键线路,作为画图的依据。

2)绘制横向时间坐标刻度。图中所有节点的位置,应按节点的最早可能开始时间标画在相应的时间坐标上。

3)绘制关键路线。把时差为 0 的工作由时标的起点连接至终点的线路,就是关键线路。关键线路应画在图中适当的位置,并用粗实线表示,使图形更为清晰、形象。

微课:时标网络图的绘制 2

4)从网络图起点开始按箭线方向逐项将工作绘制至网络图的终点,工作用实箭线表示,实箭线的长度表示工作持续时间的长度,虚工作用虚箭线表示,工作的机动时间用虚线表示,虚线补画在实线的右边,并在实箭线和虚线分界处加一截止短线作为分界线。

【例 3-10】 吉林省长春市硅谷大街至电台城市道路,全长为 15 km,双向六车道。现要对该城市道路进行更新改造,该城市道路更新改造工程可分解为测量工作、土方工程、路基施工、安装排水设施、清除杂物、路面施工、路肩施工及清理场地八项工作,分别用代号 A、B、C、D、E、F、G、H 表示各项工作,现已根据各项工作的工程量确定其各自的工作时间,见表 3-15,绘制双代号时标网络计划图。

表 3-15 城市道路工作运输关系及作业时间表

工作代号	A	B	C	D	E	F	G	H
工作名称	测量工作	土方工作	路基施工	安装排水设施	清除杂物	路面施工	路肩施工	清理场地
紧后工作	B	C、D、E	F、G	F	G	H	H	—
工作时间/d	2	10	5	4	1	3	2	1

解: 绘图前,先确定各单项工作之间的约束关系。在该工作任务中,路基施工、安装排水设施、路面施工、路肩施工构成半约束关系,而路基施工、清除杂物、路面施工、路肩施工也构成半约束关系,按照双代号网络计划图的绘图规则绘制双代号网络计划图,并应注意其绘制方法,即可顺利绘制初步双代号网络计划图,如图 3-43 所示。

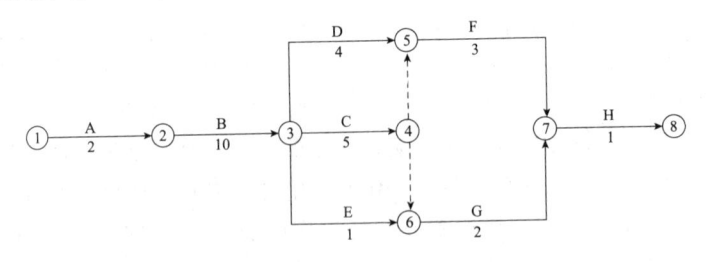

图 3-43 双代号网络计划图

计算初步网络图时间参数,并确定关键线路①—②—③—④—⑤—⑦—⑧,如图 3-44 所示。

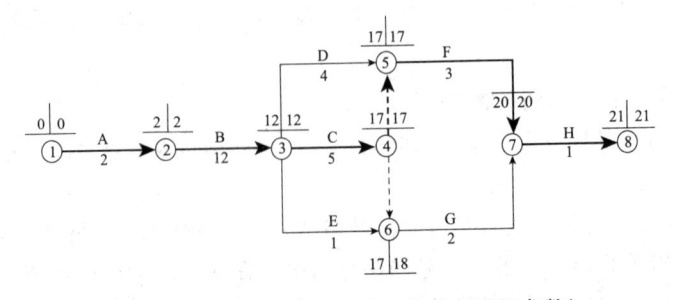

图 3-44 双代号网络计划图(带节点时间参数)

绘制双代号时标网络计划图，如图3-45所示。

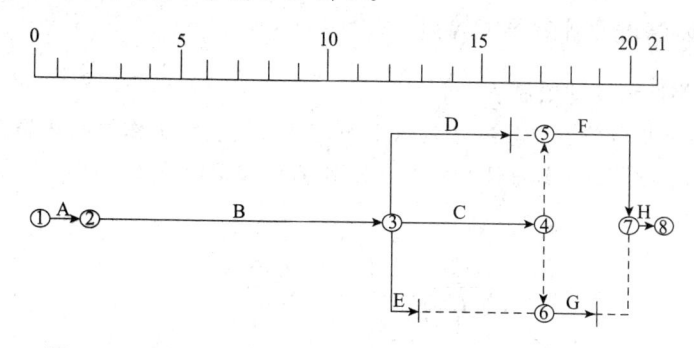

图3-45　双代号时标网络计划图(按节点最早开始时间绘制)

技术提示：从图3-45中可以看出，按节点最早开始时间绘制的时标网络图，在工作安排上是"前紧后松"，工作的机动时间分布在后面，此时图中的虚线部分即各工作的自由时差。时标网络计划图中各节点的纵向位置没有时间含义。

(2)按节点最迟开始时间绘制双代号时标网络计划图。按节点最迟开始时间绘制双代号时标网络计划图，也是根据工作逻辑关系表绘制一般网络计划图(初步网络计划图)，在图上计算节点时间参数并确定关键线路。再以一般网络计划图的计算工期为横轴，作为时间坐标轴，并将网络图的关键线路布置在时标网络图中适当的位置。所不同的是，最后按节点最迟开始时间确定非关键节点，连接非关键线路。

结合例3-10，对具体画法步骤进行说明。

1)绘制初步双代号网络计划图，并计算各节点的时间参数，确定关键线路，如图3-43所示，关键线路仍是①—②—③—④—⑤—⑦—⑧。

2)绘制横向时间坐标刻度，图中所有节点的位置，应按节点的最迟可能时间标画在相应的时间坐标上，从网络图的终点开始逆箭线方向逐项将工作绘制网络图的始点，工作用实箭线表示，实箭线的长度表示工作的持续时间的长短，虚工作用虚箭线表示，工作的机动时间用虚箭线表示。虚线补画在实线的左边，并在实箭线和虚线分界处加一短线作为分界线。最终按节点最迟开始时间绘制双代号时标网络计划图，如图3-46所示。

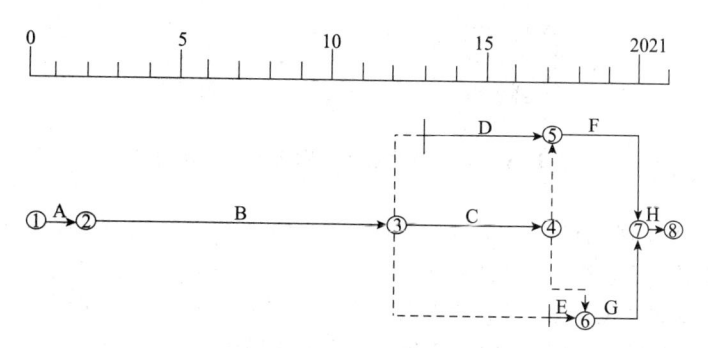

图3-46　绘制横向时间坐标和关键线路

技术提示：从图3-45中可以看出，按节点最迟开始时间绘制的时标网络图，在工作安排上是"前松后紧"，工作的机动时间分布在前面，此时图中的虚线部分没有任何时差的概念。时标网络计划图中各节点的纵向位置没有时间含义。

五、单代号网络进度计划图的绘制

1. 单代号网络计划图的绘制

单代号网络计划是以节点及其编号表示工作，以箭线表示工作之间逻辑关系的网络计划。在单代号网络计划图的节点中标注工作编号、工作名称和工作持续时间，以形成单代号网络计划图，如图3-47所示。

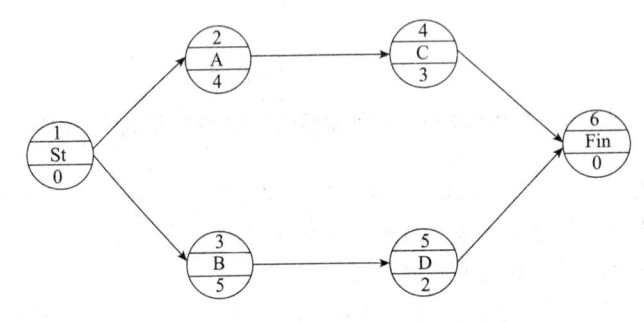

图 3-47 单代号网络计划图

(1)单代号网络计划的特点。单代号网络计划与双代号网络计划相比，具有以下特点：
1)工作之间的逻辑关系容易表达，且不用虚箭线，故绘图较简单。
2)网络图便于检查和修改。
3)由于工作持续时间表示在节点之中，没有长度，故不够直观。
4)表示工作之间逻辑关系的箭线可能产生较多的纵横交叉现象。
(2)单代号网络计划图的基本符号。
1)节点。单代号网络计划图中的每个节点表示一项工作，节点宜采用圆圈或矩形表示。节点所表示的工作名称、持续时间和工作编号等应标注在节点内，如图3-48所示。

单代号网络计划图中的节点必须编号，编号标注在节点内，其号码可间断，但严禁重复。箭线的箭尾节点编号应小于箭头节点编号，一项工作必须有唯一的一个节点及相应的一个编号。

图 3-48 单代号网络计划图工作的表示方法

2)箭线。在单代号网络计划图中，箭线表示工作之间的逻辑关系，它既不占用时间，也不消耗资源。箭线应绘制成水平直线、折线或斜线。箭线水平投影的方向应自左向右，表示工作的行进方向。工作之间的逻辑关系包括工艺关系和组织关系。在网络图中均表现为工作之间的先后顺序。
3)线路。在单代号网络计划图中，各条线路应用该线路上的节点编号从小到大依次表述。
(3)单代号网络计划图的绘图规则。
1)单代号网络计划图必须正确表达已确定工作间的逻辑关系。
2)单代号网络计划图中不允许出现循环回路。
3)单代号网络计划图中不能出现双向箭头或无箭头的连线。
4)单代号网络计划图中不能出现没有箭尾节点的箭线和没有箭头节点的箭线。
5)绘制单代号网络计划图时，箭线不宜交叉，当交叉不可避免时，可采用"暗桥"或"断线"

的方法绘制,同双代号网络计划图的绘制。

6)单代号网络计划图中只有一个起始节点和一个终点节点。当网络图中有多个起始节点或多个终点节点时,应在网络图的前端或后端设置一项虚工作(节点),作为该网络图的起始节点(St)或终点节点(Fin)。

单代号网络计划图的绘图规则基本与双代号网络计划图的绘图规则相同,故不再进行解释。

(4)单代号网络计划图的绘制。虽然单代号网络计划图与双代号网络计划图在绘图的符号所表示的意义上不同,但所表达的计划内容是一致的。单代号网络计划图的绘制过程与双代号网络计划图的绘制过程相同,也是先进行项目结构分解,然后确定具体工作之间的逻辑关系及各项工作的持续时间。

1)两项工作同时开始、同时结束(图3-49)。

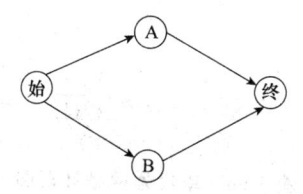

图3-49 单代号网络计划图

2)约束关系(图3-50)。

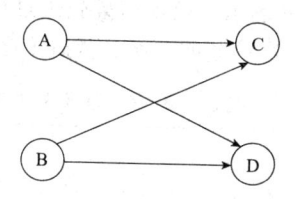

图3-50 单代号网络计划图(全约束)

3)二分之一约束(图3-51)。

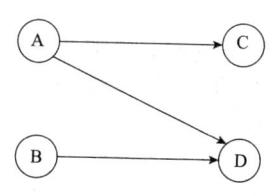

图 3-51 单代号网络计划图(二分之一约束)

4)三分之一约束(图3-52)。

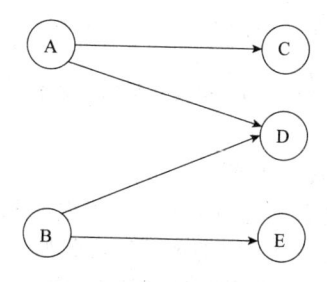

图3-52 单代号网络计划图(三分之一约束)

【例 3-11】 某工程可分为三个施工段,施工过程及其延续时间:砌围护墙及隔墙 12 d、内外抹灰 15 d、安装铝合金门窗 9 d、喷刷涂料 12 d。拟组织瓦工、抹灰工、木工和油工四个专业队(组)进行施工。试绘制单代号网络计划图。

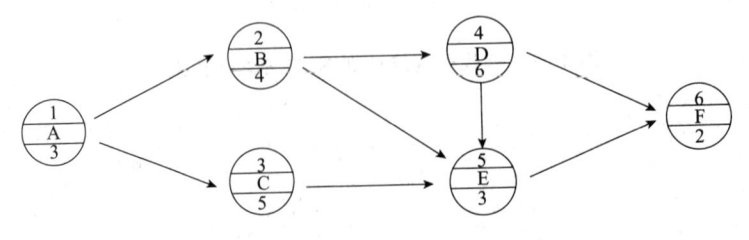

解:单代号网络计划图如图 3-53 所示。

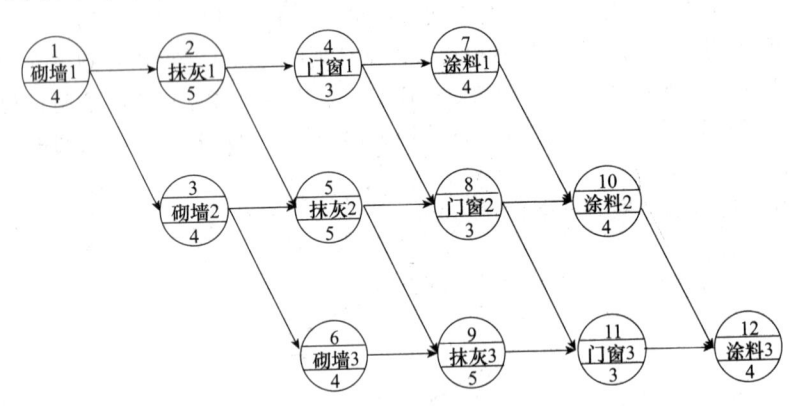

图 3-53 单代号网络计划图

【例 3-12】 箱梁预制的施工过程可划分为平整及硬化预制场地、钢筋骨架的制作及安装、砂石及水泥等材料的储备、模板的拼装及校正、浇筑及振捣混凝土、混凝土养生及拆模 6 道工序,分别用代号 A、B、C、D、E、F 表示。根据箱梁施工过程中各工序的工艺流程及各道工序的相互关系,列出工序一览表及各工序的紧前工序、紧后工序名称,见表 3-16。

表 3-16 箱梁工作逻辑关系及作业时间表

工序代号	A	B	C	D	E	F
紧前工序	—	A	A	B	B、C、D	D、E
紧后工序	B、C	D、E	E	F	F	—
作业时间/d	3	4	5	6	3	2

解:根据箱梁各工序之间的逻辑关系绘制单代号网络计划图。首先按单代号网络计划图的绘图规则绘制草图,然后对一些不必要的交叉进行整理,再对绘制出的简化网络图进行编号。绘制的单代号网络计划图如图 3-54 所示。

图 3-54 单代号网络计划图

2. 单代号网络计划图时间参数的计算

在单代号网络计划图中,节点本身就表示工序,所以它只有工序时间参数计算,没有节点时间参数的计算。单代号网络计划图时间参数的计算步骤如下:

(1)计算工序的最早可能开始时间和最早可能结束时间。工序最早可能开始时间和最早可能结束时间的计算应从网络图的起始节点开始，顺着箭线方向按节点编号从小到大的顺序依次逐个计算。

1) 网络图的起始节点所代表的工作，其最早可能开始的时间如无规定时，其值等于零，即 $ES_1=0$。

2) 工序的最早可能结束时间等于本工序的最早可能开始的时间与其持续时间之和，即

$$EF_i=ES_i+t_i \tag{3-25}$$

式中　EF_i——工作 i 的最早可能结束时间；

ES_i——工作 i 的最早可能开始时间；

t_i——工作 i 的持续时间。

3) 其他工序的最早可能开始时间等于其紧前工序的最早可能结束时间的最大值，即

$$ES_j=\max\{EF_i\} \tag{3-26}$$

式中　ES_j——工作 j 的最早可能开始时间；

EF_j——工作 j 的最早可能结束时间。

EF_i 取最大值是因为任何一道工序必须等它的紧前工序全部结束后才能开始。

4) 网络计划的计算工期等于其终点节点所代表的工序的最早可能结束时间，即

$$T_{计算}=EF_n \tag{3-27}$$

式中　EF_n——终点节点 n 的最早可能结束时间。

5) 计算相邻两道工序之间的时间间隔。相邻两道工序之间的时间间隔是指其紧后工序的最早开始时间与本工序最早结束时间的差值，即

$$LAG_{i,j}=ES_j-EF_i \tag{3-28}$$

式中　$LAS_{i,j}$——工作 i 与其紧后工作 j 之间的时间间隔；

ES_j——工作 j 的最早可能开始时间；

EF_i——工作 i 的最早可能结束时间。

(2) 计算工序的最迟可能结束时间和最迟可能开始时间。工序最迟可能结束时间和最迟可能开始时间的计算应从网络图的终点节点开始，逆着箭线方向按节点编号由大到小的顺序依次逐个计算。

1) 网络计划的计划工期应小于等于上级规定的工期，当上级未规定工期时，可令计划工期等于计算工期，即

$$T_{计划}=T_{计算} \tag{3-29}$$

2) 网络计划终点节点 n 所代表的工序可能结束时间应等于计划工期，即

$$LF_n=T_{计划} \tag{3-30}$$

由式(3-27)、式(3-29)、式(3-30)可知，$LF=EF$，即终点节点的最迟可能结束时间等于它的最早可能结束时间。

3) 工序最迟可能开始时间等于工序最迟可能结束时间减去该工作的作业持续时间，即

$$LS_i=LF_i-t_i(i=n,n-1,\cdots,3,2,1) \tag{3-31}$$

式中　LS_i——工作 i 的最迟可能开始时间；

LF_i——工作 i 的最迟可能结束时间；

T——工作 i 的持续时间。

4) 其他工序的最迟可能结束时间等于其紧后工序的最迟可能开始时间的最小值，即

$$LF_i=\min\{LS_j\} \tag{3-32}$$

式中　LS_j——工作 i 的紧后工作 j 的最迟可能开始时间。

LS_j 取最小值是因为紧前工作的最迟结束时间不能影响其紧后工作的最迟开始时间。

(3)计算工序的总时差。在单代号网络计划图中，工序总时差的概念与双代号网络计划图完全相同。工序的总时差应从终点节点开始，逆箭线方向按节点标号从大到小依次计算。其计算过程如下：

1)网络计划终点节点的工序总时差等于计划工期与计算工期之差，即

$$TF_n = T_{计划} - T_{计算} \tag{3-33}$$

式中 TF_n——网络终点节点 n 的工序总时差。

2)其他工序的总时差等于本工序与其各紧后工作的时间间隔加上该紧后工序的总时差所得之和的最小值，即

$$TF_i = \min\{LAG_{i,j} + TF_j\} \tag{3-34}$$

式中 TF_i——工序 i 的总时差；

$LAG_{i,j}$——工序 i 与紧后工序 j 之间的时间间隔；

TF_j——工序 i 的紧后工序 j 的总时差。

3)当计划出各道工序的最早、最迟可能开始和技术时间后，工序的总时差也可以按式(3-35)式(3-36)计算。

$$TF_i = LF_i - EF_i \tag{3-35}$$

或

$$TF_i = LS_i - ES_i \tag{3-36}$$

式中符号意义同前。

(4)计算工序的自由时差。工序自由时差的概念与双代号网络计划图中工序的自由时差的概念完全相同。其计算过程如下：

1)网络计划终点节点的工序的自由时差等于计划工期与本工序的最早完成时间之差，即

$$FF_n = T_{计划} - EF_n \tag{3-37}$$

式中 FF_n——终点节点 n 的自由时差；

$T_{计划}$——单代号网络计划的计划工期；

EF_n——终点节点 n 所代表的工序的最早可能完成时间。

2)其他工序的自由时差等于本工序与其紧后工序之间的时间间隔的最小值，即

$$FF_i = \min\{LAG_{i,j}\} \tag{3-38}$$

式中 FF_i——工序 i 的自由时差。

式中其他符号意义同前。

3)当已计算出各道工序的最早开始时间后，工序的自由时差也可按式(3-39)计算。

$$FF_i = \min\{ES_j\} - ES_i - t_i \tag{3-39}$$

式中 ES_j——工序 i 的紧后工序 j 的最早可能开始时间。

式中其他符号意义同前。

3. 关键工序和关键线路的确定

(1)关键工序的确定。在单代号网络计划中，总时差最小的工作是关键工作。当计划工期 T_p 等于计算工期 T_c 时，关键工作的总时差为零，也是最小的总时差。当有要求工期 T_r，且要求工期 T_r 小于计算工期 T_c 时，总时差最小值为负值；当要求工期大于计算工期时，总时差最小值为正值。

(2)关键线路的确定。

1)将总时差最小的关键工序相邻，并保证相邻两关键工序之间的时间间隔为零而构成的线路为关键线路。

2)从网络计划的终点节点开始，逆着箭线方向依次找出相邻两道工序之间的时间间隔为零的线路就是关键线路。

3)在肯定型网络计划图中,工序总持续时间最长的线路为关键线路。

4. 单代号网络计划图时间参数的标注方法

单代号网络计划图时间参数的标注方法如图 3-55 所示。

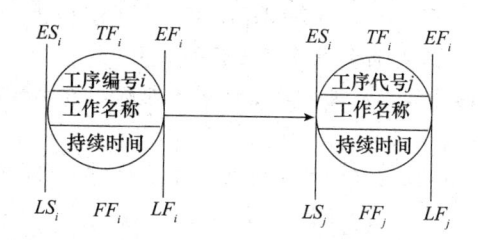

图 3-55 单代号网络计划图时间参数的标注图

【例 3-13】 计算图 3-56 所示的单代号网络计划图的时间参数,并确定关键线路。

解: (1)计算工序的最早可能开始时间和最早可能完成时间。因起始节点工序 A 的最早可能开始时间未规定,故取 $ES=0$。

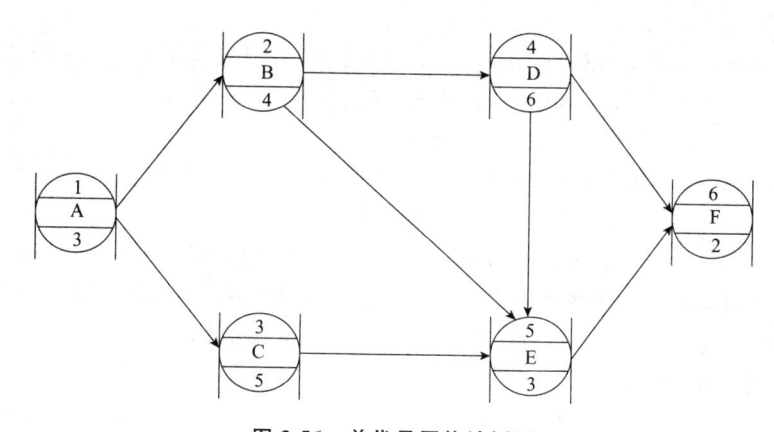

图 3-56 单代号网络计划图

工序的最早可能结束时间等于本工作的最早可能开始时间与其持续时间之和,因此,A 工序的最早可能结束时间为 $EF=ES+t=0+3=3$。

其他工序的最早可能开始时间等于其紧前工序的最早可能结束时间的最大值,各道工序计算过程如下:

B 工序 $\quad\quad\quad ES_2=EF_1=3$;$EF_2=ES_2+t_2=3+4=7$

C 工序 $\quad\quad\quad ES_2=EF_1=3$;$EF_3=ES_3+t_3=3+5=8$

D 工序 $\quad\quad\quad ES_4=EF_2=7$;$EF_4=ES_4+t_4=7+6=13$

E 工序 $\quad\quad\quad ES_{max}\{EF_2,EF_3,EF_4\}=\{7,8,13\}=13$

$$EF_5=ES_5+t_5=13+3=16$$

F 工序 $\quad\quad\quad ES_6=\max\{EF_4,EF_5\}=\{13,16\}=16$

$$EF_6=ES_6+t_6=16+2=18$$

网络计划的计算工期等于其终点节点所代表的工序的最早可能结束时间,即

$$T_{计算}=EF_6=18$$

(2)计算相邻两道工序之间的时间间隔。按公式 $LAG_{i,j}=ES_j-EF_i$ 计算,计算过程如下:

$$LAG_{1,2}=ES_2-EF_1=3-3=0; \quad LAG_{1,3}=ES_3-EF_1=3-3=0$$
$$LAG_{2,4}=ES_4-EF_2=7-7=0; \quad LAG_{2,5}=ES_5-EF_2=13-7=6$$
$$LAG_{3,5}=ES_5-EF_3=13-8=5; \quad LAG_{4,5}=ES_5-EF_4=13-13=0$$
$$LAG_{4,6}=ES_6-EF_4=16-13=3; \quad LAG_{5,6}=ES_6-EF_5=16-16=0$$

(3) 计算工序的最迟可能结束时间和最迟可能开始时间。

1) 网络计划的计划工期的计算。上级未规定计划工期时，零计划工期等于计算工期，即

$$T_{计划}=T_{计算}=EF_6=18$$

2) 网络计划终点节点工序的最迟可能结束时间应等于计划工期，即

$$LF_6=T_{计划}=18$$

3) 其他工序的最迟可能结束时间等于其紧后工序的最迟可能开始时间的最小值；工序最迟可能开始时间等于工序最迟可能结束时间减去该工作的作业持续时间。各道工序计算过程如下：

F 工序 $\quad LF_6=18; \quad LS_6=LF_6-t_6=18-2=16$

E 工序 $\quad LF_5=LS_6=16; \quad LS_5=LF_5-t_5=16-3=13$

D 工序
$$LF_4=\min\{LS_5, LS_6\}=\min\{13, 16\}=13; \quad LS_4=LF_4-t_4=13-6=7$$

C 工序 $\quad LF_3=LS_5=13; \quad LS_3=LF_3-t_3=13-5=8$

B 工序
$$LF_2=\min\{LS_4, LS_5\}=\min\{7, 13\}=7; \quad LS_2=LF_2-t_2=7-4=3$$

A 工序
$$LF_1=\min\{LS_2, LS_3\}=\min\{3, 8\}=3; \quad LS_1=LF_1-t_1=3-3=0$$

(4) 计算工序的总时差。网络计划终点节点的工序总时差按公式 $TF_n=T_{计划}-T_{计算}$ 计算，当没有规定时认为 $T_{计划}=T_{计算}=18$，则 $TF_6=0$。其他工作总时差按公式 $T_{Fi}=\min\{LAG_{i,j}+TF_j\}$ 计算，计算结果如下：

$$TF_5=LAG_{5,6}+TF_6=0+0=0$$
$$TF_4=\min\{LAG_{4,5}+TF_5\}; \{(LAG_{4,6}+TF_6)\}=\min\{(0+0); (3+0)\}=0$$
$$TF_3=LAG_{3,5}+TF_5=5+0=5$$
$$TF_2=\min\{LAG_{2,4}+TF_4\}; \{(LAG_{2,5}+TF_5)\}=\min\{(0+0); (6+0)\}=0$$
$$TF_1=\min\{LAG_{1,2}+TF_2\}; \{(LAG_{1,3}+TF_3)\}=\min\{(0+0); (0+5)\}=0$$

(5) 计算工序的自由时差。网络计划终点节点的工序自由时差按公式 $FF_n=T_{计划}-EF_n$ 计算，则 $FF_6=0$，其他工序的自由时差按 $FF=\min\{LAG_{i,j}\}$ 计算，计算过程如下：

$$FF=\min\{LAG_{1,2}; LAG_{1,3}\}=\min\{0; 0\}=0$$
$$FF=\min\{LAG_{2,4}; LAG_{2,5}\}=\min\{0; 6\}=0$$
$$FF=LAG_{3,5}=5; \quad FF_4=\min\{LAG_{4,5}; LAG_{4,6}\}=\min\{0; 3\}=0$$
$$FF=LAG_{5,6}=0$$

以上计算结果如图 3-57 所示（在图中未标注的工序之间的时间间隔为 0）。

(6) 确定关键工序和关键线路。当上级没有规定工期时，认为网络计划的计算工期与计划工期相等，这样，总时差为零的工作为关键工作。如图 3-56 所示，单代号网络计划图中关键工序有 A、B、D、E、F。将这些关键工序相连，并保证相邻两项关键工序之间的时间间隔为零所构成的线路，即 A—B—D—E—F 为关键线路。

本例题关键线路用粗黑线表示。如果相邻两道工序之间的时间间隔不为零，则仅仅由这些关键工序相连的线路不一定是关键线路，如线路 A—B—D—F 和线路 A—B—E—F 均不是关键

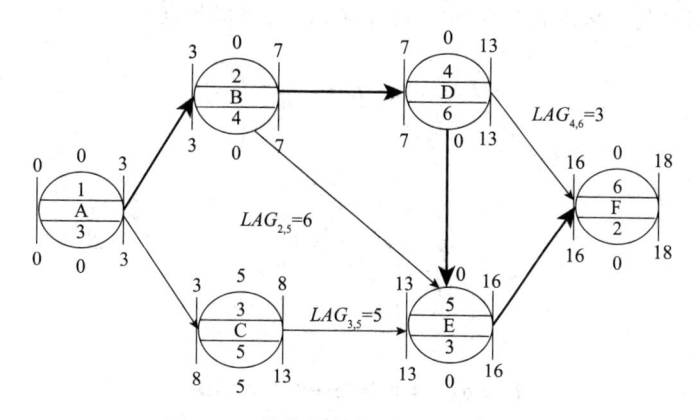

图 3-57 单代号网络时间参数计算图

线路。因此，在单代号网络计划中，关键工序相连的线路并不一定是关键线路。在单代号网络计划中，线路上工作持续时间最长的线路为关键线路，本例题总持续时间最长为 18 d，即网络计算工期。

六、单代号搭接网络计划图的绘制

1. 单代号搭接网络计划图的基本概念

在普通双代号和单代号网络计划中，各项工作按依次顺序进行，即任何一项工作都必须在它的紧前工作全部完成后才能开始。

图 3-58 以施工进度横道计划表示相邻的 A、B 两项工作，A 工作进行 4 d 后 B 工作即可开始，而不必要等 A 工作全部完成。这种情况若按依次顺序用施工进度网络计划表示就必须把 A 工作划分为两部分，即 A1 工作和 A2 工作，以双代号网络计划图表示如图 3-59 所示，以单代号网络计划图表示如图 3-60 所示。

图 3-58 用横道图表示　　图 3-59 用双代号网络计划图表示

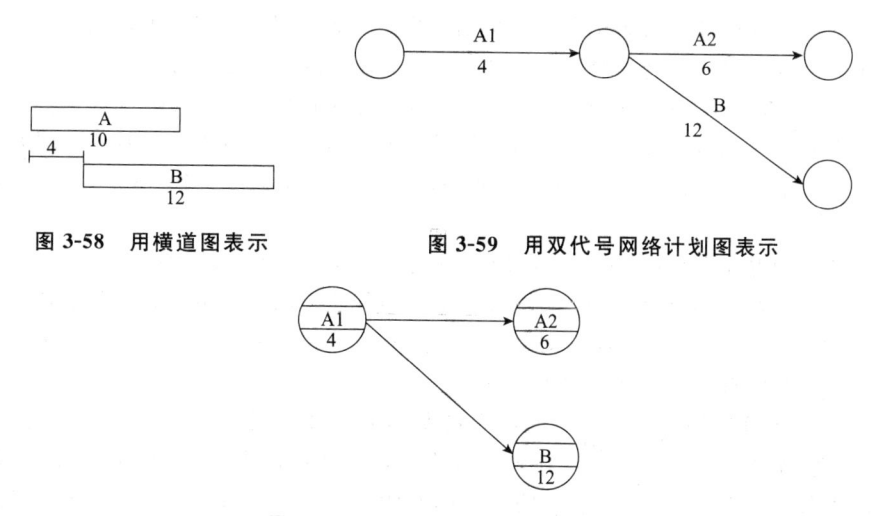

图 3-60 用单代号网络计划图表示

但在实际工作中，为了缩短工期，许多工作可采用平行搭接的方式进行。为了简单直接地表达这种搭接关系，使编制网络计划得以简化，于是出现了搭接网络计划。单代号搭接网络计划图如图 3-61 所示，其中起始节点 St 和终点节点 Fin 为虚拟节点。

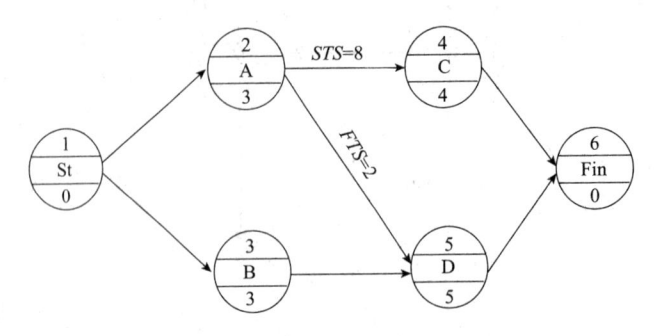

图 3-61 单代号搭接网络计划图

(1) 单代号搭接网络计划图中每个节点表示一项工作，宜采用圆圈或矩形表示。节点所表示的工作名称、工作持续时间和工作编号等标注在节点内。

(2) 单代号搭接网络计划图中箭线及其上面的时距符号表示相邻工作之间的逻辑关系，如图 3-62 所示。箭线应绘制成水平直线、折线或斜线。箭线水平投影的方向应自左向右，表示工作的进行方向。

图 3-62 单代号搭接网络计划图箭线的表示方法

工作的搭接顺序关系是用紧前工作的开始时间或完成时间与其紧后工作的开始时间或完成时间之间的间距来表示，具体有以下四类。

1) $FTS_{i,j}$——紧前工作 i 完成时间与其紧后工作 j 开始时间的时间间距；
2) $FTF_{i,j}$——紧前工作 i 完成时间与其紧后工作 j 完成时间的时间间距；
3) $STS_{i,j}$——紧前工作 i 开始时间与其紧后工作 j 开始时间的时间间距；
4) $STF_{i,j}$——紧前工作 i 开始时间与其紧后工作 j 完成时间的时间间距。

(3) 单代号搭接网络计划图中的节点必须编号，编号标注在节点内，其号码可间断，但不允许重复。箭线的箭尾节点编号应小于箭头节点编号。一项工作必须有唯一的一个节点及其相应的一个编号。

(4) 工作之间的逻辑关系包括工艺关系和组织关系。在网络图中均表现为工作之间的先后顺序。

(5) 在单代号搭接网络计划图中，各条线路应用该线路上的节点编号自小到大依次表述，也可用工作名称依次表述。图 3-61 所示的单代号搭接网络计划图中的一条线路可表述为①—②—⑤—⑥，也可表述为 St—A—D—Fin。

(6) 在单代号搭接网络计划中，时间参数的基本内容和形式应按图 3-63 所示的方式标注。工作编号、工作名称和持续时间标注在节点圆圈内，工作的时间参数（如 ES、EF、LS、LF、TF、FF）标注在圆圈的上下。而工作之间的时间间距参数（如 FTS、FTF、STS、STF 和时间间隔 $LAG_{i,j}$）标注在联系箭线的上下方。

单代号搭接网络计划图的绘图规则同单代号网络计划图。

2. 单代号搭接网络计划图中的搭接关系

单代号搭接网络计划图中的搭接关系在工程实践中的具体应用，简述如下：

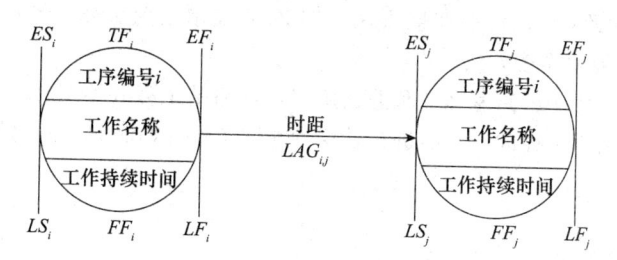

图 3-63　单代号搭接网络计划图时间参数标注形式

(1) 完成到开始时距（FTS）的连接方法。图 3-64 表示紧前工作 i 的完成时间与紧后工作 j 的开始时间之间的时距和连接方法。

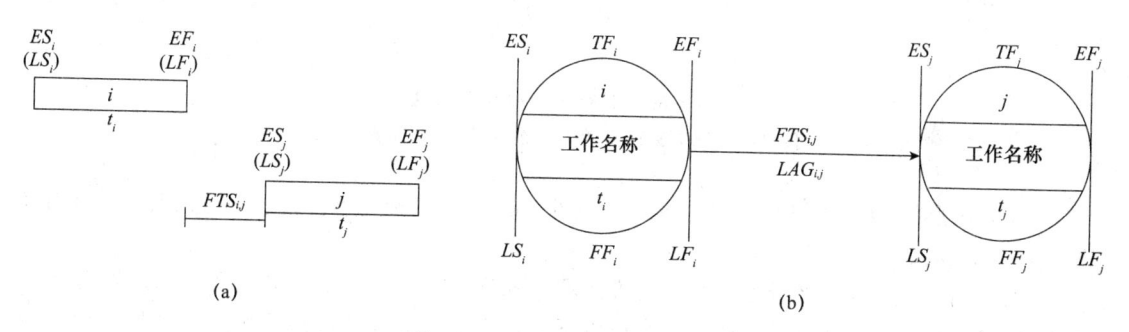

图 3-64　时距 FTS 的表示方法
(a) 横道图表示 FTS 时距；(b) 单代号搭接网络计划图表示 FTS 时距

例如，对于现浇混凝土结构，一定要等混凝土达到一定的强度后才能进行下一道工序的操作，这种等待的时间就是 FTS 时距。

当 $FTS=0$ 时，即紧前工作 i 的完成时间等于紧后工作 j 的开始时间，这时紧前工作与紧后工作紧密衔接。当计划中所有相邻工作的 $FTS=0$ 时，整个单代号搭接网络计划就是一般的单号网络计划。因此，一般的依次顺序关系只是搭接关系中的一种特殊表现形式。

(2) 完成到完成时距（$FTF_{i,j}$）的连接方法。图 3-65 表示紧前工作 i 的完成时间与紧后工作 j 的完成时间之间的时距和连接方法。

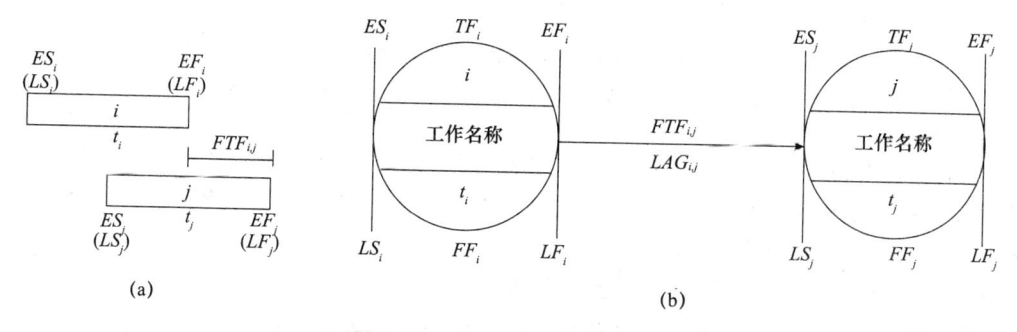

图 3-65　时距 FTF 的表示方法
(a) 横道图表示 FTF 时距；(b) 单代号搭接网络计划图表示 FTF 时距

例如，对于相邻两项工作，当紧前工作的施工速度小于紧后工作的施工速度时，则必须考虑为紧后工作留有充足的工作面。否则，紧后工作就因无工作面施工而停工，即"停工待面"。这种相邻工作完成时间之间的间隔就是 FTF 时距。

(3)完成到完成时距($STS_{i,j}$)的连接方法。图 3-66 表示紧前工作 i 的开始时间与紧后工作 j 的开始时间之间的时距和连接方法。

例如,对于道路工程中的路基施工和路面施工,待路基工程开始工作一段时间已为路面工程创造开工条件之后,路面工程即可开始进行,这种相邻工作开始时间之间的间隔就是 STS 时距。

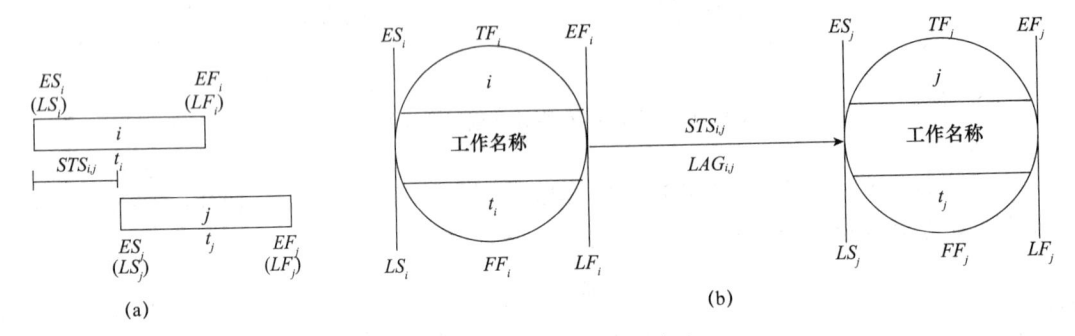

图 3-66 时距 STS 的表示方法
(a)横道图表示 STS 时距;(b)单代号搭接网络计划图表示 STS 时距

(4)开始到完成时距($STF_{i,j}$)的连接方法。图 3-67 表示紧前工作 i 的开始时间与紧后工作 j 的完成时间之间的时距和连接方法。

例如,对于要挖除有部分地下水的土方工程,地下水水位以上的土方工程可以在降低地下水水位工作完成之前开始,而在地下水水位以下的土方工程必须要等地下水水位降低之后才能开挖降低地下水水位工作的完成与何时挖地下水水位以下的土方工程有关,至于降低地下水水位工作何时开始,则与挖土方没有直接联系。这种开始到结束的限制时间就是 STF 时距。

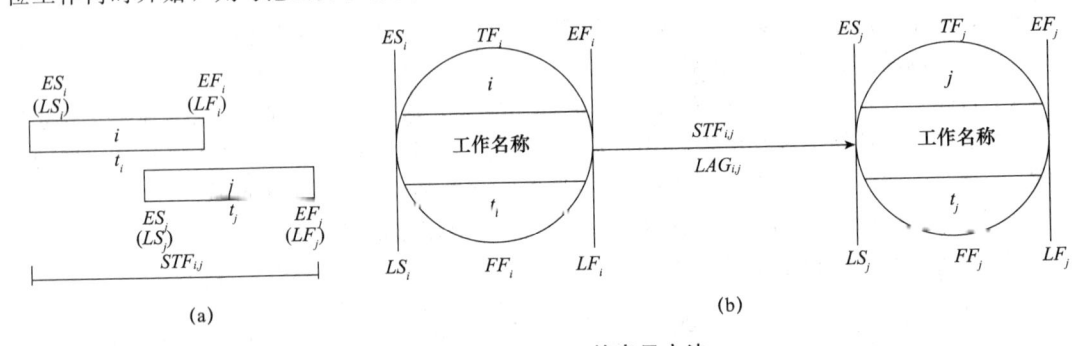

图 3-67 时距 STF 的表示方法
(a)横道图表示 STF 时距;(b)单代号搭接网络计划图表示 STF 时距

(5)混合时距的连接方法。在单代号搭接网络计划图中,两项工作之间可同时由 4 种基本连接关系中两种以上来限制工作之间的逻辑关系,例如,i、j 两项工作可能同时由 STS 与 FTF 时距限制,或 STF 与 FTS 时距限制等。

3. 单代号搭接网络计划图时间参数的计算

(1)计算工作最早开始时间和最早完成时间。计算工作最早开始时间和最早完成时间参数必须从起始节点开始依次进行,只有紧前工作的最早时间参数计算完成,才能计算紧后工作的最早时间参数。

1)工作最早开始时间应按下列步骤进行:
①起始工作(节点)的最早开始时间都为零,即
$$ES_i = 0 \quad (i\ 是起点节点编号) \tag{3-40}$$

②其他工作 j 的最早开始时间 ES_j 应根据时距按下列公式计算：

相邻时距为 $STS_{i,j}$ 时 $\qquad ES_j = ES_i + STS_{i,j}$ (3-41)

相邻时距为 $FTF_{i,j}$ 时 $\qquad ES_j = ES_i + t_i + FTF_{i,j} - t_j$ (3-42)

相邻时距为 $STF_{i,j}$ 时 $\qquad ES_j = ES_i + STF_{i,j} - t_j$ (3-43)

相邻时距为 $FTS_{i,j}$ 时 $\qquad ES_j = ES_i + t_i + FTS_{i,j}$ (3-44)

③计算工作最早开始时间，当出现负值时，应将该工作 j 与起始节点用虚箭线相连接，并确定其时距为

$$STS_{起点节点,j} = 0 \qquad (3\text{-}45)$$

④当有两种及以上的时距（有两项或两项以上的紧前工作）限制工作之间的逻辑关系时，应分别计算工作最早开始时间，取其最大值。

2) 工作 j 的最早完成时间 EF_j，应按式(3-46)计算。

$$EF_j = ES_j + t_j \qquad (3\text{-}46)$$

①在单代号搭接网络计划图中，所有工作的最早完成时间的最大值若在中间工作 k，则该中间工作 k 应与终点节点用虚箭线相连接，并确定其时距为

$$FTF_{k,终点节点} = 0 \qquad (3\text{-}47)$$

②单代号搭接网络计划图计算工期 T_c 由与终点节点相连接工作的最早完成时间的最大值确定。单代号搭接网络计划图的计划工期 T_p 的计算应按下列情况分别确定：

a. 当已规定了要求工期 T_r 时，则 $T_p \leqslant T_r$；

b. 当未规定要求工期 T_r 时，则 $T_p \geqslant T_r$。

(2) 计算工作时间间隔 $LAG_{i,j}$。相邻两项工作 i 和 j 之间在满足时距之外，还有多余的时间间隔 $LAG_{i,j}$，应按式(3-48)计算。

$$LAG_{i,j} = \min(ES_j - EF_i - FTS_{i,j};\ ES_j - ES_i - STS_{i,j};\ EF_j - EF_i - FTF_{i,j};\ EF_j - ES_i - STF_{i,j})$$

(3-48)

(3) 计算工作时差。

1) 工作总时差 TF。工作 i 的总时差 TF_i 应从网络计划的终点节点开始，逆着箭线的方向依次逐项计算。当部分工作分期完成时，相关工作的总时差必须从分期完成的节点开始逆着箭线的方向依次逐项计算。

①终点节点（工作）n 的总时差 TF_n 值应为

$$TF_n = T_p - EF_n \qquad (3\text{-}49)$$

②其他节点（工作）i 的总时差 TF_i 值应为

$$TF_i = \min(TF_j + LAG_{i,j})\ (其中，j 是 i 的紧后工作) \qquad (3\text{-}50)$$

2) 工作自由时差 FF。终点节点（工作）n 的自由时差 FF_n 值应为

$$FF_n = T_p - EF_n \qquad (3\text{-}51)$$

其他节点（工作）i 的自由时差 FF_i 值应为

$$FF_i = \min(LAG_{i,j})\ (其中，j 是 i 的紧后工作) \qquad (3\text{-}52)$$

(4) 计算工作最迟开始时间和最迟完成时间。工作的最迟完成时间 LF 应从网络计划的终点节点开始，逆着箭线的方向依次逐项计算。当部分工作分期完成时，相关工作的最迟完成时间应从分期完成的节点开始逆着箭线的方向依次逐项计算。

1) 工作的最迟完成时间应按下列步骤进行：

①终点节点（工作）n 的最迟完成时间 LF_n，应按网络计划的计划工期 T_p 确定，即

$$LF_n = T_p \qquad (3\text{-}53)$$

②其他节点(工作)i的最迟完成时间LF_i应为

$$LF_i = EF_i + TF_i \qquad (3-54)$$

或

$$LF_i = \min(LS_j - FTS_{i,j};\ LS_j - FTS_{i,j} + t_i;\ LF_j - FTF_{i,j};\ LF_j - STF_{i,j} + t_j)$$

2)工作的最迟开始时间LS_i应按下式计算：

$$LS_i = LF_i - t_i \qquad (3-55)$$

或

$$LS_i = ES_i + TF_i \qquad (3-56)$$

(5)关键工作及关键线路的确定。

1)关键工作的确定。在单代号搭接网络计划图中，总时差最小的工作是关键工作。当计划工期T_p等于计算工期T_c时，关键工作的总时差为零，也是最小的总时差。当有要求工期T_r，且要求工期T_r小于计算工期T_c时，总时差最小值为负值，当要求工期大于计算工期时，总时差最小值为正值。

2)关键线路的确定。在单代号搭接网络计划图中，从起始节点开始到终点节点均为关键工作，且所有工作的时间间隔均为零($LAG_{i,j}=0$)的线路应为关键线路；或者线路上各项工作持续时间之和最长的是关键线路。关键线路在单代号搭接网络计划图中用粗线或双线标注。

【例3-14】 已知单代号搭接网络计划如图3-68所示，若计划工期T_p等于计算工期T_r，试计算各项工作的6个时间参数，并确定关键线路。

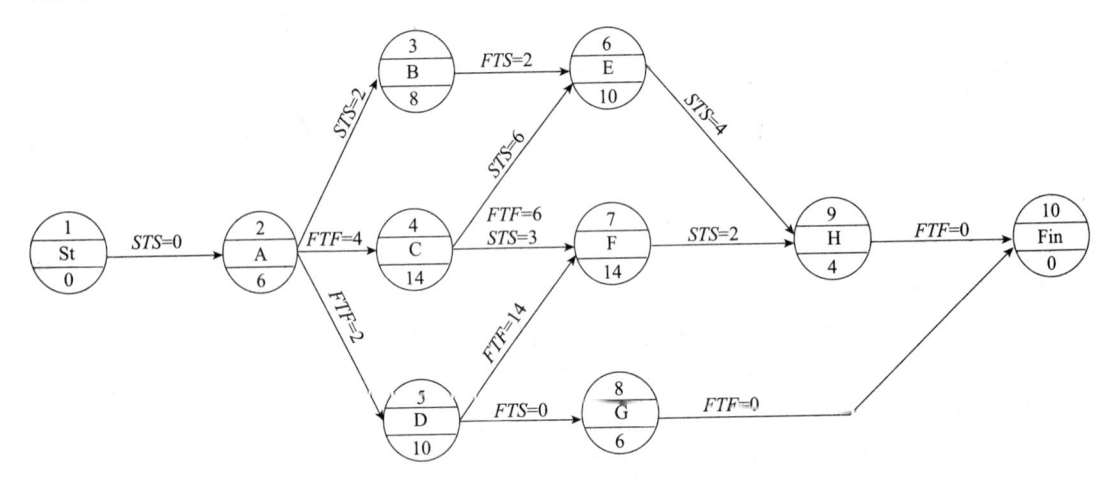

图3-68 单代号搭接网络计划

解：(1)计算工作最早开始时间和最早完成时间。计算工作最早开始时间参数必须从起始节点开始顺着箭线方向到终点节点。在该单代号搭接网络计划中，起始(节点)工作和终点(节点)工作都是虚设的，故其工作持续时间均为零。

起始(节点)工作的最早开始时间都应为零，即$ES_1 = 0$；最早完成时间$EF_1 = ES_1 + t_1 = 0 + 0 = 0$。

其他工作的最早开始时间根据时距计算，过程如下：

$ES_2 = ES_1 + STS_{1,2} = 0 + 0 = 0$，$EF_2 = ES_2 + t_2 = 0 + 6 = 6$；

$ES_3 = ES_2 + STS_{2,3} = 0 + 2 = 2$，$EF_3 = ES_3 + t_3 = 2 + 8 = 10$；

$ES_4 = ES_2 + t_2 + FTF_{2,4} - t_4 = 0 + 6 + 4 - 14 = -4$，$EF_4 = ES_4 + t_4 = -4 + 14 = 10$；

$ES_5 = ES_2 + t_2 + FTF_{2,5} - t_5 = 0 + 6 + 2 - 10 = -2$，$EF_5 = ES_5 + t_5 = -2 + 10 = 8$；

注：计算工作最早开始时间，当出现负值时，应将该工作与起始节点用虚箭线相连接，并确定其时距为$STS_{1,4} = 0$，$STS_{1,5} = 0$。

$$ES_4 = ES_1 + STS_{1,4} = 0 + 0 = 0, \quad EF_4 = ES_4 + t_4 = 0 + 14 = 14$$
$$ES_5 = ES_1 + STS_{1,5} = 0 + 0 = 0, \quad EF_5 = ES_5 + t_5 = 0 + 10 = 10$$
$$ES_6 = \max(ES_3 + t_3 + FTS_{3,6} = 2 + 8 + 2 = 12, \quad ES_4 + STS_{4,6} = 0 + 6 = 6) = 12,$$
$$EF_6 = ES_6 + t_6 = 12 + 10 = 22$$
$$ES_7 = \max(ES_4 + STS_{4,7} = 0 + 3 = 3,$$
$$ES_4 + t_4 + FTF_{4,7} - t_7 = 0 + 14 + 6 - 14 = 6, \quad ES_5 + t_5 + FTF_{5,7} - t_7 = 0 + 10 + 14 - 14 = 10) = 10,$$
$$EF_7 = ES_7 + t_7 = 10 + 14 = 24;$$
$$ES_8 = ES_5 + t_5 + FTS_{5,8} = 0 + 10 + 0 = 10, \quad EF_8 = ES_8 + t_8 = 10 + 6 = 16$$
$$ES_9 = \max(ES_6 + STS_{6,9} = 12 + 4 = 16, \quad ES_7 + STS_{7,9} = 10 + 2 = 12) = 16,$$
$$EF_9 = ES_9 + t_9 = 16 + 4 = 20$$
$$ES_{10} = \max(ES_9 + t_9 + FTF_{9,10} - t_{10} = 16 + 4 + 0 - 0 = 20,$$
$$ES_8 + t_8 + FTF_{8,10} - t_{10} = 10 + 6 + 0 - 0 = 16) = 20$$
$$EF_{10} = ES_{10} + t_{10} = 20 + 0 = 20$$

在该单代号搭接网络计划中，所有工作的最早完成时间的最大值在中间工作 F，则该中间工作 F 应与终点节点用虚箭线相连接，并确定其时距为

$$FTF_{F,\text{终点节点}} = 0 (FTF_{7,10} = 0)$$

另外，工作 E 的最早完成时间 22 也大于终点节点的最早完成时间 20，则该中间工作 E 也应与终点节点用虚箭线相连接，并确定其时距为

$$FTF_{E,\text{终点节点}} = 0 (即 FTF_{6,10} = 0)$$
$$ES_{10} = \max(ES_6 + t_6 + FTF_{6,10} - t_{10} = 12 + 10 + 0 - 0 = 22$$
$$ES_7 + t_7 + FTF_{7,10} - t_{10} = 10 + 14 + 0 - 0 = 24$$
$$ES_8 + t_8 + FTF_{8,10} - t_{10} = 10 + 6 + 0 - 0 = 16$$
$$ES_9 + t_9 + FTF_{9,10} - t_{10} = 16 + 4 + 0 - 0 = 20) = 24,$$
$$EF_{10} = ES_{10} + t_{10} = 24 + 0 = 24$$

该单代号搭接网络计划的计算工期 $T_c = 24$，$T_p = T_c = 24$。

在很多情况下，终点节点的最早完成时间是整个网络计划所有工作最早完成时间的最大值，决定了网络计划的总工期。但是在本案例中，决定工程总工期的完成时间的最大值却不在最后的工作，而是在中间的工作 F。终点节点一般是虚设的，只与没有外向箭线的工作相连接，但是当中间工作的完成时间大于终点节点（工作）的完成时间时，为了计算终点节点（工作）的最早完成时间（工程的总工期）必须先将该工作与终点节点（工作）用虚箭线连接起来，然后计算终点节点最早时间。

该网络计划最早时间参数图上算法如图 3-69 所示。

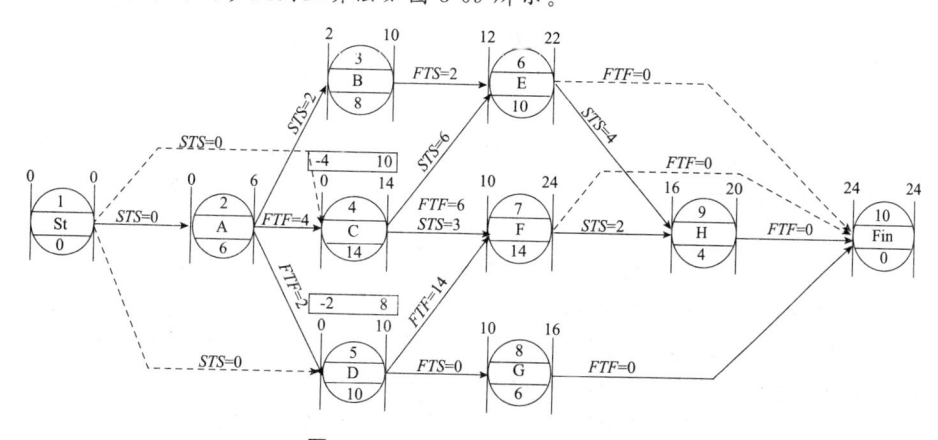

图 3-69 工作最早时间参数计算

(2)计算相邻两项工作之间的时间间隔 $LAG_{i,j}$。

$$LAG_{1,2} = ES_2 - ES_1 - STS_{1,2} = 0 - 0 - 0 = 0$$
$$LAG_{2,3} = ES_3 - ES_2 - STS_{2,3} = 2 - 0 - 2 = 0$$
$$LAG_{1,4} = ES_4 - ES_1 - STS_{1,4} = 0 - 0 - 0 = 0$$
$$LAG_{2,4} = EF_4 - EF_2 - FTF_{2,4} = 14 - 6 - 4 = 4$$
$$LAG_{1,5} = ES_5 - ES_1 - STS_{1,5} = 0 - 0 - 0 = 0$$
$$LAG_{2,5} = EF_5 - EF_2 - FTF_{2,5} = 10 - 6 - 2 = 2$$
$$LAG_{3,6} = ES_6 - EF_3 - FTS_{3,6} = 12 - 10 - 2 = 0$$
$$LAG_{4,6} = ES_6 - ES_4 - STS_{4,6} = 12 - 0 - 6 = 6$$
$$LAG_{4,7} = \min(ES_7 - ES_4 - STS_{4,7} = 10 - 0 - 3 = 7; \ EF_7 - EF_4 - FTF_{4,7} = 24 - 14 - 6 = 4) = 4$$
$$LAG_{5,7} = EF_7 - EF_5 - FTF_{5,7} = 24 - 10 - 14 = 0$$
$$LAG_{5,8} = ES_8 - EF_5 - FTS_{5,8} = 10 - 10 - 0 = 0$$
$$LAG_{6,9} = ES_9 - ES_6 - STS_{6,9} = 16 - 12 - 4 = 0$$
$$LAG_{7,9} = ES_9 - ES_7 - STS_{7,9} = 16 - 10 - 2 = 4$$
$$LAG_{6,10} = EF_{10} - EF_6 - FTF_{6,10} = 24 - 22 - 0 = 2$$
$$LAG_{7,10} = EF_{10} - EF_7 - FTF_{7,10} = 24 - 24 - 0 = 0$$
$$LAG_{8,10} = EF_{10} - EF_8 - FTF_{8,10} = 24 - 16 - 0 = 8$$
$$LAG_{9,10} = EF_{10} - EF_9 - FTF_{9,10} = 24 - 20 - 0 = 4$$

该网络计划工作时间间隔图上算法如图 3-70 所示。

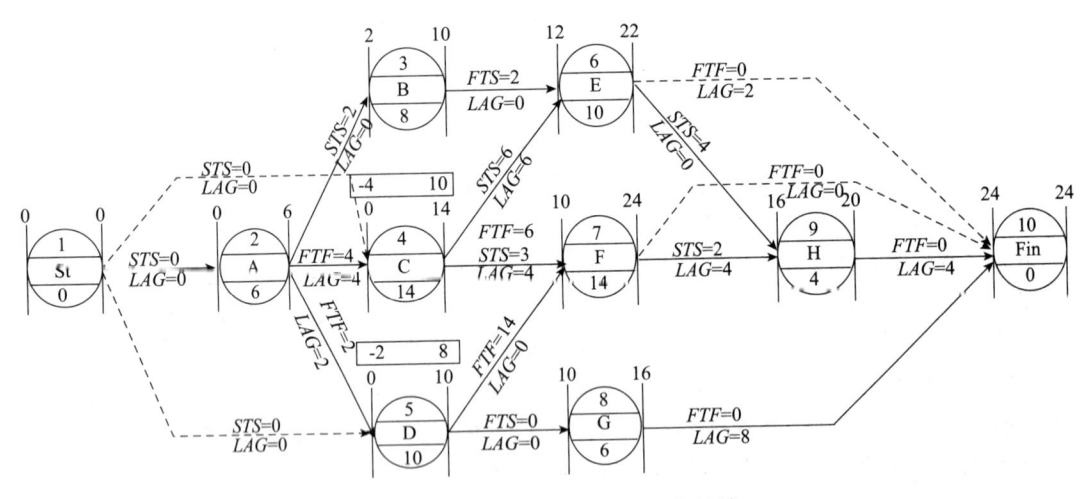

图 3-70 工作时间间隔 $LAG_{i,j}$ 的计算

(3)计算工作时差。

1)计算工作总时差。假设 $T_p = T_c = 24$,所以终点节点(工作)的总时差 $TF_{10} = T_p - EF_{10} = 24 - 24 = 0$。其他节点(工作)的总时差 $TF_i = \min(TF_j + LAG_{i,j})$(其中,$j$ 是 i 的紧后工作),即

$$TF_9 = TF_{10} + LAG_{9,10} = 0 + 4 = 4$$
$$TF_8 = TF_{10} + LAG_{8,10} = 0 + 8 = 8$$
$$TF_7 = \min(TF_{10} + LAG_{7,10} = 0 + 0 = 0, \ TF_9 + LAG_{7,9} = 4 + 4 = 8) = 0$$
$$TF_6 = \min(TF_{10} + LAG_{6,10} = 0 + 2 = 2, \ TF_9 + LAG_{6,9} = 4 + 0 = 4) = 2$$
$$TF_5 = \min(TF_8 + LAG_{5,8} = 8 + 0 = 8, \ TF_7 + LAG_{5,7} = 0 + 0 = 0) = 0$$
$$TF_4 = \min(TF_7 + LAG_{4,7} = 0 + 4 = 4, \ TF_6 + LAG_{4,6} = 2 + 6 = 8) = 4$$

$$TF_3 = TF_6 + LAG_{3,6} = 2+0 = 2$$
$$TF_2 = \min(TF_5 + LAG_{2,5} = 0+2 = 2,\ TF_4 + LAG_{2,4} = 4+4 = 8,\ TF_3 + LAG_{2,3} = 2+0 = 0) = 2$$
$$TF_1 = \min(TF_5 + LAG_{1,5} = 0+0 = 0,\ TF_4 + LAG_{1,4} = 4+0 = 4,\ TF_2 + LAG_{1,2} = 2+0 = 2) = 0$$

2) 计算工作自由时差。终点节点（工作）的自由时差 $FF_{10} = T_p - EF_{10} = 24 - 24 = 0$。

其他节点（工作）的自由时差 $FF_i = \min(LAG_{i,j})$（其中，j 是 i 的紧后工作），即

$$TF_9 = LAG_{9,10} = 4$$
$$FF_8 = LAG_{8,10} = 8$$
$$FF_7 = \min(LAG_{7,10} = 0,\ LAG_{7,9} = 4) = 0$$
$$FF_6 = \min(LAG_{6,10} = 2,\ LAG_{6,9} = 0) = 0$$
$$FF_5 = \min(LAG_{5,8} = 0,\ LAG_{5,7} = 0) = 0$$
$$FF_4 = \min(LAG_{4,7} = 4,\ LAG_{4,6} = 6) = 4$$
$$FF_3 = LAG_{3,6} = 0$$
$$FF_2 = \min(LAG_{2,5} = 2,\ LAG_{2,4} = 4,\ LAG_{2,3} = 0) = 0$$
$$FF_1 = \min(LAG_{1,5} = 0,\ LAG_{1,4} = 0,\ LAG_{1,2} = 0) = 0$$

该网络计划工作时差图上算法如图 3-71 所示。

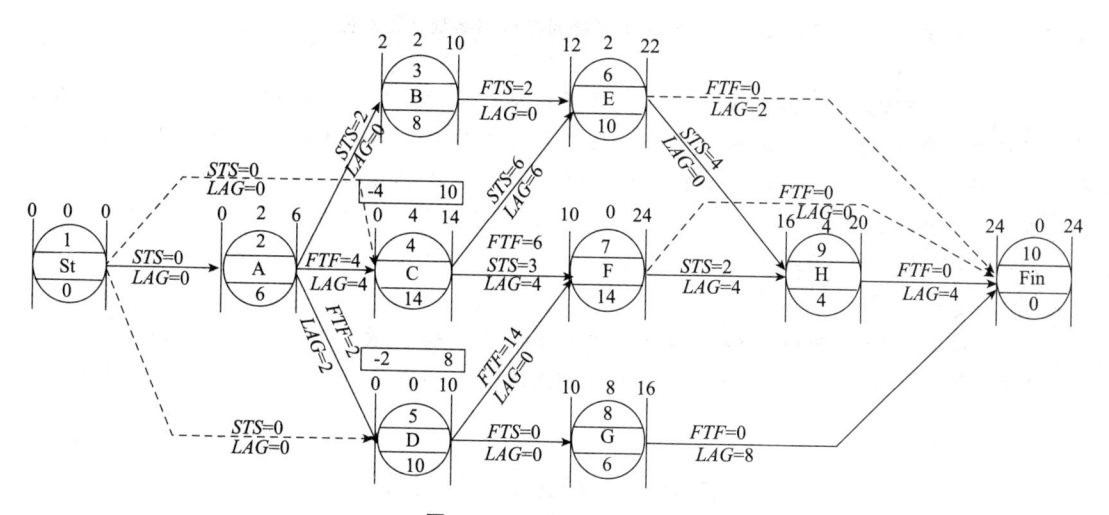

图 3-71 工作时差的计算

（4）计算工作最迟完成时间和最迟开始时间。终点节点（工作）的最迟完成时间 $LF_{10} = T_p = T_c = 24$，最迟开始时间 $LS_{10} = LF_{10} - t_{10} = 24 - 0 = 24$。

其他节点（工作）的最迟完成时间 LF_i 和最迟开始时间 LS_i 的计算过程如下：

$$LF_9 = EF_9 + TF_9 = 20 + 4 = 24,\ LS_9 = LF_9 - t_9 = 24 - 4 = 20;$$
$$LF_8 = EF_8 + TF_8 = 16 + 8 = 24,\ LS_8 = LF_8 - t_8 = 24 - 6 = 18;$$
$$LF_7 = EF_7 + TF_7 = 24 + 0 = 24,\ LS_7 = LF_7 - t_7 = 24 - 14 = 10;$$
$$LF_6 = EF_6 + TF_6 = 22 + 2 = 24,\ LS_6 = LF_6 - t_6 = 24 - 10 = 14;$$
$$LF_5 = EF_5 + TF_5 = 10 + 0 = 10,\ LS_5 = LF_5 - t_5 = 10 - 10 = 0;$$
$$LF_4 = EF_4 + TF_4 = 14 + 4 = 18,\ LS_4 = LF_4 - t_4 = 18 - 14 = 4;$$
$$LF_3 = EF_3 + TF_3 = 10 + 2 = 12,\ LS_3 = LF_3 - t_3 = 12 - 8 = 4;$$
$$LF_2 = EF_2 + TF_2 = 6 + 2 = 8,\ LS_2 = LF_2 - t_2 = 8 - 6 = 2;$$
$$LF_1 = EF_1 + TF_1 = 0 + 0 = 0,\ LS_1 = LF_1 - t_1 = 0 - 0 = 0;$$

工作的最迟完成时间 LF_i 也可以按公式 $LF_i = \min(LS_j - FTS_{i,j};\ LS_j - STS_{i,j} + t_i;\ LF_j -$

$FTF_{i,j}$;$LF_j-STF_{i,j}+t_i$)计算,工作的最迟开始时间LS_i也可以按公式$LS_i=ES_i+TF_i$计算。

该网络计划工作最迟时间参数图上算法如图 3-72 所示,该图也是本例题时间参数计算总图。

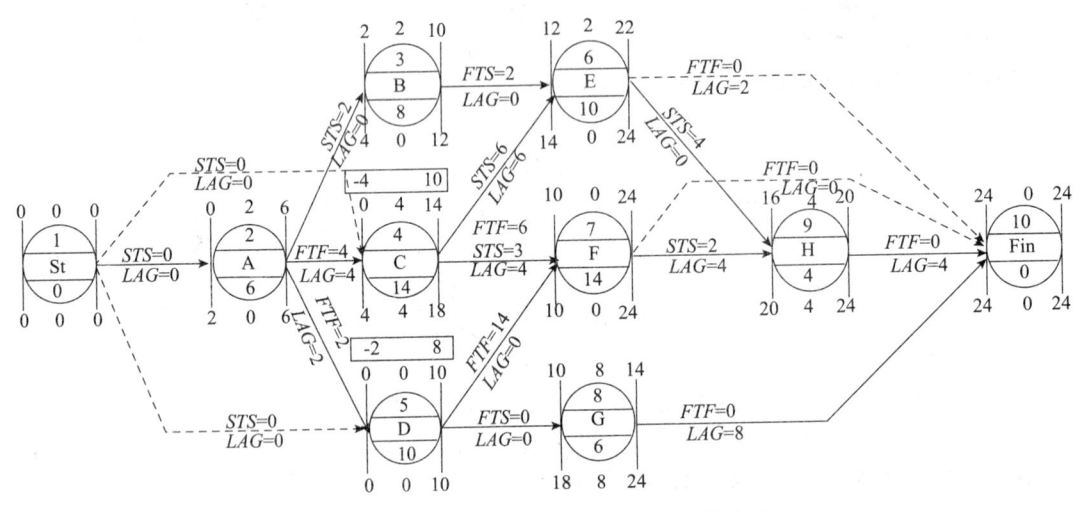

图 3-72 单代号搭接网络时间参数计算总图

(5)关键工作及关键线路的确定。在单代号搭接网络计划中,总时差最小的工作是关键工作。当计划工期T_p等于计算工期T_c时,关键工作的总时差为零。从图 3-72 中可以看出,该网络计划的关键工作是起始工作(1 工作)、D 工作(5 工作)、F 工作(7 工作)和终点工作(10 工作)。

在单代号搭接网络计划中,从起始节点开始到终点节点均为关键工作,且所有工作的时间间隔均为零($LAG_{i,j}=0$)的线路应为关键线路。该网络计划的关键线路为起始节点—D—F—终点节点或①—⑤—⑦—⑩。

另外,关键线路也是整个网络计划中各线路工作持续时间之和最长的线路,即起始节点—D—F—终点节点或①—⑤—⑦—⑩线路(0+10+14+0=24)是该网络计划各工作持续时间之和最长的线路。

任务四 网络计划的优化

网络计划的优化是指通过不断改善网络计划的初始方案,满足给定网络计划的约束条件下,利用最优化原理,按照某一衡量指标(如时间、成本、资源等)来寻求一个最优的计划方案。根据网络计划的条件和目标不同,通常可分为工期优化、费用优化和资源优化。

一、工期优化

当双代号网络计划的计算超过合同工期时,需要对初始网络计划进行调整,压缩关键线路上关键工作的持续时间,使关键线路的工期缩短,从而使计划工期满足合同规定的工期要求。由于关键线路的持续时间为总工期,因此要缩短工期就需要缩短关键线路上关键工作的持续时间,但需要注意的是,在压缩关键线路的工期时,会使某些时差较小的非关键线路也变为关键线路,原来关键线路仍然是关键线路,这时需要再次压缩所有的关键线路,直到达到规定工期为止。下面以图 3-73 所示的双代号时标网络计划图为例,说明工期优化的方法和步骤。

微课:双代号网络图工期的优化

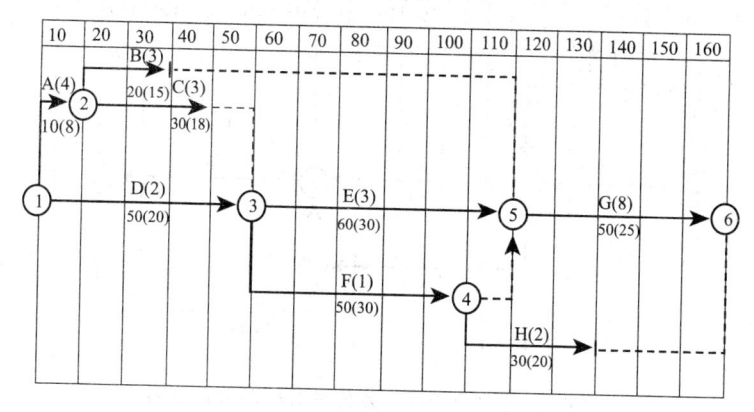

图 3-73 双代号时标网络计划图

假定合同工期为 120 d，图中箭线上方为工作代号及工作的优选系数，优选系数越小，代表缩短该工作的持续时间所增加的工程成本最小；箭线下方括号外面的数字为工作正常持续时间，括号内的数字为工作的最短持续时间。其优化步骤如下：

第一步，计算并找出网络计划的关键线路及关键工作。从时标网络计划图中找出没有自由时差的线路为关键线路为①→③→⑤→⑥，关键工作为 1—3、3—5、5—6。

第二步，计算需缩短时间。根据时标网络计划图可知，计划工期为 160 d，合同工期为 110 d，计算得需要缩短时间 50 d。

第三步，确定选择关键工作压缩时间。选择优选系数最小的关键工作 D 进行压缩，D 工作最多可压缩 30 d，但由于 D 工作压缩 10 d 后时标网络计划图如图 3-73 所示，这时在原来的关键线路①→③→⑤→⑥基础上又增加了一条新的关键线路①→②→③→⑤→⑥，所以选择 D 工作压缩 10 d，这时总工期为 150 d。

第四步，若计算工期仍超过要求工期，则重复以上步骤，直到满足工期要求或已不能再压缩关键线路为止。如图 3-74 所示，工期还需要压缩 40 d。根据压缩原则，选择优选系数最小的工作或工作组合压缩，根据原来的关键线路不变，可能增加新的关键线路，第二次选择工作 E，压缩 10 d，压缩以后的双代号时标网络计划图如图 3-75 所示，这时 F 工作也变成了关键工作，线路①→②→③→④→⑤→⑥和线路①→③→④→⑤→⑥也变成了关键线路，这时总工期为 140 d，不符合要求，继续压缩。根据优选系数最小原则，第三次选择工作 E 和工作 F 同时压缩，同时压缩 20 d，工作 E 和工作 F 的持续时间变为最短持续时间 30 d，如图 3-76 所示，此时关键线路不变，同时总工期达到合同工期要求，优化结束。

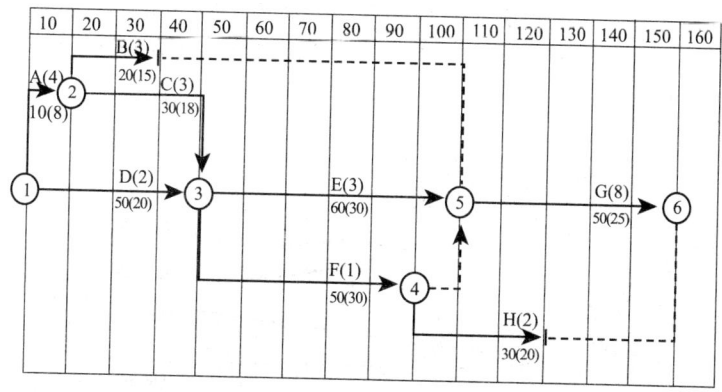

图 3-74 第一次压缩后双代号时标网络计划图

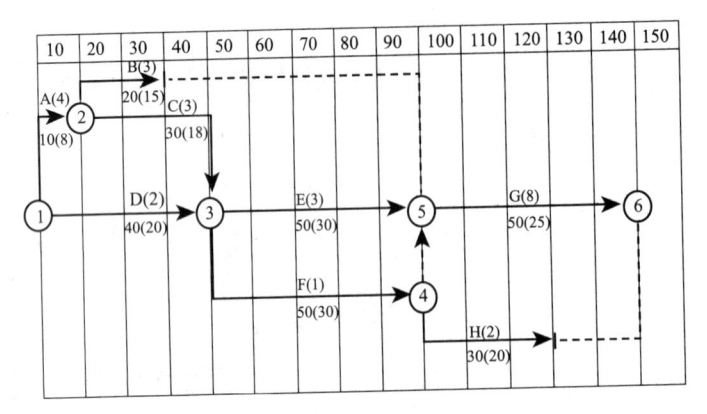

图 3-75　第二次压缩后双代号时标网络计划图

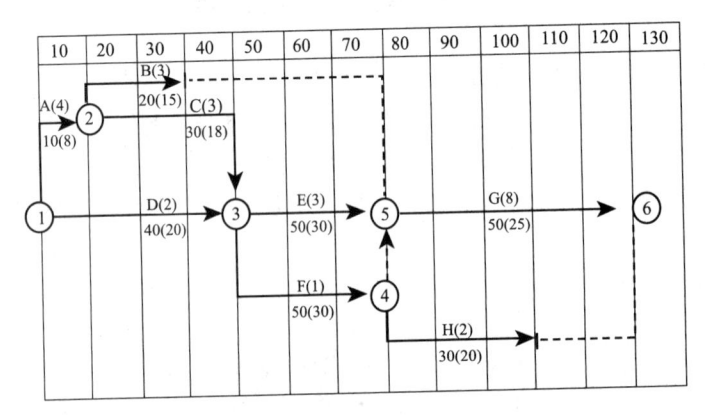

图 3-76　第三次压缩后双代号时标网络计划图

二、费用优化

费用优化又称为工期成本优化，是指寻求工程总成本最低的工期安排，或按要求工期寻求最低成本的计划安排的过程。

在公路工程施工过程中消耗的成本为工程项目的直接费和间接费之和。直接费是指施工中直接参加生产的人工费、材料费、机械费、特殊施工条件下施工应增加的费用等，它随着工期的缩短而增加；间接费由规费和企业管理费等组成，它不直接发生在工程项目上，它与工期之间呈现线性变化，如图3-77所示。将直接费和间接费叠加就得到了总成本曲线，如图3-77所示。总成本曲线存在一个最低点，这个最低点对应的横坐标为最佳工期，对应的纵坐标则为最低成本。所以，费用优化就是找到这个最低点。

微课：双代号网络图费用的优化

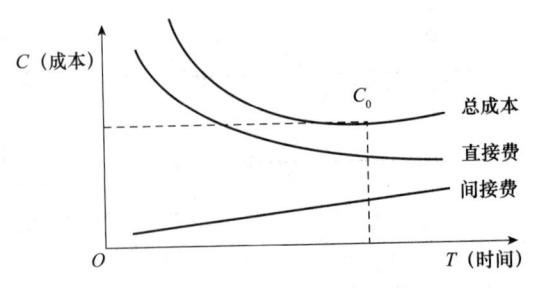

图 3-77　工期与成本变化曲线

下面以图 3-78 所示的双代号时标网络计划图为例，说明工期优化的方法和步骤。该工程项目计划的间接费用率为 0.35 万元/d，正常工期施工的间接费为 14.1 万元。图中箭线下方括号外面的数字为该工作正常持续时间，括号里面的数字为该工作的最短持续时间；箭线上方括号外面的数字为该工作正常持续时间对应的直接费，括号里面的数字为该工作最短持续时间对应的直接费。对该工程计划进行费用优化，求出费用最少的相应工期。

费用优化的基本步骤如下：

第一步，按工作的正常持续时间确定计划工期、压缩前总成本、关键线路及各项工作的直接费用率，直接费用率 ΔC_{i-j} =（最短时间直接费－正常时间直接费）/（正常持续时间－最短持续时间）。该网络计划的工期为 37 d，总成本 C^T =直接费用＋间接费用＝(7.0＋9.2＋5.5＋11.8＋6.5＋8.4)＋14.1＝62.5(万元)，关键线路为①→②→④→⑤→⑥，直接费用率见表 3-17。

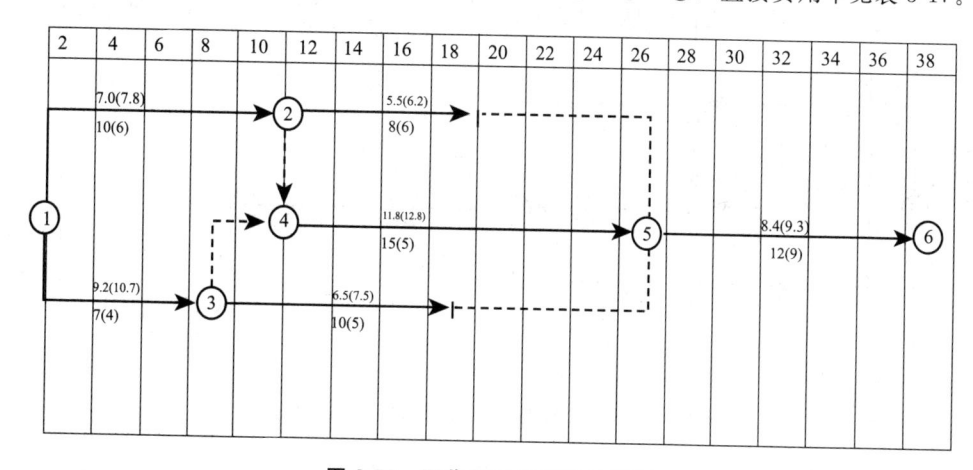

图 3-78 双代号时标网络计划图

表 3-17 各工作的直接费用率 ΔC_{i-j}

工作代号	正常持续时间/天	最短持续时间/天	正常时间直接费/万元	最短时间直接费/万元	直接费用率/(万元·d^{-1})
①—②	10	6	7.0	7.8	0.2
①—③	7	4	9.2	10.7	0.5
②—⑤	8	4	5.5	6.2	0.35
④—⑤	15	5	11.8	12.8	0.1
③—⑤	7	5	6.5	7.5	0.2
⑤—⑥	2	9	8.4	9.3	0.3

第二步，根据工期优化方法，压缩工期，计算压缩后总工期及对应的成本。根据工期优化方法，第一次压缩选择④→⑤工作进行压缩，压缩 7 d，压缩后的时标网络计划图如图 3-79 所示。工期变为 30 d，②→⑤工作成为关键工作，增加了一条新的关键线路①→②→⑤→⑥，这时的总成本 $C'^T=C^T$＋增加的直接费用－减小的间接费用＝C^T＋直接费费用率×压缩天数－间接费费用率×压缩天数＝62.5＋0.1×7－0.35×7＝60.75(万元)。总成本降低，继续压缩。

第三步，重复第二步，进行第二次压缩。第二次压缩选择①→②工作压缩 1 d，压缩后的时标网络计划图如图 3-80 所示，压缩后总工期为 29 d，①→③、③→⑤工作也变成了关键工作，关键线路有两条，即①→②→⑤→⑥和①→③→⑤→⑥，这时的总成本 $C''^T=C'^T$＋直接费费用率×压缩天数－间接费费用率×压缩天数＝60.75＋0.2×1－0.35×1＝60.60(万元)，总成本降低,继续压缩。

第四步,重复第二步,进行第三次压缩。第三次压缩选择⑤→⑥工作可压缩 3 d,压缩后的时标网络计划图如图 3-81 所示,压缩后的总工期为 26 d,关键线路不变,仍为①→②→⑤→⑥和①→③→⑤→⑥,这时的总成本 $C'''_T = C'_T +$ 直接费费用率×压缩天数－间接费费用率×压缩天数 $= 60.60 + 0.3 \times 3 - 0.35 \times 3 = 60.45$(万元),总成本降低,继续压缩。

第五步,重复第二步,进行第四次压缩。第四次压缩选择直接费费用率最小的组合①→②和③→⑤同时压缩,其增加的费率值为 0.4 万元/d,大于间接费费用率 0.35 万元/d,再压缩会使总费用增加。因此不用再进行压缩,第三次压缩完成后已经得到总成本最低时的工期为 26 d,总成本为 60.45 万元。

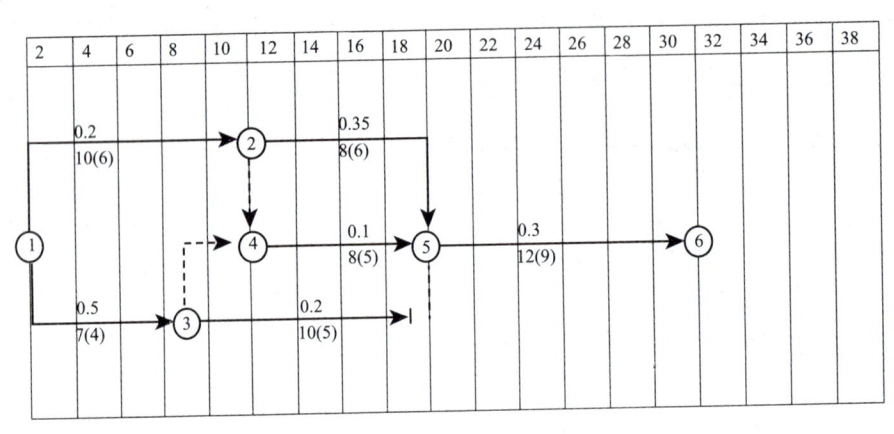

图 3-79 第一次压缩后双代号时标网络计划图

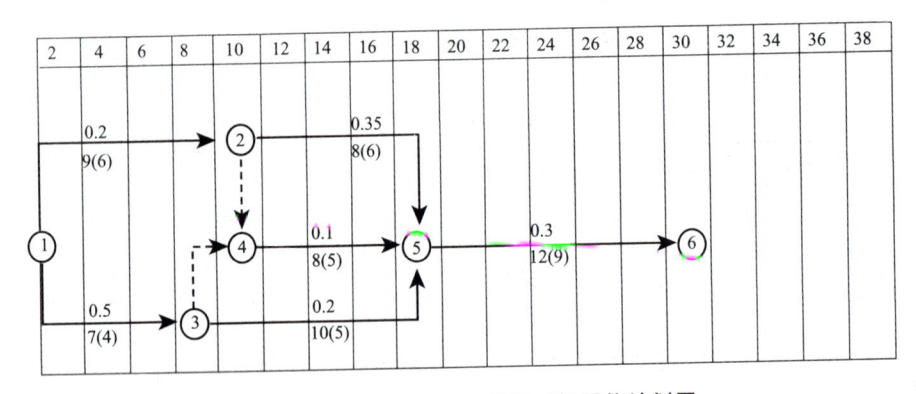

图 3-80 第二次压缩后双代号时标网络计划图

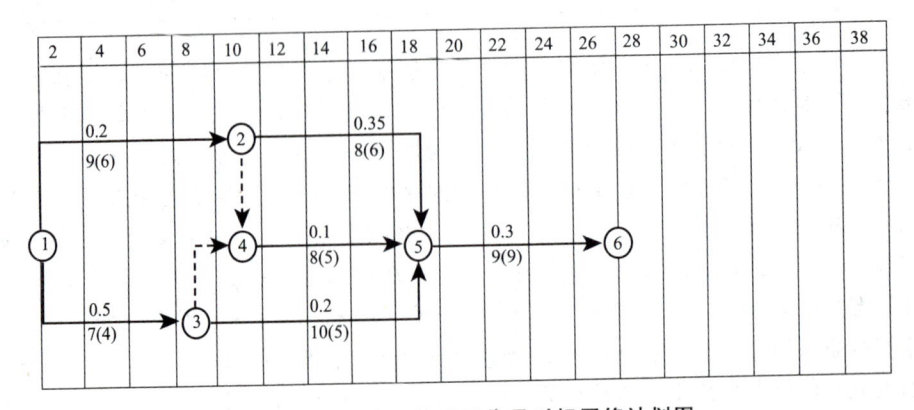

图 3-81 第三次压缩后双代号时标网络计划图

三、资源优化

施工过程中在一段时间内能够提供的资源是有限的,资源优化使在满足资源限制条件下,通过调整计划安排,使具有自由时差的非关键工作推迟开始时间从而使平行工作错开施工,资源共用,即使工期延长,但使工期延长最少的优化。

下面以图3-82所示的双代号时标网络计划图为例,说明资源有限,工期要求最短时的优化方法和步骤。

微课:双代号网络图资源的优化

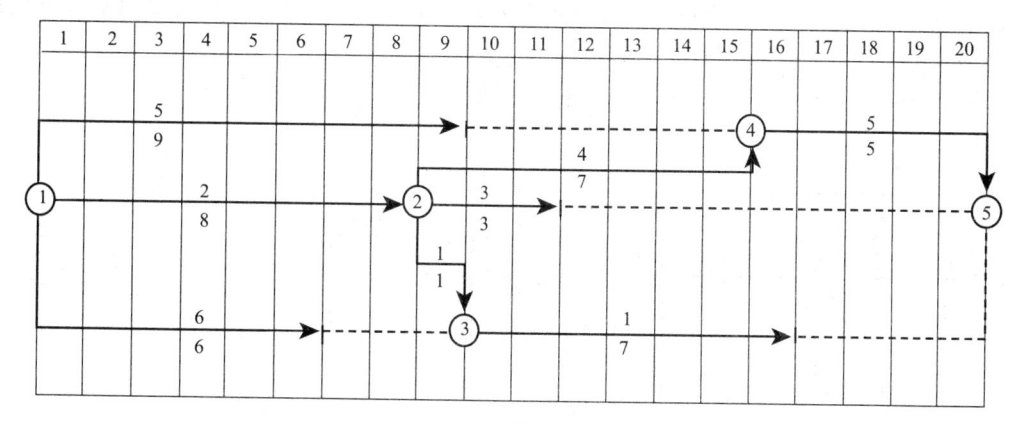

图 3-82 双代号时标网络计划图

图中箭线下方的数字代表该工作的持续时间,箭线上方的数字代表该持续时间下所需要的工人数量,假定每天只有10名工人可供使用,请进行人力资源优化。

资源优化的基本步骤如下:

第一步,计算单位时间的资源需求量。从左到右依次计算图3-82所示时标网络计划图每天的劳动力需求量,即把每天同时进行的所有工作的劳动力需求量进行叠加,结果标注在图中,如图3-83所示。从图中就可以清楚地看到超过劳动力供应量的时间段。

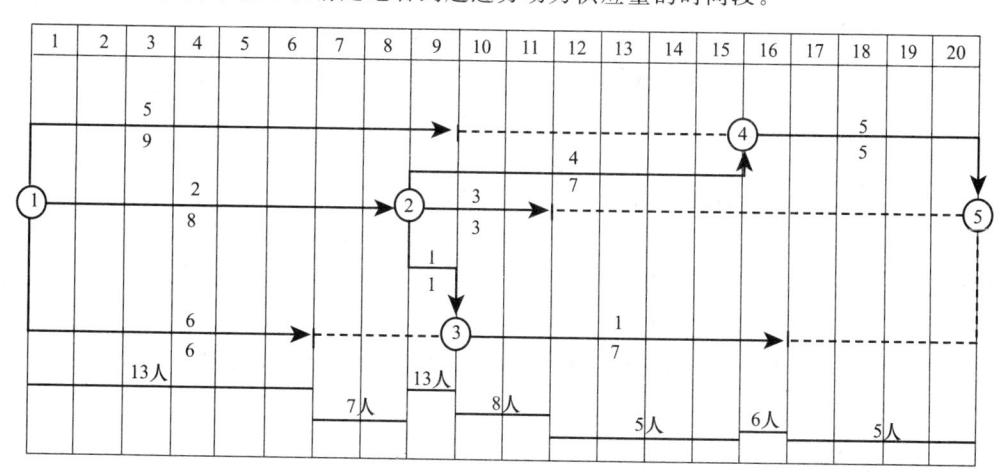

图 3-83 劳动力需求量图

第二步,从左到右依次调整劳动力需求量超过供应量的时间段的工作。其调整的方法是将同时开始的工作中的某些工作的开始时间向后错开,原则是不影响总工期或总工期的延长最小,而且资源要得到最大利用。

如图 3-83 所示，1~6 d 的劳动力需求量超限，进行第一次优化。在这个时间段同时进行的工作有三项①→④、①→②、①→③，由于①→④和①→③工作有自由时差，可以利用自由时差调整其开始时间，不会影响工期，同时考虑资源利用的最大化，因此把①→④工作的开始时间推迟到①→③工作之后开始，重新绘制时标网络计划图，并计算每天劳动力需求量，如图 3-84 所示。

这时 9~11 d 的劳动力需求量超限，进行第二次优化。在这个时间段进行的工作有①→④、②→④、②→③、②→⑤、③→⑤，只有②→⑤和③→⑤工作有可利用的自由时差，将③→⑤工作的开始时间推后并仍超出劳动力的供应量，因此，选择将②→⑤工作推迟到②→④工作以后开始，重新绘制时标网络计划图，并计算每天劳动力需求量，如图 3-85 所示，现在所有时间都能够满足劳动力的供应量，资源优化结束。

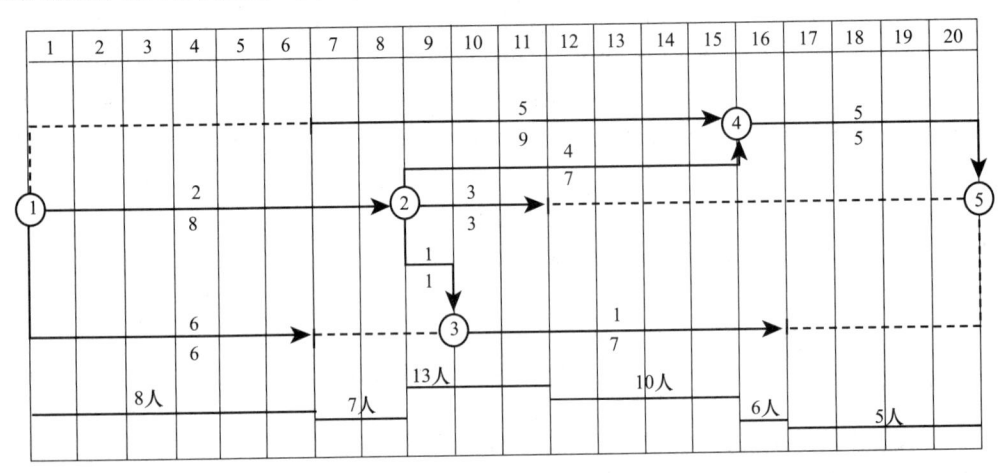

图 3-84　第一次优化后的时标网络计划图和劳动力需求量图

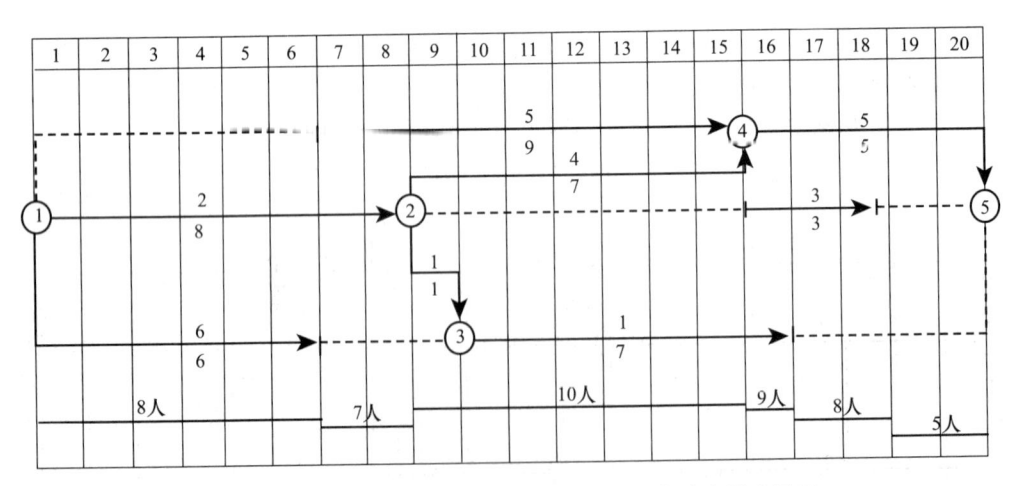

图 3-85　第二次优化后的时标网络计划图和劳动力需求量图

项目小结

本项目主要讲解了公路施工进度计划的编制及施工进度图的绘制。主要包括：
(1)进度计划的内容、编制原则、依据与作用；

(2)流水作业施工进度计划的编制;
(3)施工进度网络计划的编制;
(4)网络计划的优化。

能力训练

一、思考题

1. 流水作业法的参数有哪几种类别?各类包含哪几个参数?
2. 有节拍流水有哪几种类型?各自有什么特点?
3. "累加数列,错位相减,取大差法"用于解决什么问题?如何解决?
4. 双代号网络计划图由哪些要素构成?各构成要素的含义是什么?
5. 什么是线路、关键线路和关键工作?
6. 工作总时差的概念、性质及其主要特点是什么?
7. 时标网络计划有哪些优势?

二、计算题

1. 根据作业时间表(表3-18),按成倍节拍流水绘制组织施工横向工段式横道图,并确定总工期。

表3-18 作业时间表

施工段 工序	涵洞1	涵洞2	涵洞3	涵洞4	涵洞5
施工放样	1	1	1	1	1
挖基坑	2	2	2	2	2
砌基础	2	2	2	2	2

2. 根据作业时间表(表3-19),请用约翰逊—贝尔曼法则求最优施工次序,绘制组织施工横向工段式横道图,并确定最短总工期。

表3-19 作业时间表

施工段 工序	构件1	构件2	构件3
钢筋	6	6	6
模板	2	2	2
混凝土	4	4	4

3. 某路线工程有4座(A、B、C、D)盖板通道采用流水作业,持续时间见表3-20。绘制流水施工网络图,采用图上算法计算节点时间参数,并确定总工期及关键线路。

表3-20 持续时间   d

施工段 工序	工作持续时间			
	A	B	C	D
挖基(a)	3	2	3	3
砌片石(b)	3	3	3	3

续表

施工段 工序	A	B	C	D
现浇墙体(c)	2	3	2	2
盖板安装(d)	2	1	2	2

4. 根据工作关系表(表 3-21)绘制双代号网络计划图,用图上算法计算节点时间参数,并确定总工期及关键线路。

表 3-21　工作关系表

工作	A	B	C	D	E	F	G	H
紧后工作	D、C	E、F	E、F	G	G、H	H	—	—
持续时间/d	4	3	3	8	4	4	7	5

5. 根据工作关系表(表 3-22)绘制双代号网络计划图,用图上算法计算网络计划时间参数,并确定总工期及关键线路。

表 3-22　工作关系表

工作	A	B	C	D	E	F	G	H
紧后工作	C、D	E、F	E、F	G、H	H	G、H	—	—
持续时间/d	3	7	5	4	7	8	7	5

6. 根据工作关系表(表 3-23)绘制双代号网络计划图,在图上标注各项工作的 6 个时间参数并确定关键线路及总工期。

表 3-23　工作关系表

工作	A	B	C	D	E	F	G	H	I	J
紧前工作	—	A	A	A	B、C	D	C、F	D	E	G、H、I
持续时间/d	4	3	3	8	4	4	7	5	2	2

三、绘图题

1. 已知工作逻辑关系(表 3-24),要求绘制单代号网络计划图。若计划工期等于计算工期,计算各项工作的 6 个时间参数,并确定关键线路,标注在网络计划图上。

表 3-24　工作关系表

工作	A	B	C	D	E	F	G	H
紧后工作	B	C、D、E	F、G	F	G	H	H	—
持续时间/d	1	1	2	5	1	3	2	1

2. 某合同段立交桥工程施工工期直接影响主线路基和 4 条匝道路基填筑,据此确定工程项目的工作组成和工作之间的逻辑关系及工作持续时间(表 3-25),绘制施工进度双代号网络计划图及时标网络图。

表 3-25 工作组成和工作之间的逻辑关系工作持续时间

工作	工作内容	紧前工作	持续时间/周
A	临建工程	—	3
B	施工组织设计	A	2
C	平整场地	A	2
D	材料进场	B	2
E	主桥施工放样	B	2
F	材质及配合比试验	C	2
G	基础工程施工	D	4
H	桥墩施工	G	3
I	修筑预制场	E	2
J	主梁预制	I	4
K	施工盖梁	H	3
L	预制场吊装设备安装	F	2
M	吊装准备工作	L	2
N	主梁安装	J、K、M	2
P	桥面系统施工	N	2

项目四　资源需求量计划的编制

知识目标

1. 了解资源需求量计划的编制依据、原则和要求；
2. 掌握劳动力、材料、机械三大资源需求量计划编制的方法和步骤；
3. 掌握资源需求量计划表的绘制。

能力目标

能够编制劳动力、材料、机械三大资源的需求量计划，并绘制相应的资源需求量计划表。

素养目标

通过本项目的学习，培养"兵马未动，粮草先行"的资源充分计划准备意识，同时培养科学的统筹计划能力。

任务描述

广西某公路是国道主干线重庆至湛江公路的重要组成部分，其中路面 No2 标段起点桩号 K126+000，终点桩号 K154+131，全长为 28.1 km，合同工期为 335 d，路面工程施工进度计划如图 4-1 所示。

底基层：级配碎石厚 16 cm，采用机械铺料，拖拉机带铧梨拌和，压路机碾压，2022 年 12 月 1 日至 2023 年 6 月 30 日施工，计划工期 210 d。

基层：水泥稳定碎石厚 18 cm，厂拌法施工，摊铺机分两幅摊铺，压路机压实。2023 年 3 月 10 日至 2023 年 9 月 26 日施工，计划工期 196 d。

面层：混凝土面层厚 26 cm，搅拌楼拌和，滑模式混凝土摊铺机摊铺。2023 年 5 月 1 日至 2023 年 11 月 2 日施工，计划工期 182 d。

编制该工程项目的劳动力、材料、机械需求量计划。

序号	施工项目	工程量/m²	2022年		2023年										
			11	12	1	2	3	4	5	6	7	8	9	10	11	12
1	底基层	434 000		20人											
2	基层	427 000					30人								
3	面层	392 000							60人						

图 4-1　路面工程施工进度计划

任务实施

任务一　资源需求量计划的编制依据、原则和要求

一、资源需求量计划的编制依据和原则

（一）资源需求量计划的编制依据

(1) 设计图纸及其工程量。
(2) 施工方案及施工进度计划。
(3) 发包人在合同条款中提出的特殊要求。
(4) 资源储备及运输条件等。
(5) 可供利用的资源状况。
(6) 资源消耗量标准主要是指预算定额或企业定额中的材料、构件或半成品的消耗标准，机械台班消耗量标准，劳动力消耗标准和周转性材料消耗量标准等。其中：

1) 编制竞标性施工组织设计（也称为指导性施工组织设计）时，按以下标准编制：

①公路工程主要按交通运输部公布的《公路工程建设项目概算预算编制办法》（JTG 3830—2018）及《公路工程预算定额（上、下册）》（JTG/T 3832—2018）编制。

②铁路工程按《铁路工程概预算编制办法与概预算新定额全集》的规定编制。

③房屋建设和市政工程一般采用工程所在地行业规定的消耗定额标准。

2) 实施性施工组织设计和竞标性施工组织设计所采用的定额消耗量标准不同，一般采用企业定额，并结合部颁定额的消耗标准，即结合施工企业的施工技术和管理水平进行编制，通常企业定额（消耗量标准）水平应高于颁布预算定额的水平；否则，实际消耗量增加，成本提高，项目就会发生亏损。

（二）资源需求量计划的编制原则

资源需求量计划的优劣，对施工成本和进度均有直接影响，编制时必须遵循以下原则：

(1) 遵循国家法律、法规等法令条文的有关规定。
(2) 遵守国家各项物资管理政策和要求。
(3) 因地制宜，按照市场供求规律编制资源供应计划。
(4) 根据甲方合同要约编制资源供应计划。
(5) 尽量组织工程所在地的资源，以降低采购成本。
(6) 资源供应计划与施工进度计划相适宜，并有一定预见性储备或留有余地。
(7) 结合施工企业的流动资金状况编制切实可行的资源供应计划。
(8) 以满足施工质量、安全和进度等需要为前提。

二、资源需求量计划的编制要求

编制资源需求量计划，首先要在满足合同工期要求和施工进度计划需要的前提下，充分考虑设备和资金的利用率，以提高经济效益为中心，降低施工成本为目的。

编制资源需求量计划应在广泛进行工程所在地的施工资源调查的基础上，结合施工企业内外可供利用的人力、机械、材料和资金等资源，由项目部的工程技术部门配合物资供应部门进行编制。具体要求如下：

1. 保质保量

所谓保质保量，是指材料、构件和半成品的选择达到设计要求和业主提出的质量要求即可，过分地追求高标准和高要求意味着成本提高，效益低下；机械设备的选择应符合施工技术规范和安全操作规程的要求，并能在施工过程中保持良好的运行工况；人力资源的配置应做到各工种配合得当，特别是机械化施工时应达到人机最佳组合，充分挖掘人机潜力，从而提高生产效益。

保量是指货量、库存量和供应量应与施工进度计划相协调，资源供应要持续均衡，既不占用太多的流动资金，还能按进度计划的施工节奏进行施工，满足施工需要，并应考虑略有余量。否则，资源供应不足，虽然占用流动资金较少，但是停工待料会延缓施工进度，而供大于求时，又降低了流动资金的利用率，影响工程效益。

2. 适时

适时是指材料应按进度计划的需求，以最短的存储时间，分期分批，持续均衡的供应到现场，既不积压资金，也不造成窝工，从而影响工程进度。

3. 因地制宜

资源供应应以保持良好的施工连续性为前提，合理调度和配置施工资源，减少人工和机械的调运次数，保证材料供应直达施工现场，避免二次搬运，以免造成不必要的浪费和损失。

4. 合理低价

合理低价是指工料机应按合理低价原则进行选择，尽量不超过工程的预算价格，保证工程项目的经济效益。如地产材料等的价格随季节性变化较大，在流动资金允许或具备淡季储备材料条件时可在分部分项工程开工前一段时间内提前储备材料，以较低价格购进材料，寻求最大的经济效益。

5. 充分挖掘社会资源

工程项目施工离不开工程所在地的社会资源，特别是地产材料的运输条件、储量和价格，材料供应及时与否对工程项目的成本影响较大，因此，编制资源供应计划要充分利用工程所在地的社会资源，降低成本，保障供给。

资源需求量计划包括劳动力需求量计划、施工机具与设备需求量计划及材料需求量计划三个主要方面。制订合理的资源需求量计划是工程质量与技术经济性的重要保障。

任务二 劳动力需求量计划的编制

劳动力需求量计划主要是作为安排劳动力的平衡、调配和衡量劳动力耗用指标，安排生活福利设施的依据。它是根据已确定的施工进度计划，计算单位时间内每天(或旬、月、季度)所列各施工项目所需要的工人人数，并按工种进行累加汇总，编制劳动力需求量计划表，见表4-1。下面以例4-1为例讲解如何计算施工项目所需要的工人人数。

微课：劳动力需求量计划的编制

表4-1 劳动力需求量计划表

序号	工种名称	总人	需要人数及时间										备注
			年					年					
			一季度	二季度	三季度	四季度	合计	一季度	二季度	三季度	四季度	合计	
1	2	3	4	5	6	7	8	9	10	11	12	13	14

【例 4-1】 某水泥混凝土路面工程施工任务，路面厚度为 20 cm，工程量为 50 000 m²，分散拌和，手推车运输，人工铺筑。查施工进度计划，该项施工任务要求在 120 d 内完成，采用一班制作业，试计算日劳动力需求量。

解：(1)查《公路工程预算定额(上、下册)》(JTG/T 3832—2018)，确定工料机消耗量。查得水泥混凝土路面工程的预算定额编号为[2—2—17—1]可知，完成 1 000 m²(定额单位)水泥混凝土路面需要：

人工	174.2 工日
250 L 以内强制式混凝土搅拌机	5.28 台班
混凝土电动真空吸水机组	2.47 台班
混凝土电动切缝机	2.486 台班
4 000 L 以内洒水汽车	1.12 台班

(2)计算劳动量。
$$D_{人工}=50\ 000\div1\ 000\times174.2=8\ 710(工日)$$

(3)计算日劳动力需求量。当要求该项施工任务 120 d 完成，每日需要：
$$R_{人工}=D_{人工}/(T_{人工}\times n_{班制数})=8\ 710\div(120\times1)=72.58(人)$$

约为 73 人。

如果以配合主导机械来确定工人数量，计算步骤如下：

(1)250 L 以内混凝土搅拌机是控制施工进度的主导机械。按正常的施工条件组织施工，保证机械失效，充分发挥机械潜力，平均每个台班合理配置的人工数量为 174.2÷5.28=32.99(人)，约为 33 人。

(2)计算机械作业量。
$$D_{搅拌机}=50\ 000\div1\ 000\times5.28=264(台班)$$

(3)计算日搅拌机需求量。
$$R_{搅拌机}=D_{搅拌机}/(T_{搅拌机}\times n_{班制数})=264\div(120\times1)=2.2(台)$$

适当延时加班确定需要 2 台。

(4)计算日劳动力需求量。
$$R_{人工}=2\times33=66(人)$$

根据以上计算结果，在正常的施工条件下，每日合理配置人数在 66～731 人，施工时可按施工组织需要调整。

任务三　施工机具与设备需求量计划的编制

施工机具与设备需求量计划是指工程项目在施工生产过程中，对机具、设备资源的统筹规划，它以施工进度计划为依据，制订施工机具、设备的需求量计划，编制主要施工机械、设备需求量计划表，见表 4-2。主要机具、设备的供应计划反映了完成合同段的全部施工任务所需要的机种及各机种的需求量、规格型号、作业开始及结束时间和各机种作业的延续时间。它是机械化施工组织的基础，也是优化设备资源，协调、调度和安排机械作业的依据。下面以例 4-2 讲解如何计算主要施工机具与设备的需求量。

微课：施工机具与设备需求量计划的编制

表 4-2 主要施工机具、设备计划表

序号	机具名称及规格	数量		使用期限		年度、季度需求量																		备注
						年								年											
		台班	台数	开始时间	完成时间	一季度		二季度		三季度		四季度		一季度		二季度		三季度		四季度					
						台班	台数	台班	台数	台班	台数	台班	台数	台班	台数	台班	台数	台班	台数	台班	台数				

【例 4-2】 已知条件同例 4-1,试计算施工机具与设备需求量。

解:(1)根据施工任务确定机械种类及需求量。查《公路工程预算定额(上、下册)》(JTG/T 3832—2018),确定机械种类及台班消耗量。查得水泥混凝土路面工程的预算定额编号为[2—2—17—1]可知,完成 1 000 m² (定额单位)水泥混凝土路面需要的主要机械设备:

250 L 以内强制式混凝土搅拌机　　　5.28 台班
混凝土电动真空吸水机组　　　　　　2.47 台班
混凝土电动切缝机　　　　　　　　　2.486 台班
4 000 L 以内洒水汽车　　　　　　　 1.12 台班

(2)计算机械作业量。按各施工任务的实际工程量和相应机械台班消耗定额列出完成该任务需要的机种,并分别计算各种机械的作业量如下:

$$D_{搅拌机} = 50\ 000 \div 1\ 000 \times 5.28 = 264 (台班)$$
$$D_{吸水机} = 50\ 000 \div 1\ 000 \times 2.47 = 123.5 (台班)$$
$$D_{切缝机} = 50\ 000 \div 1\ 000 \times 2.486 = 124.3 (台班)$$
$$D_{洒水车} = 50\ 000 \div 1\ 000 \times 1.12 = 56 (台班)$$

(3)计算施工机具与设备需求量。根据各种机械的作业量、作业周期并考虑班制、施工作业面等条件,确定完成每项施工任务时各种施工机具的需求量。当要求该施工任务 120 d 完成时($T_i = 120$),假定采用一班制作业($n=1$),各种施工机具每日需求量为

$$R_{搅拌机} = D_{搅拌机} / (T_{搅拌机} \times n_{班制数}) = 264 \div (120 \times 1) = 2.2(台),适当延时加班约为 2 台$$
$$R_{吸水机} = D_{吸水机} / (T_{吸水机} \times n_{班制数}) = 123.5 \div (120 \times 1) = 1.03(台),约为 1 台$$
$$R_{切缝机} = D_{切缝机} / (T_{切缝机} \times n_{班制数}) = 124.3 \div (120 \times 1) = 1.04(台),约为 1 台$$
$$R_{洒水车} = D_{洒水车} / (T_{洒水车} \times n_{班制数}) = 56 \div (120 \times 1) = 0.46(台),约为 1 台$$

施工主导机械的每日需求量确定后,其他辅助机械可根据施工组织情况或采取必要的施工组织措施调整每日需求量,但无论如何调整,都要保证主导机械效率的最大化。

任务四　材料需求量计划的编制

工程项目施工采用的材料名目繁多,数不胜数。但无论一个建设项目使用了多少材料,一般都根据用量大小和价格高低分为主要材料和辅助材料,简称主材和辅材。主要材料是指用量大、价格高的工业原料,如钢材、木材、水泥

微课:材料需求量计划的编制

和沥青等；辅助材料是指制作半成品、成品所必须使用的零星的、低值易耗的辅助材料，如薄钢板、钢丝、焊条和草袋等，用量较小。在施工过程中，人们通常编制的材料需求量计划，主要是针对主材需求量进行的统筹规划，旨在节约材料、降低成本，既能盘活流动资金，又能保障供给，满足施工需要。

主要材料的需求量计划是备料、供料和确定仓库、堆场面积及组织运输的依据。其编制方法是将施工进度计划表中各施工过程的工程量，按材料种类、规格、数量、使用时间、材料的来源及运输方法计算汇总，见表4-3。下面以例4-3讲解如何计算主要材料的需求量。

表4-3 主要材料计划表

序号	材料名称及规格	单位	数量	来源	运输方式	年度、季度需求量										备注
						年					年					
						一季度	二季度	三季度	四季度	合计	一季度	二季度	三季度	四季度	合计	
1	2	3	4	5	6	7	8	9	10	11	12	13	14	15	16	17

【例4-3】已知条件同例4-1，试计算主要材料的需求量。

解：(1)查《公路工程预算定额(上、下册)》(JTG/T 3832—2018)得水泥混凝土路面工程的预算定额编号为[2—2—17—1]可知，每完成1 000 m^2 C30水泥混凝土路面所消耗的材料种类和定额为

M32.5 水泥　　　　　76.908 t

碎石(4cm)　　　　　169.32 m^3

中(粗)砂　　　　　　93.84 m^3

锯材　　　　　　　　0.07 m^3

HPB300级钢筋　　　　0.004 t

型钢　　　　　　　　0.054 t

石油沥青　　　　　　0.099 t

煤　　　　　　　　　0.02 t

水　　　　　　　　　29 m^3

其他材料费　　　　　273.0 元

(2)计算材料供应量。

M32.5 水泥　　　　　50 000/1 000×76.908＝3 845.4 (t)

碎石(4 cm)　　　　　50 000/1 000×169.32＝8 466.0 (m^3)

中(粗)砂　　　　　　50 000/1 000×93.84＝4 692.0 (m^3)

锯材　　　　　　　　50 000/1 000×0.07＝3.5 (m^3)

光圆钢筋　　　　　　50 000/1 000×0.004＝0.2 (t)

型钢　　　　　　　　50 000/1 000×0.054＝2.7 (t)

石油沥青　　　　　　50 000/1 000×0.099＝4.95 (t)

煤　　　　　　　　　50 000/1 000×0.02＝1 (t)

水　　　　　　　　　50 000/1 000×29＝1 450 (m^3)

其他材料费　　　　　50 000/1 000×273.0＝13 650(元)

(3)计算材料日消耗量。

M32.5 水泥　　　　　3 845/120＝32.1 (t)

碎石(4 cm)	8 466.0/120＝70.6（m³）
中(粗)砂	4 690.0/120＝39.1（m³）
石油沥青	4 950/120＝41.3（kg）
煤	1 000/120＝8.4（kg）
水	1 450/120＝12.1（m³）

注：锯材、型钢和光圆钢筋为周转材料，只考虑一次性使用量和实际周转次数。煤、石油沥青等均属于辅助材料，由于用量很少，可考虑一次性备料。而水泥、碎石和中(粗)砂均为主要材料，因用量很大，可根据施工要求和资金周转状况分期分批备料。

项目小结

本项目主要讲解了公路施工过程中涉及的三大资源，劳动力、施工机具和设备、材料的需求量计划编制。主要包括以下几项：

(1)资源需求量计划的编制依据；
(2)资源需求量计划的编制原则；
(3)资源需求量计划的编制要求；
(4)在进度计划的基础上编制劳动力、主要施工机具和设备、材料需求量计划的方法及计划表的绘制。

能力训练

1. 资源需求量计划编制的原则和依据是什么？
2. 简述资源需求量编制的要求。
3. 材料需求量计划的编制依据是什么？
4. 某级配碎石底基层，厚度为 16 cm，工程量为 43.4 万平方米，采用机械铺料，拖拉机带铧犁拌和，压路机碾压，计划工期为 210 d，试计算主要材料及机械设备的需求量。

项目五 施工平面布置

知识目标

1. 了解施工平面布置的作用及施工总平面布置的依据;
2. 掌握施工总平面的布置内容、步骤及绘图规则;
3. 了解单位工程施工平面布置的依据;
4. 掌握单位工程施工平面布置的内容及绘图规则。

能力目标

在明确施工平面布置的内容、布置原则、布置方法和步骤的基础上,结合施工方案、施工进度和施工场地的自然条件能够进行施工平面布置,并能够绘制施工平面布置图。

素养目标

施工平面布置是综合考虑各种因素,对所有施工资源进行空间布置的过程,通过本项目的学习,培养全局观及科学发展观,并提升节约土地及保护环境的意识。

任务描述

为了使公路施工科学、有序、安全地进行,对现场拟建工程及各种临时建筑、临时设施,如混凝土搅拌站、材料堆场及仓库、工地临时办公室及食堂等的合理位置进行规划和布置,并且用施工平面图的形式表达出来。

任务实施

工程进度图是施工过程时间组织的具体成果,而施工平面图是施工过程空间组织的具体成果,它对施工过程所需要的工艺路线、施工设备、原材料堆放、动力供应、场内运输、半成品生产、仓库、料场、临时生活设施等进行空间和平面的科学规划与设计,最后以平面图的形式加以表达。施工平面图表达了施工期间各项临时设施、管理机构、永久性建筑之间的空间关系。施工组织平面布置得当,可以降低运输费用,保证运输方便,减少临时性建筑物的修建费用,减少占地及青苗补偿等费用。它对指导现场安全施工、文明施工、控制施工成本、保证工程质量和安全有着重要的意义。在进行施工平面的规划和设计时,施工现场布置的不合理会造成施工秩序混乱,将直接影响施工安全,并容易产生触电、失火、水淹等危害,造成经济损失和人身安全事故。

施工平面图设计前进行调查研究,详细分析资料,充分估计施工过程的发展和变化,遵循方便、经济、高效、安全的原则,认真进行施工平面布置。

1. 施工平面布置的作用

施工平面布置的作用可以概括如下:
(1)确定生产要素的空间位置及为施工服务的各种设施的位置;
(2)确保在施工过程中,各施工队伍间互不干扰,有秩序地进行施工作业;
(3)确保施工过程中有效地组合利用各种资源和服务设施,并使其安全运行;
(4)减少施工现场内机、料的二次转运费,降低施工成本;
(5)施工平面布置是施工单位进行统筹组织与施工的主要依据;
(6)施工现场平面图是现场平面管理的依据、现场调度指挥的标准。

2. 施工平面布置的分类

依据施工方案、施工进度要求及资源进场存放量等,施工平面布置主要可分为以下两类。
(1)施工总平面布置。施工总平面布置是以整个工程为对象进行的。
(2)单位工程施工平面布置。单位工程施工平面布置是以一个单位工程为对象,对于较大的建设项目,由于其在各个不同施工阶段的施工内容不同,因而机械、临时设施位置和材料堆放布置都将随之变化。

任务一 施工总平面图布置

一、施工总平面图布置的依据

施工总平面图布置是施工组织设计的重点内容之一,起牵头和归总的作用,反映施工组织设计的一些重要成果,直接影响到工程施工、工程进度、工程造价、工程质量、环境保护、安全卫生。施工总平面图的布置既要考虑服务生产、方便施工,又要考虑满足安全文明施工的要求。施工总平面图布置的依据如下:

微课:施工总平面布置

(1)建设地区的自然条件和技术经济条件;
(2)一切原有和拟建工程位置及尺寸、建设单位可提供的房屋和其他生活设施;
(3)建设项目建筑总平面图、竖向布置图和地下设施布置图;
(4)建设项目的概况、施工总进度的计划、施工总质量计划和施工总成本计划;
(5)建设项目施工部署和全部施工设施施工方案;
(6)建设项目施工总资源需求量计划和施工设施计划;
(7)建设项目施工用地范围、水电源位置、建筑区域的竖向布置、临时水电供应的有关设计资料及项目安全施工和防火标准。

二、施工总平面图布置的步骤

(1)收集和分析基础资料。收集和分析基础资料包括以下几项:
1)施工地区地形图;
2)拟建道路枢纽的布置图;
3)可为工程施工服务的建筑、加工制造、修配、运输等企业规模、生产能力,以及其发展规划;
4)现有水陆交通运输条件和通行能力;
5)水电及其他动力供应条件;
6)当地建筑材料及生活物资供应情况;

7)施工现场范围内的工程地质与水文土质资料;
8)施工场区土地状况和征地有关问题;
9)河流水文资料、当地的气象资料;
10)施工场地范围内急施工区的卫生、环境保护要求。

(2)确定临建项目。在掌握基本资料的基础上,根据工程的施工条件,结合类似工程的施工经验,编拟临建工程项目清单。

(3)选择施工场地。进行技术经济比较,选择最为有利的地段作为施工场地。

(4)选择场地内外运输方案。在深入调查工程所在地现有交通运输状况的基础上,根据工程施工特性分析、计算货运量及运输强度,结合具体的枢纽布置、地形条件、施工条件,通盘考虑,综合研究,经过技术经济比较后选定。

(5)进行施工场地区域规划。施工场地区域规划是解决施工总体布置的关键,要着重研究解决一些重大原则问题。在工程施工实行分项承包的情况下,尤其要做好区域规划,明确划分承包单位的施工场地范围,并按规划要求进行布置,使既有各自的活动区域,又能避免互相干扰。

(6)分区布置。在施工场地区域规划后,进行各项临时设施的具体布置。

(7)比较和选定合理方案。根据布置内容,通常提出若干个布置方案进行比较,确定重点项目和一般项目,通过定量和定性比较提出的布置方案进行综合评价,并结合选定发案,绘制施工总平面布置图。

三、施工总平面图布置的基本内容

施工总平面图布置的内容,涉及面广,影响因素多,是确定施工场地、交通运输方案及各项施工设施的规模、位置、相互关系等综合性很强的设计工作。它是施工组织设计的组成部分,也是施工总体布置。行业的性质、规模等不同,施工总平面图布置的内容也略有不同。公路工程施工的总平面图布置应包括以下内容:

(1)公路建设项目施工用地范围内地形和等高线,全部地上、地下已有与拟建的建筑物、构筑物及其他设施的位置和尺寸;

(2)全部拟建的建筑物、构筑物和其他基础设施的坐标网;

(3)对外交通运输方案的场内运输方式;

(4)施工场地和施工指挥系统的分区规划,各施工辅助设施、仓库堆场、办公及生活福利设施布置;

(5)施工供水、供电、供风、通信系统的规模及站网位置、干管、干线布置;

(6)弃渣线路、弃渣场地、堆料场地等地规划,以及开挖土石方的调配方案;

(7)建设项目施工必备的安全、防火和环境保护设施布置(如施工场地防洪、防火、排水等)。

四、施工总平面图的绘制

一般在1∶500~1∶2 000的线路平面图上布置各种临时设施的位置。临时设施及新建工程、已有工程使用的符号,一般采用各行业的通用符号、图示及文字叙述进行标注。对图上采用的标注符号、图示和对施工场地平面布置的重点要加以说明。如图5-1所示为某公路工程施工总平面布置图。施工总平面图应包括以下内容:

(1)原有河流、居民点、交通路线、车站、码头、通信、运输点等位置和主要尺寸,工地附近已有的和拟建的地上、地下建筑物,以及气压地面附着物、农田、果园、树林、洞穴、坟墓等位置和主要尺寸。

主要临时工程数量汇总表

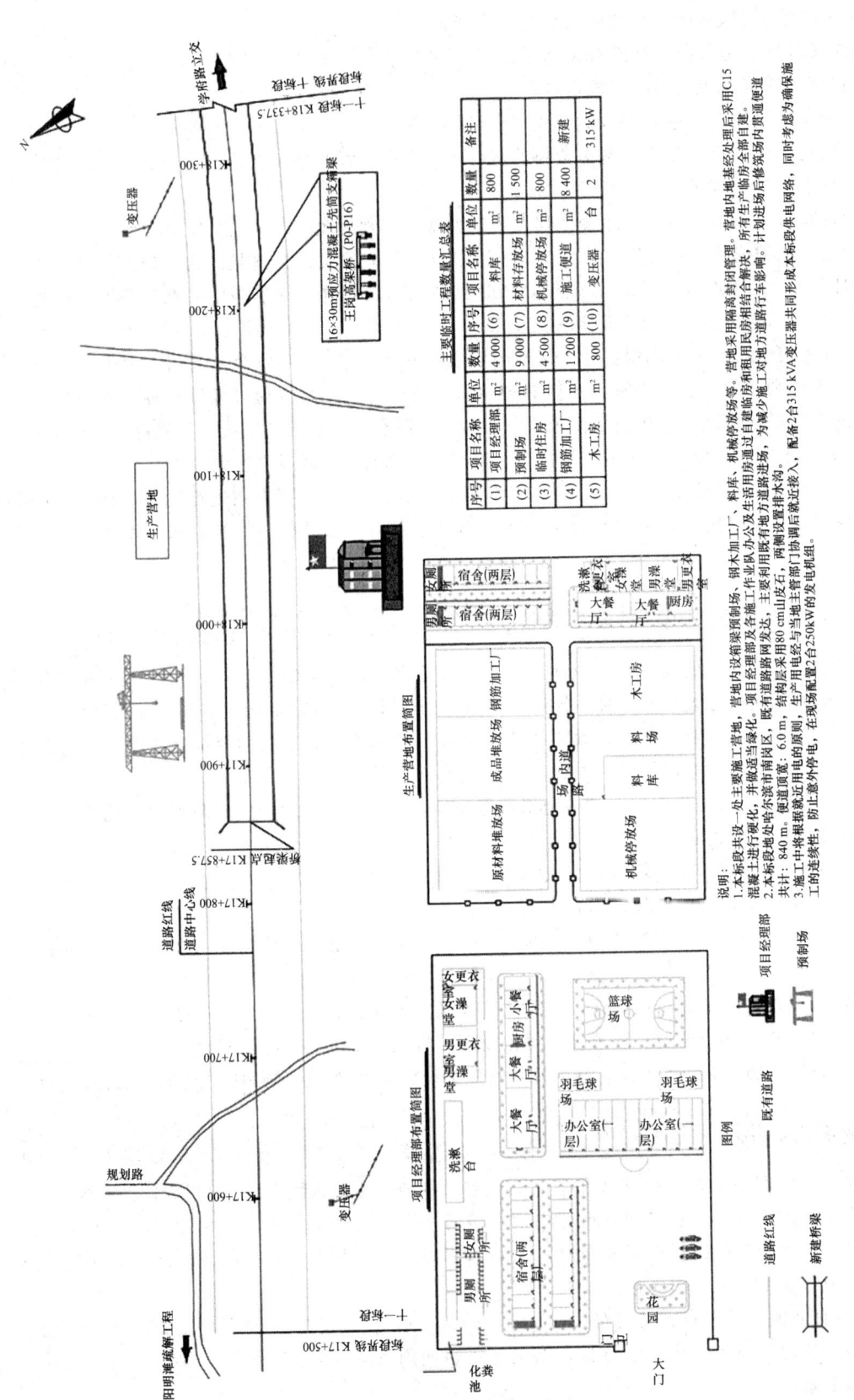

序号	项目名称	单位	数量	备注
(1)	项目经理部	m²	4 000	
(2)	预制场	m²	9 000	
(3)	临时住房	m²	4 500	
(4)	钢筋加工厂	m²	1 200	
(5)	木工房	m²	800	
(6)	料库	m²	800	
(7)	材料堆放场	m²	1 500	
(8)	机械停放场	m²	800	
(9)	施工便道	m²	8 400	新建
(10)	变压器	台	2	315 kW

说明：
1. 本标段共设一处主要施工营地，营地内设有箱梁预制场、钢木加工厂、料库、机械停放场等。营地内设置封闭管理，营地采用离封闭管理，营地内地基经过处理后采用C15混凝土进行硬化，并做适当绿化。项目经理部及各施工作业队办公及生活用房通过自建临时房和租用民房相结合解决，所有生产临时房房全部自建。
2. 本标段地处哈东宁南岗区，既有道路路网发达，主要利用既有地方道路进场，为减少施工对地方道路扰行车影响，计划进场本标段内修筑场内贯通便道共计：840 m，便道宽度：6.0 m，结构层采用80 cm山皮石，两侧设置排水沟。
3. 施工中将根据线路近用电的原则，生产用电线与当地主管部门协调后就近接入，配备2台315 kVA变压器共同形成本标段供电网络，同时考虑为确保施工的连续性，防止意外停电，在现场配置2台250 kW的发电机组。

图 5-1 某公路工程施工总平面布置图

(2)施工用地范围和主要工程项目位置及里程,沿线的交通工程与设施(如大中桥梁、隧道、渡口、交叉口等结构物)位置及里程,道班房、加油站等运输管理服务建筑物位置。

(3)需要拆迁的建筑物,永久或临时占用的农田、果园、树林。

(4)取土场和弃土场的位置。当取土场和弃土场距离施工现场很远,平面布置无法标注时,可用箭头指向取土场和弃土场方向加以说明。

(5)施工组织成果。各种临时设施的位置包括临时生活房屋、采料场、各类加工车间、仓库、临时动力站、临时便道、临时便桥、施工场地排水系统、水源位置、河流位置、河道改易位置、电源线路、变压器位置等;大型机械设备的停放及维修场位置。

(6)施工管理机构,如工程局、工程处、施工对及工程指挥系统的驻地等。

(7)标出划分的施工区段。当一个施工区段有两个以上施工单位时,标出各自的施工范围。

(8)其他与施工有关的内容,如不良地质地段、国家测量标志、气象台、水文站,以及防洪、防风、防火的安全设施等。

任务二 单位工程施工平面图布置

单位工程是指具备独立施工条件并能形成独立使用功能的建筑物及构造物。从施工的角度来看,单位工程就是一个独立的交工系统,有自身的项目管理方案和目标,是需要按业主的投资及质量要求如期建成并交付生产和使用的。

微课:单位工程施工平面布置

一、单位工程施工平面图布置的依据

(1)建设工程设计和施工组织设计时所依据的有关拟建工程的当地原始资料。自然条件调查资料,包括气象、地形、水文及工程地质资料,主要用于布置地表水和地下水的排水沟,确定易燃、易爆及有碍人体健康的设施布置,安排冬、雨期施工期间所需设施的地点。

(2)建设工程设计资料。

1)建设工程总平面图。建设工程总平面图包括一切地上、地下已建的和拟建的房屋及构筑物。它是确定临时房屋和其他设施位置、修建工地运输道路与解决排水等所需的资料。

2)一切已有和拟建的地上、地下管道位置。在设计施工平面图时,可以考虑利用这些管道或考虑提前拆除或迁移,并需注意不得在拟建的管道位置上建设临时建筑物。

3)建设区域的竖向设计和土方平衡图。它们在布置水、电管线和安排土方的挖填、取土或弃土地点时非常有用。

(3)拟建工程的有关施工图设计资料。

(4)施工资料。

1)单位工程施工进度计划。从中可以了解各个施工阶段的情况,以便分阶段布置施工现场。

2)施工方案。确定垂直运输机械和其他施工机具位置、数量和规划场地。

3)各种材料、构件、半成品等需求量计划。从中确定仓库和堆场面积、形式、位置。

二、单位工程施工平面图布置的内容

单位工程施工平面图布置是针对单位工程进行的。单位工程是建设项目中的一个组成部分,因此,单位工程施工平面图布置是施工总平面图布置在该单位工程的深化,也应受到施工总平面图布置的约束和限制。但现在许多工程项目只有一个建筑物及少数附属工程，单位工程施工平面图布置一般独立进行。单位工程施工平面图布置的主要内容包括以下几项：

(1)拟建工程及其周围的永久性建筑物、构筑物和其他设施的平面位置尺寸。

(2)测量放线标桩位置、地形等高线和土方取弃场地。

(3)垂直运输设备，包括自行式起重机的开行路线、固定垂直运输设备的位置及回转半径。

(4)各种生产临时设施，包括加工厂，搅拌站，材料、加工半成品、构件、机具的仓库或堆场，钢筋加工棚，木工房等。

(5)办公、生活福利设施的布置。

(6)临时道路，包括可利用的永久性或原有道路及其场外交通的连接；临时给水排水管线、供电线路、蒸汽及压缩空气管道等布置。

(7)一切安全及防火设施的位置。

三、单位工程施工平面图的绘制

单位工程施工平面图的布置是以施工总平面图为控制和依据进行的，但其比施工总平面图更加深入、具体。单位工程施工平面图一般采用1：200～1：500的比例尺绘制，一般应详细绘制出施工现场、辅助生产、生活区域及原有地形、地物等情况，具体内容如下：

(1)搅拌站、仓库和材料、构件堆场及加工厂的布置。材料堆放尽量靠近使用地点，考虑运输及卸料方便；构件的堆放位置应该考虑安装顺序；布置搅拌站时，应根据任务的大小、工程特点、现场条件等，考虑搅拌站位置、规模和型号。

(2)运输道路的布置。运输道路的布置应尽量使道路成直线，提高运输车辆的速度。尽量把临时道路和永久道路相结合，即可先修永久性道路的路基，作为临时道路使用，尤其是修建场外临时道路时，要着重考虑这一点，可节约大量投资。在有条件的地方，如果能将永久性道路路面也事先修建好，将更有利于运输。

(3)临时设施的布置。临时设施的种类、大小及位置应根据工程的实际需要来确定，尽可能节省新建临时设施面积，大型设施的新建还应按规定逐级上报审批。临时设施在平面图上布置时，不能影响工程施工。它是施工中的附属性临时设施，应放在施工平面图的次要位置上，而且应满足工人上下班需要和使用方便。

(4)临时水电管网的布置。临时施工用水管网布置时，除要满足生产、生活要求外，还要满足消防用水要求，并设法使管道铺设越短越好；施工现场布置用线路时，既要满足生产用电，还应使线路最短。

项目小结

本项目主要讲解了如何对施工过程所需要的工艺路线、施工设备、原材料堆放、动力供应、场内运输、半成品生产、仓库、料场、临时生活设施等进行空间和平面的科学规划与设计，最后以平面图的形式加以表达。其主要包括以下几项：

(1)施工平面图布置的作用和分类；

(2)施工总平面图布置的依据、步骤、基本内容；

(3)施工总平面图的绘制方法；

(4)单位工程施工平面图布置的依据和内容；

(5)单位工程施工平面图的绘制方法。

能力训练

1. 简述施工总平面图布置的主要内容。
2. 施工总平面图的布置依据是什么?
3. 单位施工平面图的布置依据是什么?
4. 简述单位施工平面图的主要内容。

项目六　施工技术组织措施

知识目标

1. 了解施工技术组织措施的重要性；
2. 了解影响施工进度、施工质量、施工安全、施工环境的主要因素，以及编制施工进度、施工质量、施工安全、施工环境技术组织措施的主要内容。

能力目标

能够根据工程的实际情况与施工进度、施工质量、安全控制及环境保护的要求，编制相应的技术措施文件。

素养目标

通过学习，提升安全意识和质量意识，同时培养认真、细致的工作态度，深刻理解"绿水青山就是金山银山"的理念，培养公路施工节能意识。

任务描述

某市绕城高速是一条串联城市组团的快速公路通道，路线全长约 122.27 km，设计时速为 120 km/h，主线为双向六车道，路基宽度为 34.5 m。请了解公路工程施工技术保证措施的内容及编制原则，根据工程的实际情况与施工进度、施工质量、安全控制及环境保护的要求，编制相应的技术措施文件。

任务实施

任务一　施工技术组织措施概述

一、施工技术组织措施的基本含义

工程项目在施工过程中，由于施工人员的技术水平不同、思想重视程度不同，施工组织方式不同，会影响到工程的质量、进度、成本、安全等目标的实现。因此，在编制施工项目管理规划时，要设计相应的施工技术组织措施，来保证顺利实现各项目标。

施工技术组织措施是指在技术和组织上为了保证工程、安全、成本、工期、环保和季节性施工等目标的实现所采取的一系列方法。施工技术组织措施是施工组织设计的补充和延续，体现了对施工资源的科学组织与管理，是降低

微课：施工技术组织措施

施工成本的保证；使技术要求更深化、更具体，保证工程质量和施工安全；能加速施工进度、保证合同工期；使施工人员的施工行为标准化、程序化、规范化；明确项目各个层次人员的岗位职责；保证项目始终按照施工组织设计的要求和规定进行。

二、施工技术组织措施的分类

公路施工技术组织措施根据确保对象的不同主要有以下几类：

(1)施工进度技术组织措施。确保在合同规定工期内完成施工任务是工程项目的第一要务，要求施工单位编制详细全面确保进度的技术组织措施。

(2)施工质量技术组织措施。工程质量是工程建设中的关键所在，任何环节和部位出现问题都会给工程建设带来严重后果，造成最大经济损失。因此，施工单位要编制详细的确保工程质量的技术措施文件。

(3)施工安全技术组织措施。减少和消除施工生产中的不安全因素，确保施工人员安全和施工场地财产安全，安全生产才能得以进行，因此应编制安排和指导工程安全施工的安全管理与技术文件，预测工程在施工过程中可能发生的事故隐患和安全问题，在技术上和管理上采取措施，消除或控制不安全因素，防范事故的发生。

(4)施工环境技术组织措施。现在提倡文明施工，在施工过程中对施工环境的保护越来越重要，控制施工产生的各种粉尘、废水、废气、固体废弃物、噪声、振动等对环境的污染和危害，成为安全施工、文明施工的重要内容。

任务二 施工进度技术组织措施

一、影响施工进度的主要因素

为了保证项目的施工进度，在编制施工进度技术组织措施之前对影响工程项目施工进度的因素进行分析，以实现对施工进度的主动控制。

影响施工进度的因素很多，这些因素可归纳为人为因素、材料因素、技术因素、资金因素、工程水文地质因素、气象因素、环境因素、社会环境因素及其他难以预料的因素。从施工单位的角度来考虑影响施工进度的因素，主要有以下几个方面：

(1)项目经理部配置的管理人员不能满足施工需要，管理水平低、经验不足，致使工程组织混乱不能按预定进度计划完成。

(2)施工人员资质、资格、经验、水平及人数不能满足施工需要。

(3)施工组织设计不合理、施工进度计划不合理、施工方案采用不得当。

(4)施工工序安排不合理，不能解决工序之间在时间上的先后和搭接问题，达不到保证质量、充分利用空间、争取时间、实现合理安排工期的目的。

(5)不能根据施工现场情况及时调配劳动力和施工机具。

(6)施工用机械设备配置不合理，不能满足施工需要。

(7)施工用供水、供电设施及施工用机械设备出现故障。

(8)材料供应不及时，材料的数量、型号及技术参数错误，供货质量不合格。

(9)总承包人协调各分包人能力不足，相互配合工作不及时、不到位。

(10)承包人与分包人、材料供应商其他写作单位发生合同纠纷、引起仲裁或诉讼。

(11)承包人(分包人)自由资金不足或资金安排不合理，无法支付相关应付费用。

(12)安全事故、质量事故的调查处理。
(13)关键材料、设备、机具被盗和破坏。
(14)施工现场管理不善出现瘟疫、传染病及施工人员食物中毒。
(15)承包人(分包人)由于管理机构调整、股权调整、人员调整、资产重组等原因无法按相关合同履约。

二、施工进度技术组织措施的主要内容

对于工程项目而言，确保工期是第一要务，为确保按工期完成施工任务，施工进度技术组织措施的编制主要包括以下几方面：

(1)进行施工进度控制及动态管理。利用网络计划编制施工进度，优化施工安排，确定关键线路及关键工作。充分利用工程项目中各项工作间关系，在互相不干扰的情况下，尽量同步安排多项工作进行立体交叉的平行流水作业。由于施工的时间和空间组织是在施工前预先进行的，因此在施工过程中必须结合实际及时调整和优化网络计划。

(2)做好施工现场的组织与协调工作。对于现场出现的影响进度的情况，要通过加强调度协调解决；对于施工中对工期长短影响大的重点工程，要优先保证物资和设备的供应，加强施工管理和控制。

(3)施工进度管理的岗位责任制及管理制度。为保证和加快施工进度，建立目标管理制度，各阶段进度目标具体落实到人，明确职责，实行严格的奖惩考核；实行技术保证制度，严格执行技术交底制度，保证施工人员在施工前明确各项工程及各道工序的结构、质量要求、施工要领等，尽量避免误工、返工等现象出现。

(4)项目各职能部门的保障工作。
(5)和施工进度有直接关系的协调控制。

任务三 施工质量技术组织措施

保证质量是公路工程建设的首要任务，任何一个环节或者部位出现质量问题，都会影响公路工程的使用寿命，造成巨大的经济损失，甚至造成严重的安全事故。因此，要采取一定的措施和方法，加强和保证工程建设的施工质量。

微课：施工质量技术组织措施

一、影响施工质量的因素

为保证公路工程施工处于较高的工作质量水平，必须从人(Man)、设备(Machine)、材料(Material)、方法(Method)与环境(Environment)五大要素着手进行监督与管理，即"4M1E"。

1. 人

人是生产经营活动的主体，也是工程项目建设的决策者、管理者、操作者。人员的素质将直接和间接地对规划、决策、勘察、设计和施工的质量产生影响。建筑行业实行经营资质管理和各类专业从业人员持证上岗制度是保证人员素质的重要管理措施。

2. 设备

设备可分为两类：一类是指组成工程实体及配套的工艺设备和各类机具，它们构成了建筑设备安装工程或工业设备安装工程，形成完整的使用功能；另一类是施工过程中使用的各类机具设备，简称施工机具设备，它们是施工生产的手段。机具设备对工程质量也有重要的影响。

工程用机具设备，其产品质量优劣，直接影响工程使用功能质量。施工机具设备的类型是否符合工程施工特点、性能是否先进稳定、操作是否方便安全等，都将会影响工程项目的质量。

3. 材料

材料是指工程施工各种建筑材料、配件、半成品等。材料将直接影响建设工程的结构刚度和强度、外表及观感、使用功能、使用安全。

4. 方法

方法即施工工艺，是指施工现场采用的施工方案，主要有技术方法与组织方法。在工程施工中，施工方案是否合理、施工工艺是否先进、施工操作是否正确等，都将对工程质量产生重大的影响。实施性施工组织设计文件中的施工方案，是指导工程施工生产的主要技术与经济文件，其通常是作为承包人开工报告的重要组成部分，须报监理和业主审批。批准后的施工方案是指导施工、开展生产、进行技术和经济活动的重要依据。

5. 环境

环境是指对工程质量特性起重要作用的因素。其包括工程技术环境、工程作业环境、工程管理环境、周边环境等。环境往往对工程质量产生特定的影响。加强环境管理，改进作业条件，把握好技术环境，辅以必要的措施，是控制环境对质量影响的重要保证。对施工企业能否中标起着极其重要的作用。

二、工程施工质量控制的原则

为了确保施工过程中的工程质量，还应遵循以下几条原则：

（1）坚持质量第一的原则。在进行质量、工期、成本三大目标控制时，要正确处理三者的关系。在工程建设中自始至终将"质量第一"作为对工程质量控制的基本原则。

（2）坚持以人为核心的原则。人是工程建设的决策者、组织者、管理者和操作者。在工程质量控制中，要以人为核心，重点控制人的素质和人的行为，充分发挥人的积极性和创造性，以人的工作质量保证工程质量。

（3）坚持以预防为主的原则。工程质量控制要重点做好质量的事先控制和事中控制，以预防为主，加强过程和中间产品的质量检查与控制。

（4）坚持质量标准的原则。质量标准是评价产品质量的尺度。工程质量是否符合合同规定的质量标准要求，应通过质量检验并与质量标准对照，符合质量标准要求的才是合格，不符合质量标准要求的就是不合格，必须返工处理。

（5）坚持科学、公正、守法的职业道德规范。在工程质量控制中，监理人员必须坚持科学、公正、守法的职业道德规范，要尊重科学，尊重事实，以数据资料为依据，客观、公正地处理质量问题。要坚持原则，遵纪守法，秉公监理。

三、施工质量技术组织措施的主要内容

1. 建立和完善质量保证体系

（1）质量体系。建立与 ISO 9000 系列相一致的质量保证体系。项目设质检部和工程部，作业班组设质检员，实行分级质量管理制度。每道工序都必须经过作业班组质检员自检，班组间质检员互检，工程部、质检工程师联检。在自检、互检、联检的基础上，交监理工程师检查、签证后，方可进入下一道工序施工。

（2）试验体系。施工现场设立实验室，为实验室配备与工程任务相适应的仪器、设备与专业技术人员，以保证满足工程试验需要。实验室必须严把工程材料进场关，任何结构用材进场前必须携带

厂家出具的产品合格证及其主要技术指标文件，经实验室在现场按有关试验规程规定抽检合格并得到签证批准后，方准进场使用。同时应严格执行试验规程，确保每项工程开工前有标准试验，施工中有试验检查，完工后有真实、准确、完整的试验资料，以充分反映结构物实体内部质量状况。

(3)测量体系。施工单位设立测量队，配备 GPS 全站仪、经纬仪、水准仪等测量仪器，以满足工程所需。测量队负责本工程控制测量和施工放样工作。测量工作自始至终必须严格按测量规程进行操作和控制，做到施工前有控制性测量和施工放样，施工中有测量校核，完工后有成品测量检查，确保施工全过程的测量资料真实、准确、完整地反映结构物空间几何尺寸。

2. 实行全员工程质量岗位责任制

成立以项目经理、项目技术负责人和质检工程师为核心的领导小组，建立严格的质量承包责任制，明确每个员工自己工作范围及在工程质量方面的责任，确保每个员工的工程质量，以此来保证工程质量。

3. 工程施工过程质量的控制

严格进行工程施工过程质量控制，确保工程质量组织有关人员认真学习、会审设计图纸，充分理解设计意图。严格按设计图纸、招标文件施工技术规范、施工工艺、施工操作规程的要求组织施工，做到工程项目开工前有详细的施工方案、方法和技术交底，施工操作有施工工艺和施工操作规程作指导，技术、质量、指标有图纸、规范、招标文件等的具体要求，施工过程中有完整的检查签证表格，施工日记及施工总结等记录确保每个施工过程质量控制来保证项目工程质量。

4. 加强施工人员的技术培训

根据工程特点，适时组织各种技术培训和技术考核工作，做到关键技术工种必须持证上岗并选派经验丰富、年富力强、技术水平高的工人、技师担当带头人。在提高技术水平的基础上，促进工程质量的提高。

5. 积极采用新技术

结合工程实际积极开展质量控制（Quality Control，QC）小组技术、质量攻关活动。采用新的施工技术、新的施工方法、新设备、新材料、新工艺，推进技术进步，确保工程质量优良。

6. 加强质量防范

实行质量一票否决权制度，坚持预防为主，将质量事故、隐患消灭在萌芽状态中，一旦发生质量事故，坚决做到"四不放过"，即事故原因分析不清不放过、事故责任者和群众没有受到教育不放过、没有采取切实可行的防范措施不放过、事故责任者没有受到严肃处理不放过。

7. 严格实行质量检查制度及奖罚办法

施工管理部门定期组织大检查，并不定期随时抽查，施工人员应及时对已完成单项工程进行检查，发现问题及时整改。对质量工作做出突出贡献的个人和集体给予适当奖励，出现质量问题的严惩不贷，并与经济处罚相联系。

8. 充分发挥技术监控机构对工程质量的控制作用

积极配合监理工程师的工作，服从监理工程师的监督，维护监理工程师的权威。每道工序完成转入下一道工序之前，必须请监理工程师签证，确保各工序质量合格。

任务四　施工安全技术组织措施

工程施工安全是指各种工程施工中的安全生产，公路工程安全管理的范围主要包括路基、路面、桥梁、隧道、水上、陆地、高空、爆破、电气使用等各种作业的安全管理。工程项目在施工时必须采取一定的措施减少甚至消除事故隐患，尽量把事故消灭在萌芽状态，保证施工人员的健康、安全，避免财产损失。

一、安全控制的方针和目标

(一)安全控制的方针

"安全第一，预防为主，综合治理"是安全控制的方针。安全第一，就是在生产过程中把安全放在第一位，切实保护劳动者的生命安全和身体健康。要求所有参与工程建设的人员，包括管理者、操作人员及对工程建设进行监督管理的人员都必须树立安全的观念，不能一味追求经济利益而牺牲安全。预防为主，就是把安全生产工作的关口前移，超前防范，建立预教、预测、预想、预报、预警、预防的递进式、立体化事故隐患预防体系，改善安全状况，预防安全事故。综合治理，就是综合运用经济、法律、行政等手段，人管、法治、技防多管齐下，并充分发挥社会、职工、舆论的监督作用，有效解决安全生产问题。

(二)安全控制的目标

安全控制是以减少或消除不安全行为为目标，以减少或消除设备、材料的不安全状态为目标，以改善生产环境和保护生态环境为目标，以实现安全管理为目标。安全控制的目标旨在减少或消除生产中不安全的因素（如人的不安全行为和物的不安全状态），确保施工人员的人身健康安全和财产安全。

二、影响施工安全的主要因素

(1)对安全施工的宣传力度不到位，施工人员安全意识淡薄，对可能出现的安全隐患意识不够。
(2)安全保证体系不健全，或虽然健全，但是落实不到位。
(3)施工人员技术水平较低或违反操作规程。
(4)施工安全技术交底工作落实不到位。

三、施工安全技术组织措施的主要内容

1. 开展安全教育，强化安全意识

广泛开展安全施工的宣传教育，组织学习有关安全施工的规则及要求，学习安全操作规范，使每个施工人员从思想上认识到安全的重要性和必要性，从技能上实行规范化操作。并且要体现"管生产必须管安全"的原则，使施工人员时刻保持安全意识，杜绝一切可能发生的不安全因素，防止事故的发生。

2. 建立健全安全保证体系

按照综合治理、从严治理、标准化管理、管施工必须管安全、一票否决等原则，建立健全安全保证体系，强化安全领导机构，充实安全管理人员，从组织上落实安全工作。

3. 实行安全责任制

建立和完善安全岗位责任制，明确各部门在各自的职责范围内应承担的安全责任，严格执行奖惩制度。集思广益，勇于揭露问题、处理问题，把事故消灭在萌芽状态。

4. 实施安全检查

随时检查施工人员对安全施工的重视程度，检查安全施工管理是否到位，检查安全设施是

否完好等。对已经发生的事故，应查明其原因，明确责任并作出处理，同时要采取切实可行的措施。

5. 安全技术措施应满足的要求

(1)对易燃、易爆、强腐蚀等危险品，要严格执行保存与发放制度。对其来源、用途、用量做好详细记录，确保不发生意外。

(2)现场防火设施的设置应满足消防距离和消防用水量的要求，但也要避免设置不必要的防火设施。

(3)现场临时用电线路的架设应符合《建筑与市政工程施工现场临时用电安全技术标准》(JGJ/T 46—2024)的要求，架设前应对架设的位置、高度进行设计，避免对其他工程的施工造成影响。注意用电安全，非专业电气操作人员不得触动电气设备。

(4)各种机械必须有专人负责维修、保养、操作、安装，并经常对其关键部位进行检查，避免机械故障产生安全事故。

(5)夜间施工必须配备足够的照明设备，施工人员必须严格遵守作息时间，提高夜间施工的安全意识，避免因人员夜间精力不足而造成事故。严禁在大风、大雨等不利天气的夜间施工。

(6)对达到一定规模的危险性较大的分部(分项)工程编制专项施工方案。《公路水运工程安全生产监督管理办法》(中华人民共和国交通运输部令 2017 年第 25 号)规定，施工单位应当对下列危险性较大的工程编制专项施工方案，并附安全验算结果，经施工单位技术负责人、监理工程师审查同意。签字后实施，由专职安全生产管理人员进行现场监督。

1)不良地质条件下有潜在危险性的土方、石方开挖。

2)滑坡和高边坡处理。

3)桩基础、挡墙基础、深水基础及围堰工程。

4)桥梁工程中的梁、拱、柱等构件施工等。

5)隧道工程中的不良地质隧道、高瓦斯隧道、水底海底隧道等。

6)水上工程中的打桩船作业、施工船作业、外海孤岛作业、边通航边施工作业等。

7)水下工程中的水下焊接、混凝土浇筑、爆破工程等。

8)爆破工程。

9)大型临时工程中的大型支架、模板、便桥的架设与拆除；桥梁、码头的加固与拆除。

10)其他危险性较大的工程。

必要时，施工单位应当组织专家对专项施工方案进行论证、审查。

任务五　施工环境技术组织措施

在公路工程施工过程中不可避免地会产生一系列的环境问题，给这些地区群众的生活、工作、交通造成暂时不便，同时施工产生的噪声、振动、扬尘等污染也会影响当地的环境问题。为保护施工现场周边生活环境和生态环境，防止污染和其他公害，本着"保护环境，营造绿色建筑；以人为本，关爱生命健康；追求社区、人居和施工环境的不断改善，实现个人、企业和社会的协调发展"这一环境理念。把"预防、控制、监督和监测"这一环境管理基本思想贯穿于整个施工生产过程中，防止由于施工造成的作业污染和扰民，减少施工过程对周围环境造成的不利影响，保障工地附近居民和施工人员的身体健康，需要针对工程施工期面临的敏感环境问题，敏感点和生产的主要环境影响，根据《中华人民共和国环境保护法》及国家和地方相关的法律法规，制订施工现场环保措施，使施工期间的环保工作更有序、有效进行，保护和改善生活环境与生态环境。

一、公路施工对生态环境的影响

1. 道路的廊道与分割效应

对于生物来说,尤其是对地面的动物,公路的建设导致自然生态环境的人为分割,使生态环境岛屿化,不利于生物多样性的保护。为避免生态环境岛屿化造成的生物多样性受损,许多自然保护区需要建立与其他自然保护区域、自然地域的通道,这就是经常所说的"生物走廊"。

2. 水文影响

公路建设会改变地表径流的固有态势,从而造成冲、淤、涝、渍等局部影响。

3. 对土地利用的影响

公路建设对土地利用的影响较为显著,将改变沿线被征用土地的利用现状,其中对耕地的占用较为突出。

4. 生态敏感地区的影响

交通运输线路长,会穿越各种生态系统,其中不可避免地会涉及一些特殊、敏感的生态功能区,如湿地、荒地、自然保护区、天然森林、森林公园、水源保护区、风景名胜区、特殊地质地貌区,以及生态脆弱区、自然灾害多发区等。

二、施工环境技术组织措施的主要内容

1. 公路环保措施考虑

充分考虑公路环保措施,严格控制公路占地面积和临时用地规模,减少对耕地和植被的破坏;避开环境敏感性区域,如学校、工厂、医院、名胜古迹、自然保护区、精密食品基地和军事设施等。

2. 重视水土资源,减少水土流失

工程设计应充分考虑水土流失预防措施,一是注意填、挖平衡,减少土石方量,减少借土弃土;二是做好边坡防护设计工作,确保边坡稳定,以减少将来使用过程中的不良病害发生,并应根据地质情况多采用种草植树的绿化护坡方法;三是做好沿线排水设计;四是合理取土、规范弃土、保护耕地、少占良田,应尽量在荒地或低产耕地集中取土,取土后对取土坑进行后期利用;弃方应集中堆弃,不占农田,堆弃后应上覆表土,播种绿化。

3. 注意保持原有的灌溉系统和自然水网系统

桥梁布置尽量避免影响河流水文、水流特征,做到顺应地形和原水体流向;避免改移或堵塞大型河沟;对小型排灌系统如遭破坏应予以恢复或加以调整,合理设置小桥涵位置,必要时对原有排灌体系进行优化合并或改移;做好项目自身的排水系统,增加必要构造设施,以防止路基路面排水对农田水利的冲击。

4. 公路沿线景观设计

做好公路沿线景观设计工作,首先路线要尽量与地形地貌相吻合,减少土石方量,减少对自然风景的破坏,避开受保护的景观空间;还要加强道路沿线绿化,以补充和改善沿线景观,如边坡尽量采用种草植树的护坡方式。

5. 公路施工噪声及振动的影响

在公路施工期间,各种作业机械和运动车辆产生施工噪声,对环境产生一定影响。由于施工机械不仅是噪声源,同时也是振动源。大多数施工机械 5 m 处的声级在 80~90 dB,运输车辆 7.5 m 处的声级在 80~86 dB。表 6-1 为主要施工机械不同距离处的噪声级。当多台不同机械同

时作业时,声级将叠加。

表 6-1　主要施工机械不同距离处的噪声级　　　　　　　　dB

机械名称 \ 距离/m	5	10	20	40	60	80	100	150	200	300
装载机	90	84	78	72	69	66	64	61	58	55
振动式压路机	86	81	74	68	65	62	60	57	54	51
推土机	86	80	74	68	65	62	60	57	54	51
平地机	90	84	78	72	69	66	64	61	58	55
挖掘机	84	78	72	66	63	60	58	55	52	49
摊铺机	87	81	75	69	66	63	61	58	55	52
拌和机	87	81	75	69	67	63	61	58	55	52

除打桩和爆破作业外,其他施工阶段的一般施工噪声的达标距离,在昼间约需 60 m,而在夜间则需 200 m,甚至更远。因此,在施工期间,这些施工机械产生的噪声对公路两侧一定范围内的居民会产生一定的影响,有的甚至影响居民的正常生活。

噪声污染的防治措施如下:

(1)合理选址。施工人员生活区、大型施工场地及水泥混凝土拌合场、沥青混凝土拌合场、碎石厂的选址时,应尽可能远离学校、医院、幼儿园、敬老院、居民集中区等环境敏感点,最好在 200 m 以上。如果达不到此要求,可对强噪声源采取消声、隔声、减振等措施。

(2)选用低噪声、低振动的施工工艺。

(3)加强施工机械和运输车辆的保养、维修。

(4)环境敏感点附近施工采取防治措施。

6. 公路施工废水的影响

公路施工过程中对水环境的影响主要来自施工作业中的生产废水和施工人员生活污水两个方面。施工作业中的生产废水主要是指工程中各大、中、小桥梁建设过程中钻孔桩污水和施工机械所产生的含油污水等。

(1)桥梁施工的影响。桥梁施工中对水体的影响主要是桥桩建设时采用钻孔灌注桩,其对河道水体的影响主要是钻孔扰动河水使底泥浮起,局部悬浮物(SS)增加,河水变得较为混浊。

(2)施工物料流失的影响。公路建设由于建筑材料堆放、管理不当,特别是易流失的物资,如沙、土方等露天堆放,遇暴雨时将可能被冲刷进入水体,建筑材料在运输过程中的散落,也会随雨水进入附近的水体;而施工中,如水泥拌和后没有及时使用造成的废弃等,部分建筑材料也会随雨水进入附近的水体。

(3)机修及洗车废水的影响。公路建设中的汽车维修站及施工设备维修站的污水,常含有泥沙和油类物质,若不经过处理直接排入周围水体,必将造成水域的油类污染。

(4)施工人员生活污水的影响。公路施工时,施工人员集中生活,在特大桥、大桥、互通等大型施工场地,施工人员可达数百人。如果施工营地生活污水直接排放,对附近河道会产生一定的污染。

废水污染的防治措施如下:

(1)实施清洁生产,减少废水量。

(2)开展科学研究,采用先进技术。

(3)开展环境宣传,提高环境意识。

(4)从全局出发,对废水进行妥善处理。

7. 公路施工对空气环境的影响

公路施工阶段对空气环境的污染主要来自施工扬尘、施工车辆尾气及路面铺浇沥青的烟气。

(1)施工扬尘对环境的影响。施工扬尘包括车辆行驶扬尘、堆场扬尘、拌和扬尘。

(2)沥青烟气对环境的影响。沥青混凝土路面施工阶段的空气污染除扬尘外,沥青烟气是主要污染源,会对附近的居民产生一定的影响。

空气污染的防治措施如下:

(1)运输扬尘的防治。运输道路应定时洒水,每天至少两次(上下班);粉状材料应罐装或袋装,粉煤灰采用湿装湿运。土、水泥、石灰等材料运输时禁止超载,并盖篷布,如有撒落,应派人立即清除。

(2)沥青混凝土拌和。沥青混凝土集中拌和,合理安排沥青混凝土拌合场;沥青混凝土拌合场不得选择在环境敏感点上风向,与其距离应在300 m以上。

(3)灰土拌和。合理安排拌合场并集中拌和,尽量减少拌合场;灰土拌合场不得选择在环境敏感点上风向,与其距离应在200 m以上。

(4)水泥混凝土拌和。水泥混凝土集中拌和,封闭装罐运输;水泥混凝土拌合场不得选择在环境敏感点上风向,与其距离应在300 m以上。

8. 公路建设对社会环境的影响

(1)对社会经济的影响。公路建设对沿线区域的社会经济发展有积极的促进作用;公路建设将促进沿线区域的城镇化进程。

(2)征地拆迁的影响。

(3)对基础设施的影响。

(4)对水、电等基础设施的影响。

(5)对其他道路的影响。

(6)对人员交往的阻隔。

(7)对文物保护的影响。

社会环境影响的防治措施如下:

(1)节约用地。

(2)减小施工对当地交通的影响。

(3)做好与水、电、通信等部门的协调工作。

(4)其他措施。根据沿线实际情况,增加或改移通道、天桥等,减少对人群生产、生活、上学、交往的阻隔。

(5)对临时用地进行清理、平整、恢复等。

项目小结

本项目主要讲解了保证施工进度、施工质量、施工安全及保护施工环境的技术组织措施的编制方法。其主要包括以下几项:

(1)施工技术组织措施的含义;

(2)施工技术组织措施的分类;

(3)影响施工进度的主要因素;

(4)施工进度技术组织措施的主要内容;

(5)影响施工安全的主要因素;
(6)施工安全技术组织措施的主要内容;
(7)影响工程施工进度的因素;
(8)施工进度技术组织措施的主要内容;
(9)公路施工对生态环境的影响;
(10)施工环境技术组织措施的主要内容。

能力训练

1. 简述影响施工进度的主要因素。
2. 简述影响施工质量的主要因素。
3. 安全控制的方针和目标分别是什么?
4. 影响施工安全的主要因素有哪些?
5. 公路施工对环境的影响主要有哪些?
6. 施工技术组织措施的常见类型有哪些?
7. 简述施工进度组织措施的主要内容。
8. 施工质量控制的原则是什么?

项目七　工程经济分析

知识目标

1. 了解工程经济的发展历程、特点及研究对象；
2. 了解资金的时间价值、资金利率的计算方法、资金等价的概念；
3. 掌握各种经济评价指标的含义，以及各种经济评价指标的计算方法与其判别准则；
4. 了解建设项目不确定性分析的目的和意义，掌握盈亏平衡分析方法，理解建设项目评价的内涵，熟悉国民经济评价的效益和费用确定方法。

能力目标

通过学习与训练，能够准确计算资金的时间价值，包括单利、复利、名义利率与实际利率的计算；能够掌握资金等值计算及其应用，灵活运用经济评价指标对工程项目的经济可行性进行评价。

素养目标

通过本项目的学习，掌握工程经济学的基本理论与方法，引导学生正确认识金钱的本质、树立正确的金钱价值观和消费观，从而促使学生树立正确的价值观。通过讲解工程建设项目的费用和效益，增强学生的使命感和担当精神，激励学生进一步强化专业学习和素养，树立争做社会主义合格建设者和可靠接班人的决心。此外，通过讲解项目评价基本方法，增强学生对不确定性和风险的意识，并培养学生逻辑思辨能力。

任务描述

某企业基本建设项目建设期初投资 1 995 万元，当年建成投产，年经营成本 500 万元，年销售额 1 500 万元，第三年年末工程项目配套追加投资 1 000 万元。若计算期为 5 年，基准收益率为 10%，残值等于零，试计算该项目的净现值，并对项目的可行性进行判断。

任务实施

任务一　工程经济概述

一、工程经济的常用术语

（1）工程项目。工程项目是指投入一定资源的计划、规划和方案等可以进行分析与评论的独立工程单位。

(2)工程技术。工程技术是指人类利用和改造自然的手段,既包含劳动者的技能,又包含部分取代这项技能的物质手段。工程技术是包括劳动工具、劳动对象等一切劳动的物质手段和体现为艺术方法、程序、信息、经验、技巧和管理能力的非物质手段。

(3)寿命周期成本。寿命周期成本是指从产品的研究、开发、设计开始,经过制造和长期使用,甚至被废弃为止的整个产品寿命周期内所花费的全部费用。对产品的使用者来说,寿命周期成本体现为一次性支付的产品购置费与在整个产品使用期限内支付的经常性费用之和。

二、工程经济学的研究对象和任务

(一)工程经济学的研究对象

工程经济学从技术的可行性和经济的合理性出发,运用经济理论和定量分析方法,研究工程技术投资和经济效益的关系。例如,各种技术在使用过程中,如何以最低的投入取得最大的产出;如何用最低的寿命周期成本实现产品、作业或服务的必要功能。工程经济学不研究工程技术原理与应用本身,也不研究影响经济效果的各种因素自身,而是研究这些因素对工程项目产生的影响及工程项目的经济效果。具体内容包括对工程项目的资金筹集、经济评价、优先决策以及风险和不确定性分析等。

(二)工程经济学的任务

工程经济学是经济学在工程建设方面应用的分支学科,从其发展的过程看,工程经济学的出现,主要为了在工程建设过程中选择最优方案。为了进行方案比选,必须对不同技术可行方案的投资与效益进行分析、预测;投资与效益的可靠程度分析,要设定统一合适的标准,形成适用的评定指标,以判定方案的可行性;经过对比,选择最优方案,或排定方案次序,为决策者提供依据。这些都需要建立在一定的理论基础上,以使评选结果正确可靠。工程经济学就是提供这种理论与方法的科学,这种理论与方法具有普遍意义,适用于工程建设前期,建设期及运行期的各个环节、阶段的方法评选。

三、工程经济学的研究步骤和方法

(一)工程经济学的研究步骤

技术实践活动的目的是运用科学知识、技术能力和物质手段形成能满足人们需要的经济系统。通常,一个完整的实践活动可以分为调查研究,确定目标;寻找关键要素;建立方案等几个阶段。

1. 调查研究,确定目标

技术经济分析活动的第一阶段就是通过调查,收集与技术实践活动有关的资料和信息,发现经济环境中现在和潜在的需求,确立研究目标。

2. 寻找关键要素

关键要素就是实现目标的制约因素,只有找出了主要矛盾,确定了系统的各种关键要素,才有可能采取有效措施,为技术活动实现最终目标扫清障碍。

3. 建立方案

为达到已确定的目标,可采取各种不同的途径,提出多种可供选择的方案。例如,降低人工费可以采用新设备,也可以采用简化操作的方法;新设备可以降低产品的废品率,但同样的效果也可以通过质量控制方法取得。

(二)工程经济学的研究方法

工程经济学是工程技术与经济核算相结合的边缘交叉科学，是自然科学、社会科学密切交融的综合科学，是一门与工程建设、经济发展有着直接联系的应用性学科。其研究方法主要包括以下几项：

(1)理论联系实际的方法；
(2)定量分析与定性分析相结合的方法；
(3)系统分析和平衡分析的方法；
(4)静态评价与动态评价相结合的方法；
(5)统计预测与不确定分析方法。

四、工程经济学的特点

1. 综合性

工程经济学横跨自然科学和社会科学两大类。工程技术的经济问题往往是多目标、多因素的。因此，工程经济学研究的内容涉及技术、经济、社会与生态等因素。

2. 实用性

工程经济学的研究对象来源于生产建设实际，其分析和研究成果直接用于建设与生产，并通过实践来验证分析结果的正确性。

3. 定量性

工程经济学以定量分析为主，对难以定量的因素，也要以量化估计。用定量分析结果为定性分析提供科学依据。

4. 比较性

工程经济分析通过经济技术方案中效果的比较，从许多可行性的技术方案中选择最优方案或满意的可行性方案。

5. 预测性

工程经济分析是对将要实现的技术政策、技术措施、技术方案进行事先的分析评价。

五、工程项目经济评价的基本原则

(1)技术与经济相结合的原则。
(2)定性分析与定量分析相结合的原则。
(3)财务分析与国民经济分析相结合的原则。
(4)可行性原则。可行性原则主要包括以下几个方面：
1)满足与需要的可行性、产量可行性、质量可行性；
2)消耗费用的可行性(分析期、货币的时间价值等)；
3)价格的可行性。

任务二　工程经济时间价值

一、现金流量图的绘制

(一)现金流量的含义

一项工程的建设活动可以从物质形态和货币形态两个方面进行考察。从物质形态上看，工程建设表现为通过对土地的开发，使用各种工具设备、建筑材料，消耗一定的能源，最终生产出可供人类生产或生活居住的建筑空间；从货币形态上看，工程建设表现为投入一定量的资金，花费一定量的成本，投产后生产一定量的产品，通过销售产品，或者将工程项目出租或出售获得一定量的货币收入。对于有着经济效益的工程建设这样一个特定的经济系统而言，投入的资金、花费的成本和获取的收益，都可以看成是货币形式（包括货币和其他货币支付形式）体现的资金流出和流入。

微课：现金流量及现金流量图

在进行工程经济分析时，首先应确定项目评价的对象和范围，可将所考察的对象视为一个独立的系统，这个系统可以是一个建设项目、一个企业，也可以是一个地区、一个国家。按照确定的项目评价的对象和范围，根据项目性质和融资方式选取适宜的方法，然后通过研究和预测选取必要的基础数据进行成本费用估算、销售（营业）收入和相关税费估算，同时编制财务现金流量表，这些工作实质上是财务分析基础数据与参数的确定，在此基础上，才能进入财务分析实质性工作阶段。通过研究和预测确定或投入的资金、花费的成本、获取的收益，均可看成是以资金形式体现的该系统的资金流出或资金流入。这种在考察对象整个计算期各时间点 t 上实际发生的资金流出或资金流入称为现金流量。其中，流出系统的资金称为现金流出，用符号（CO）表示；流入系统的资金称为现金流入，用符号（CI）表示。现金流入与现金流出之差称为净现金流量，用符号（CI-CO）表示。记录现金流入和流出的时间与金额的表格称为财务现金流量表。

（二）现金流量的分类

现金流量按技术经济分析的范围和经济评价方法的不同可分为财务现金流量和国民经济效益费用流量。

1. 财务现金流量

财务现金流量主要包括项目财务现金流量、资本金财务现金流量和投资各方财务现金流量。财务现金流量主要用于工程项目财务评价。

2. 国民经济效益费用流量

国民经济效益费用流量主要包括项目国民经济效益费用流量、国内投资国民经济效益费用流量和经济外汇流量。国民经济效益费用流量主要用于工程项目国民经济评价。

（三）现金流量图

在项目的寿命周期内，各种资金流入和流出的数额与发生的时间都不尽相同，为了正确地进行技术经济分析与计算，需要借助现金流量图。现金流量图是工程项目在寿命周期内现金流入和现金流出状况的图解，如图7-1所示。横轴是时间轴，自左向右表示时间的延续。横轴等分成若干间隔，每一间隔代表一个时间单位（通常为一年）。时间轴上的点称为时点。标注有时间序号的时点，通常是该时间序号所表示的年份的年末，同时也是下一年的年初，如0代表第

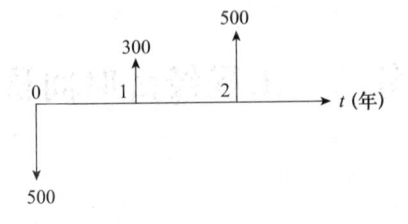

图7-1 现金流量图

一年年初，1代表第一年年末和第二年年初，依此类推。横轴 t 反映所考察的经济系统的寿命周期。与横轴相连的垂直线，代表流入或流出系统的现金流量。箭头向上表示现金流入，箭头向下表示现金流出，垂直线的长短与现金流量绝对值的大小成比例。现金流量图上要注明每笔现金流量的金额。现金流量的性质是对特定的主体而言的。贷款人的流入就是借款人的流出；反之亦然。t 表示现金流量的性质是从资金使用者的角度来确定的，一般假设投资发生在年初，销售收入、经营成本及残值回收等发生在年末。

二、资金的时间价值

将资金投入使用后经过一段时间，资金便产生了增值，也就是说，由于资金在生产和流通环节中的作用，使投资者得到了收益或盈利。不同时间发生的等额资金在价值上的差别就是资金的时间价值。同样道理，如果把资金存入银行，经过一段时间后也会产生增值，这就是人们通常所说的利息。客户按期得到的利息是银行将吸纳的款项投资于工程项目之中所获得的盈利的一部分，盈利的另一部分则是银行承担风险运作资金的收益。盈利和利息是资金的时间价值的两种表现形式，都是资金时间因素的体现，是衡量资金时间价值的绝对尺度。

在工程技术经济分析中，对资金时间价值的计算方法与银行利息的计算方法是相同的，银行利息就是资金时间价值的一种表现形式。在商品经济条件下，资金在投入生产与交换过程中产生了增值，给投资者带来利润，其实质是由于劳动者在生产与流通过程中创造了价值。从投资者的角度看，资金的时间价值表现为资金具有增值特性。从消费者的角度来看，资金的时间价值是对放弃现时消费带来的损失所做的必要补偿，这是因为资金用于投资后则不能再用于现时消费。个人储蓄和国家积累的目的也是如此。

资金时间价值是市场经济条件下的一个经济范畴，重视资金时间价值可以促使建设资金合理利用，使有限的资金发挥更大的作用。随着我国加入WTO，市场将进一步开放，我国企业也要参与国际竞争，要用国际通行的项目管理模式与国际资本打交道。总之，无论进行了什么样的经济活动，都必须认真考虑资金时间价值，千方百计缩短建设周期，加速资金周转，节省资金占用数量和时间，提高资金的经济效益。

衡量资金时间价值的尺度有两种：一种是绝对尺度，即利息、盈利或收益；另一种是相对尺度，即利率、盈利率或收益率。

(一)利息

在借贷过程中，债务人支付给债权人超过原借贷款金额(原借贷款金额常称作本金)的部分，就是利息。其计算公式为

$$利息 = 目前应付的总金额 - 本金 \tag{7-1}$$

从本质上看，利息是由贷款产生的利润的一种再分配。在工程经济研究中，利息常被看作资金的一种机会成本，这是因为如果放弃资金的使用权利，相当于失去了获取收益的机会，也就相当于付出了一定的代价。所以，利息就成了投资分析平衡现在与未来的杠杆，投资本身就包含着现在和未来两个方面的含义。事实上，投资就是为了在未来获得更大收益而对目前的资金进行某种安排。未来收益应当超过现在的投资，正是这种预期的价值增长才能刺激人们从事投资。因此，在工程经济学中，利息是指占用资金所付出的代价或放弃现期消费所得的补偿。

(二)利率

利率就是单位时间内(如年、半年、季、月、周、日等)所得利息额与本金之比，通常用百

分数表示。即

$$利率 = 单位时间内所得的利息额/本金 \times 100\% \qquad (7\text{-}2)$$

式(7-2)中用于表示计算利息的时间单位称为计息周期。计息周期通常为年、半年、季、月、周或日。

【例 7-1】 某人现借得本金 2 000 元,1 年后付息 180 元,则年利率是多少?

解:年利率=(180/2 000)×100%=9%

1. 利率的高低因素

(1)利率的高低首先取决于社会平均利润率的高低,并随之变动。在通常情况下,平均利润率是利率的最高界限。因为如果利率高于平均利润率,借款者就会因无利可图而不去借款。

(2)在平均利润率不变的情况下,利率高低取决于金融市场上借贷资本的供求情况。借贷资本供过于求,利率便下降;反之,求过于供,利率变上升。

(3)借出资本要承担一定的风险,风险越大,利率也就越高。

(4)通货膨胀对利息的波动有直接的影响。

(5)借出资本的期限长短对利率也有重大影响。贷款期限越长,不可预见因素多,风险大;利率也就高,反之利率就低。

2. 利息和利率在技术经济活动中的作用

(1)利息和利率是以信用方式动员和筹集资金的动力。以信用的方式筹集资金的特点就是自愿性,而自愿性的动力来自利息和利率。

(2)利息促进企业加强经济核算,节俭使用资金。

(3)利息和利率是国家管理经济的重要杠杆。国家在不同的时期制定了不同的利息政策,对不同地区、不同部门和不同产业及不同的项目规定了不同的利率标准,会对整个国家经济产生影响。

(4)利息和利率是金融企业经营发展的重要条件。

三、单利和复利的计算

利息计算有单利和复利之分。当计息周期在一个以上时,就需要考虑"单利"与"复利"的问题。

(一)单利的计算

单利是指计算利息时,仅用最初本金加以计算,而不计入在先前的计息周期中所累积增加的利息,即通常所说的"利不生利"的计息方法。其计算公式如下:

$$I_n = P \times i \times n \qquad (7\text{-}3)$$

式中 I_n——各计息期的总利息;
　　　P——本金;
　　　i——计息期单利利率;
　　　n——计息期数。

其 n 个计息周期后的本利和为

$$F_n = P + P \times i \times n = P(1 + i \times n) \qquad (7\text{-}4)$$

在利用式(7-4)计算本利和 F_n 时,要注意式中 n 和 i 反映的时期要一致。如 i 为年利率,则 n 应为计息的年数;若 i 为月利率,n 即计息的月数。

【例 7-2】 假如以单利方式借入 1 000 元,年利率为 8%,第四年年末未偿还,计算各年利息和本利和。

解：计算过程和计算结果列于表 7-1 中。

表 7-1 各年利息和本利和

使用期	年初借款额累计	年末利息	年末本利和	年末偿还
1	1 000	1 000×8%=80	1 080	0
2	1 080	80	1 160	0
3	1 160	80	1 240	0
4	1 240	80	1 320	1 320

由上例可知，单利的年利息额仅由本金所产生，不再加入本金产生利息，此即"利不生利"。这不符合客观的经济发展规律，没有反映资金随时都在"增值"的概念，也没有完全反映资金的时间价值。因此，在工程经济分析中单利使用较少，通常只适用于短期投资及不超过一年的短期贷款。

(二)复利的计算

复利是指在计算某一计息周期的利息时，由本金加上先前周期所积累利息总额来计算的计息方式，即通常所说的"利生利""利滚利"的计息方法。其表达式如下：

$$I_n = i \times F_{n-1} \tag{7-5}$$

其 n 个计息周期后的本利和为

$$F_n = P(1+i)^n \tag{7-6}$$

式中 i——复利利率；

F_{n-1}——第 $n-1$ 期期末的复利本利和。

式(7-6)的推导过程见表 7-2。

表 7-2 复利本利和 F_n 的推导过程

计息期数	期初本金	期末本金	期末本利和
1	P	Pi	$F=P+Pi=P(1+i)$
2	$P(1+i)$	$P(1+i)i$	$F_2=P(1+i)+P(1+i)i=P(1+i)^2$
…	…	…	…
$n-1$	$P(1+i)^{n-2}$	$P(1+i)^{n-2}i$	$F_{n-1}=P(1+i)^{n-2}+P(1+i)^{n-2}i=P(1+i)^{n-1}$
n	$P(1+i)^{n-1}$	$P(1+i)^{n-1}i$	$F_n=P(1+i)^{n-1}+P(1+i)^{n-1}i=P(1+i)^n$

【例 7-3】 数据同例 7-2，按复利计算，则本利和为多少？

解：$F_n = P(1+i)^n = 1\,000 \times (1+8\%)^4 = 1\,360.489(元)$

从例 7-2 和例 7-3 可以看出，同一笔贷款，在利率和计息周期均相同的情况下，用复利计算出的利息金额数比用单利计算出的利息金额数大。复利计息比较符合资金在社会再生产过程中运动的实际情况。在工程经济分析中，一般采用复利计算。

四、名义利率和有效利率

(一)名义利率

名义利率是指按年计息的利率，即计息周期为一年的利率，它是以一年为计息基础，等于每一计息周期的利率与每年的计息次数的乘积。例如，按月计算利息，月利率为1%，即年利率为12%，每月计息一次；年利率12%称为名义利率。

(二)有效利率

有效利率又称为实际利率，是将各种不同计息的利率换算成一年为计息期的利率。

需要注意的是，在资金的等值计算公式中所使用的利率都是指实际利率。如果期限为一年，则名义利率就是实际年利率，因此可以说两者之间的差异取决于实际计息期与名义计息期的差异。

微课：名义利率和有效利率

(三)名义利率与实际利率的转化及应用

设名义利率为 r，一年中计息期数为 m，则每一计息期的利率为 r/m。若年初借款 P 元。一年后本利和为

$$F=P(1+r/m)^m$$

其中，本金 P 的年利息 I 为

$$I=F-P=P(1+r/m)^m-P$$

根据利率的定义可知，利率等于利息与本金之比。当名义利率为 r 时，实际利率为

$$i=[P(1+r/m)^m-P]/P=(1+r/m)^m-1 \tag{7-7}$$

式中　i——实际利率；

　　　r——名义利率；

　　　m——名义利率所表明的计息周期内实际上复利计息的次数。

【例 7-4】　现有两家银行可以提供贷款，甲银行年利率为 17%，1 年计息一次；乙银行年利率为 16%，1 月计息一次，均为一次计算。问哪家银行的年实际利率低？

解：乙银行的年实际利率为

$$i=(1+r/m)^m-1=(1+0.16/12)^{12}-1=17.23\%$$

故甲银行的实际利率低于乙银行。

从例 7-4 中可以看出，名义利率与实际利率存在下列关系：

(1)当实际计息周期为 1 年时，名义利率与实际利率相等；实际计息周期短于 1 年时，实际利率大于名义利率。

(2)名义利率不能完全反映资金的时间价值，实际利率才真实地反映了资金的时间价值。

(3)实际计息周期相对越短，实际利率与名义利率的差值就越大。

任务三　资金等值的计算与应用

一、资金等值相关基本概念

如果两个事物的作用效果是相同的，在技术经济分析中，等值是一个很重要的概念，它是评价不同时期资金使用效果的重要依据。

等值又称为等效值，是指资金在运转过程中，由于利息的存在，不同时刻的资金绝对值不等，但资金的实际价值是相等的。货币的等值包括金额、金额发生的时间、利率三个因素。例如，当年利率为 5%，现在的 1 000 元，等值于 1 年年末的 1 050 元，或 5 年年末的 1 276 元，或 10 年年末 1 629 元，或 20 年年末的 2 653 年。

微课：资金等值的基本概念

利用等值的概念可以把在一个时间点发生的资金金额换算成另一时间点的等值金额，这一

过程称为资金等值计算,把将来某一时间点的资金金额换算成现在时间点的等值金额称为"折现"或"贴现",将来时间点上的资金折现后资金金额为"现值",与现值等价的将来某时间点的资金金额称为"终值"或"将来值"。需要说明的是,"现值"并非专指一笔资金"现在"的价值,它是一个相对的概念。一般来说,将 $t+k$ 个时点上发生的资金折现到第 t 个时点,所得的等值金额就是第 $t+k$ 个时间点上资金金额在第 t 时间点的现值,进行资金等值计算时的反映资金时间价值的参数或贴现率。

1. 利率(折现率)

在工程经济分析中,把根据未来的现金流量求现金流量时所使用的利率称为折现率,本书中利率和折现率一般不加以区分,均用 i 来表示,并且 i 一般是指年利率(年折现率)。

2. 计息次数 n

计息次数是指投资项目以开始投入资金到项目的寿命周期终结为止的整个期限,计算利息的次数,通常以"年"为单位。

3. 现值 P

现值表示资金发生在某一特定时间序列始点上的价值。在工程经济分析中,现值表示在现金流量图中 t 点的投资数额或投资项目的现金流量折算到 0 点时的价值。折算计算法是评价投资项目经济效果时经常采用的一种基本方法。

4. 终值 F

终值表示资金发生在某一特定时间序列终点上的价值。其含义是指期初投入或产出的资金转换为计算期末的终值。

5. 年金 A

年金是指各年等额收入或支付的金额,通常以等额序列表示,即在某一特定时间序列期内,每隔相同时间收支的等额款项。

6. 等值

等值是指在特定利率条件下,在不同时点的两笔绝对值不相等的资金具有相同的价值。

二、等值的基本公式

(一)一次支付终值复利公式

若现在投资 P 元,收益率为 i,到 n 期期末本利和为多少?

现金流量图如图 7-2 所示。

微课:资金的一次
支付问题

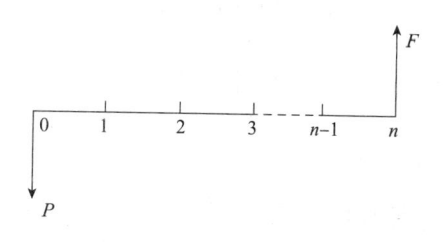

图 7-2 一次支付现金流量图

其计算公式如下:

$$P = F(1+i)^n \qquad (7-8)$$

式中,$(1+i)^n$ 称为一次支付终值复利系数。查附录的复利系数表,可得到该复利系数的值,一

一般用$(F/P, i, n)$表示。即
$$F=P(F/P, i, n) \tag{7-9}$$
$$F=P(F/P, i, n)=500(F/P, 4\%, 3)=500\times1.1249=562.45(元)$$

(二)一次支付现值复利公式

若要求经过n期后的本利和为F，收益率为i，那么现在应投入资金P为多少？

现金流量图如图7-2所示，现值复利公式由式(7-10)确定。
$$P=F(1+i)^{-n} \tag{7-10}$$
式中，$(1+i)^{-n}$称为一次支付现值复利系数，用$(P/F, i, n)$表示，故式(7-10)可写为
$$P=F(P/F, i, n) \tag{7-11}$$

【例7-5】 某企业6年后需要一笔500万元的资金，以作为某项固定资产的更新。已知年利率为8%，问现在应存入银行多少钱？

解：$P=F(P/F, i, n)=F(P/F, 8\%, 6)=500\times0.6302=315.10(万元)$

(三)等额支付序列终值复利公式

若每期期末等量投资额为A，收益率为i，经过n期后本利和为多少？

现金流量图如图7-3所示。

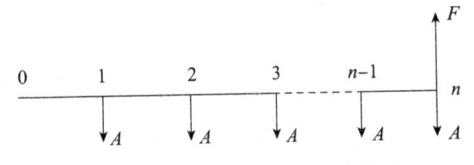

图7-3 等额支付序列现金流量图(一)

公式推导如下：

把每期等额支付的A看作是n个一次支付的P，用一次支付终值复利公式分别计算出F然后相加，即
$$F=A(1+i)^{n-1}+A(1+i)^{n-2}+\cdots+A(1+i)+A$$
上式两端同乘$(1+i)$得
$$F(1+i)=A(1+i)^n+A(1+i)^{n-1}+\cdots+A(1+i)$$
两式相减得：
$$F(1+i)-F=A(1+i)^n-A \tag{7-12}$$
$$F=A[(1+i)^n-1]/i$$
式中，$[(1+i)^n-1]/i$称为等额支付序列终值复利系数，用$(F/A, i, n)$表示，式(7-12)可写成：
$$F=A(F/A, i, n)$$

【例7-6】 某大型工程项目每年年末投资2亿元，5年建成，年利率为7%，求第5年年末的实际累计总投资额。

解：$F=A(F/A, i, n)=2(F/A, 7\%, 5)=11.5(亿元)$

(四)等额支付序列投资回收公式

若现在投资P元，收益率为i，想在n期后收回全部投资，每年应等额回收资金A为多少？

现金流量图如图7-4所示。

公式推导如下：

将式(7-8)代入式(7-12)，则
$$F=P(1+i)^n=A[(1+i)^n-1]/i$$

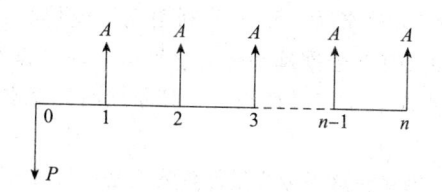

图7-4　等额支付序列现金流量图(二)

得到
$$A = P(1+i)^n i / [(1+i)^n - 1] \tag{7-13}$$

式$(1+i)^n i / [(1+i)^n - 1]$称为等额支付序列投资回收复利系数,用$(A/P, i, n)$表示,式(7-13)可写成:

$$A = P(A/P, i, n) \tag{7-14}$$

【例7-7】 某项目投资100万元,计划在8年内全部收回投资,若已知年利率为8%,问该项目各年平均净收益至少应达到多少?

解: $A = P(A/P, i, n) = 100(A/P, 8\%, 8) = 100 \times 0.174 = 17.4$(万元)

(五)等额支付序列偿债基金公式

若在第n期期末要获得收益值为F,收益率为i,那么每期期末应等额投入资金A为多少?现金流量图如图7-3所示。

由式(7-12)得

$$A = F_i / [(1+i)^n - 1] / i \tag{7-15}$$

式中,$i/[(1+i)^n - 1]$称为等额支付序列偿债基金复利系数,用$(A/F, i, n)$表示,式(7-15)可写成:

$$A = F(A/F, i, n) \tag{7-16}$$

【例7-8】 某企业5年后需要一笔50万元的资金用于固定资产的更新改造,如果年利率为5%,从现在开始该企业每年应存入银行多少钱?

解: $A = F(A/F, i, n) = 50(A/F, 5\%, 5) = 50 \times 0.181\,0 = 9.05$(万元)

(六)等额支付序列现值复利公式

若在n期内每期期末欲取得收益为A,收益率为i,那么现在必须投入的资金P为多少?现金流量图如图7-4所示。

由式(7-13)得

$$P = A[(1+i)^n - 1] / (1+i)^n i \tag{7-17}$$

式中,$[(1+i)^n - 1]/(1+i)^n i$称为等额支付序列现值复利系数,用$(P/A, i, n)$表示,式(7-17)可写成:

$$P = A(P/A, i, n) \tag{7-18}$$

【例7-9】 设立一项基金,计划从现在开始的十年内,每年年末从基金中提取50万元,若已知年利率为10%,问现在应存入基金多少钱?

解: $P = A(P/A, i, n) = 50(P/A, 10\%, 10) = 50 \times 6.144\,6 = 307.23$(万元)

(七)应用中应注意的问题

(1)方案的初始投资,假定发生在方案的寿命期初,即"零点"处,方案的经常性指出假定发生在计息期末。

(2)P是在计算期初开始发生(零时点),F在当前以后第n年年末发生,A在考查期间各年年末发生。

(3)利用公式进行资金的等值计算时,要充分利用现金流量图。现金流量图不仅可以清晰、准确地反映现金收支情况,而且有助于准确确定计息期数,使计算不致发生错误。

(4)在进行等值计算时,如果现金流动期与计息期不同时,就需要注意实际利率与名义利率的换算。

(5)利用公式进行计算时,需要注意现金流量计算公式是否与等值计算公式中的现金利率计算公式相一致。如果一致,可直接利用公式进行计算;否则,应对现金流量进行调整,再进行计算。

【例7-10】 项目采用分期付款的方式,连续5年每年年末偿还银行借款150万元,如银行借款年利率为8%,按季计息,问截止到第5年年末,该项目累计还款的本利和是多少?

解:该项目还款的现金流量图如图7-5所示。

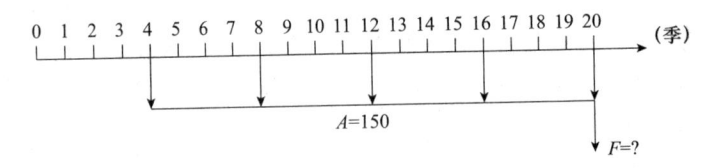

图7-5 按季计息年度支付的现金流量图(单位:万元)

(1)求出现金流动期的实际年利率,根据式(7-7),有
$$i=(1+r/m)^m-1=(1+8\%/4)^4-1=8.24\%$$

(2)原问题就转化为年利率为8.24%,年金为150万元,期限为5年,终值计算如下:
$$F=A(F/A,i,n)=A[(1+i)^n-1]/i=150\times[(1+8.24\%)^5-1]/8.24\%=884.21(万元)$$
即该项目累计还款的本利和为884.21万元。

【例7-11】 某基金会5年内每年初需要投入资金100万元用于技术改造,企业准备转入一笔钱以设立一项基金,提供每年技改所需要的资金,如已知年利率为6%,则企业应投入资金多少?

解:现金流量图如图7-6所示。

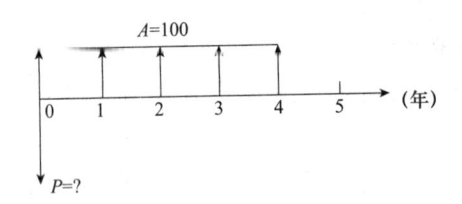

图7-6 预付年金的等值变换(单位:万元)

通过等值调整后的现金流量情况如图7-7所示。

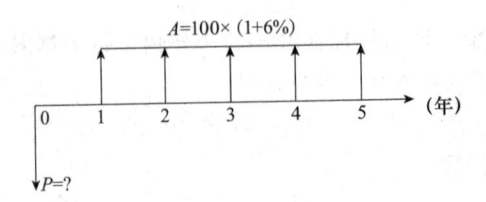

图7-7 调整后的现金流量图(单位:万元)

由图7-7可知,已知A,i,n,求P。根据年金公式(7-18),则
$$P=A(P/A,i,n)=100\times(1+6\%)(P/A,6\%,5)=446.51(万元)$$

即企业现在应该存入基金 446.51 万元。

1. 计息周期等于支付周期

【例 7-12】 年利率为 12%，每半年计息 1 次，从现在起，连续 3 年，每半年作 100 万元的等期支付，与其等值的现值为多少？

解：每计息的利率

$$i = 12\%/2 = 6\%$$
$$n = 3 \times 2 = 6$$
$$P = A(P/A, i, n) = 100 \times (P/A, 6\%, 6) = 100 \times 4.9173 = 491.73(万元)$$

2. 计息周期小于支付周期

【例 7-13】 年利率为 10%，每半年计息 1 次，从现在起，连续 3 年的等额年末支付为 500 万元，与其等值的第 0 年的现值是多少？

解：方法一：先求出支付期的有效利率，支付期为 1 年，则有效年利率为
$$i = (1 + r/m)^m - 1 = (1 + 10\%/2)^2 - 1 = 10.25\%$$

则
$$P = A[(1+i)^n - 1]/[i(1+i)^n]$$
$$= 500 \times [(1 + 10.25\%)^3 - 1]/[10.25\% \times (1 + 10.25\%)^3] = 1237.97(万元)$$

方法二：取一个循环周期，使这个周期的年末支付变成等值的计息期末的等额支付序列，从而使计息期和支付期完全相同，则可将有效利率直接代入公式计算，如图 7-8 所示。

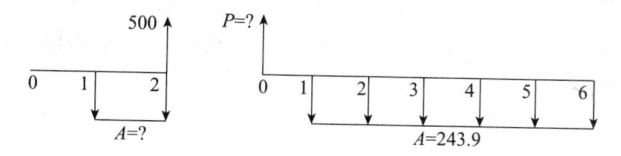

图 7-8 将支付周期调整为计息周期的现金流量图

在年末存款 500 万元的等效方式是在每半年末存入
$$A = 500 \times (A/F, i, n) = 500 \times (A/F, 10\%/2, 2) = 500 \times 0.4878 = 243.9(万元)$$

则
$$P = A(P/A, i, n) = 243.9 \times (P/A, 5\%, 6) = 243.9 \times 5.0757 = 1237.96(万元)$$

3. 计息周期大于支付周期

由于计息期内有不同时刻的支付，通常规定存款必须满一个计息周期才能计息，即在计息周期内存入的款项在该期不计算利息，要在下一期才能计算利息。因此，原财务活动的现金流量图应按以下原则进行整理（相对于投资方来说）：计息期内的存款放在期末；计息期内的提款放在期初；计息期分界点处的支付保持不变。

【例 7-14】 某项目现金流量图如图 7-9 所示。年利率为 12%，每季度计息 1 次，年末终值 F 为多少？

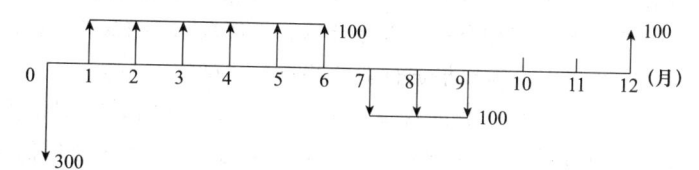

图 7-9 某项目现金流量图

解：按上述原则进行调整，得到等值的现金流量图如图 7-10 所示。

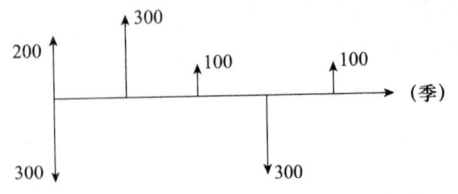

图 7-10 某项目调整后的现金流量图

根据调整过的现金流量图求得终值：

$$F = (-300+200) \times (1+12\%/3)^4 + 300 \times (1+12\%/3)^3 + 100 \times (1+12\%/3)^2 - 300 \times (1+12\%/3) + 100$$
$$= 116.63（万元）$$

任务四 工程经济指标与应用

一、计算期确定

在计算经济评价指标时，方案计算期的确定是否合理，有时候会直接影响项目的评价结果。如果计算期确定的时间太长，使项目增加了盈利时间，有些经济上本不可行的项目则可能被选中实施，可能会错过一些具有更大盈利机会的方案。工程项目计算期包括拟建项目的建设期和运营期（生产期）两个阶段。

(一) 建设期

工程项目的建设期是指项目从开始施工到全部建成投资所需要的时间。建设期的主要工作有建设计划安排、签订建设合同、筹集资金、工程前期准备、组织施工、检查工程进程等。建设期的长短和投资项目的规模大小、行业性质、建设方式等有关，应综合考虑加以确定。在建设期内，一般只有投资，没有或者只有很少产出，因此建设期太长，会增加项目的投资成本。项目的建设投产标志着项目开始产生投资效益，建设期越长，获得收益就越迟，从而影响项目的预期投资效果。因此，在确保建设项目工程建设质量的前提下，项目建设期应尽可能缩短。

(二) 运营期

运营期也称为生产期，一般可分为投产期和达产期两个阶段。投产期是指项目投入生产，但生产能力尚未完全达到设计能力时的过渡阶段；达产期是指生产运营达到设计预期水平后的时间。

运营期一般应根据项目主要设施和设备的经济寿命或折旧年限、产品寿命期、主要技术寿命期等多种因素综合确定。除某些采掘工业受资源储备量限制而需要合理确定开采年限外，一般工业项目的生产期可按固定资产综合折旧寿命计算，一般项目在 15 年左右，其他项目生产期可延长至 25 年，甚至 30 年以上，需要根据行业的特点具体确定。

项目计算期的长短取决于项目本身的特征，因此，无法对项目计算期做统一规定。项目的计算期不宜定得太长，一方面按折现法计算，将后期的收益金额折现为现值的数值相对较小，很难对评价结论产生决定性影响；另一方面由于时间越长，经济情况发生变化的可能性会变大，从而使计算误差变大。

二、基准收益率

(一)基准收益率的含义

在工程经济学中,"利率"更广泛的含义是指投资收益率。通常,在选择投资机会或决定工程方案取舍之前,投资者首先要确定一个最低盈利目标,即选择特定的投资机会或投资方案必须达到的预期收益率,称为基准投资收益率(简称基准收益率,通常用 i_c 表示)。在国外一些文献中,基准收益率被称为"最小诱人投资收益率"(Minimum Attractive Rate of Return,MARR),这一名称更明确地表达了基准收益率的概念,即对该投资者而言,能够吸引他的特定投资机会或方案的可接受的最小投资收益率。由于基准收益率是计算净现值等经济评价指标的重要参数,因此又常被称为基准折现率或基准贴现率。

利用基准收益率来选择确定项目,实际上是用它来作为一个衡量标准,这个标准收益率水平的高低对方案的选择有很大影响。如果它定得太高,可能会使许多经济效益好的方案不被采纳;如果它定得太低,则可能接受一些经济效益并不好的方案。因此,基准收益率是投资方案和工程方案的经济评价与比较的前提条件,是计算经济评价指标和评价方案优劣的基础,它的高低会直接影响经济评价的结果,改变方案比较的优劣顺序。

(二)基准收益率的确定因素

通常,在确定基准收益率时应考虑以下一些因素。

1. 资金成本

资金成本是指为取得资金的使用权而向资金提供者支付的费用。其主要包括筹资费和资金的使用费。筹资费是指在筹集资金过程中发生的各项费用;资金的使用费是指因使用资金而向资金提供者支付的报酬。如债务资金的资金成本包括支付给债权人的利息、金融机构的手续费等;股东权益投资的资金成本包括向股东支付的股息和金融机构的代理费等。投资所获盈利必须能够补偿资金成本,然后才会有利可图,因此,投资盈利率最低限度不应小于资金成本率,即资金成本是确定基准收益率的基本因素。

2. 投资的机会成本

投资的机会成本是指将有限的资金用于该方案而失去的其他投资机会所能获得的最大收益。机会成本的表现形式是多种多样的。货币形式表现的机会成本,如销售收入、利润等;由于利率大小决定货币的价格,采用不同的利率也表示货币的机会成本。机会成本是在方案外部形成的,不能反映在该方案财务上,必须通过工程经济分析人员的分析比较,才能确定项目的机会成本。

基准收益率应不低于单位资金成本和单位投资的机会成本,这样,才能使资金得到有效的利用。

3. 风险报酬

投资风险是指实际收益对投资者预期收益的背离(投资收益的不确定性),风险可能为投资者带来超出预期的收益,也可能为投资者带来超出预期的损失。在一个完备的市场中,收益与风险成正比,要获得高的投资收益就意味着要承担大的风险。从投资角度来看,投资者承担风险,就要获得相应的补偿,这就是风险报酬。通常把政府的债券投资看作是无风险投资。此外,任何投资,认为都是存在风险的。对于存在风险的投资方案,投资者自然要求获得高于一般利润率的报酬,所以,通常要确定更高的基准收益率。

一般来说,从客观上看,资金密集项目的风险高于劳动密集的风险;资金专用性强的风险高于资金通用性强的风险;以降低生产成本为目的的风险低于以扩大产量、扩大市场份额为目的的风险。从主观上看,资金雄厚的投资主体的风险低于资金拮据的风险。

4. 通货膨胀

通货膨胀是指由于货币的发行量超过商品的流通所需要的货币量而引起的货币贬值和物价上涨的现象。通货膨胀使货币贬值,投资者的实际报酬下降。因此,投资者在通货膨胀情况下,必然要求提高收益水平以补偿其因通货膨胀造成的购买力的损失。基准收益率与采用的价格体系如果考虑了通货膨胀因素,则基准收益率中应计入通货膨胀率;否则不考虑通货膨胀因素。在实际工作中,通常采用后一种做法。

通货膨胀以通货膨胀率来表示,通货膨胀率主要表现为物价指数的变化,即通货膨胀率约等于物价指数变化率,一般每年的通货膨胀率是不同的,为了便于计算,常取一段时间的平均通货膨胀率,即在所研究的时期内,通货膨胀率是可以视为固定的。

综合以上分析,投资者自行测定的基准收益率可确定如下:

(1)若项目的现金流量是按当年价格预测估算的,则应以年通货膨胀 i_3 修正 i_c。即

$$i_c = (1+i_1) \cdot (1+i_2) \cdot (1+i_3) - 1 \approx i_1 + i_2 + i_3$$

(2)若项目的现金流量是按基年不变价格预测估算的,预测结果以排除通货膨胀,就不再考虑用通货膨胀的影响。即

$$i_c = (1+i_1) \cdot (1+i_2) - 1 \approx i_1 + i_2$$

式中,i_1、i_2、i_3 分别为单位投资机会成本率、风险补贴率、通货膨胀率,且都是较小得数。

尽管基准收益率是极其重要的一个评价参数,但其确定是比较困难的。不同的行业有不同的基准收益率,同一行业内的不同企业的收益率也有很大差别,甚至在一个企业内部不同的部门和不同的经营活动所确定的收益率也不同。也许正是因为其重要性,人们在确定基准收益率时比较慎重且显得困难。

(三)基准收益率选用的原则

(1)政府投资项目的评价必须采用国家行政主管部门发布的行业基准收益率。一般情况下,项目产出物或服务属于非市场定价的项目,其基准收益率的确定与项目产出物或服务的定价密切相关,是政府投资所要求的收益水平上限,但不是对参与非市场定价项目的其他投资者的收益率要求。参与非市场定价项目的其他投资者的基准收益率,通过参加政府招标或与政府部门协商确定。

(2)企业投资者等其他各类建设项目的评价中所采用的行业基准收益率,即可使用由投资者自行测定的项目最低可接收收益率,也可选用国家或行业主管部门发布的行业基准收益率。根据投资者的意图和项目的具体情况,项目最低可接受收益率的取值可高于、等于或低于行业基准收益率。

三、工程项目经济评价指标

(一)投资收益率

投资收益率是指投资达到设计生产能力后一个正常生产年份的年净收益总额和方案投资总额的比率。其表明投资方案在正常生产年份中,单位投资每年所创造的年净收益额,对生产期内各年的净收益额变化幅度较大的方案,可计算运营期年平均净收益额与投资总额的比率。

1. 计算公式

$$R = A/I \times 100\% \tag{7-19}$$

式中 R——投资收益率；
A——方案年净收益额或年平均净收益额；
I——方案投资额。

2. 评价标准

将计算出的投资收益率(R)与所确定的基准投资收益率(R_c)进行比较：
(1)若 R 大于等于 R_c，则方案在经济上可以接受；
(2)若 R 小于 R_c，则方案在经济上是不可行的。

3. 应用指标

根据分析目的的不同，投资收益率可分为总投资收益率(ROI)和资本金净利润率(ROE)。

(1)总投资收益率(ROI)，表示总投资的盈利水平，是指项目达到设计能力后正常年份的年息税前利润或运营期内年平均息税前利润($EBIT$)与项目总投资(TI)的比率。总投资收益率应按式(7-20)计算。

$$ROI = EBIT/TI \times 100\% \qquad (7-20)$$

式中 $EBIT$——项目正常年份的年息税前利润或运营期内年平均息税前利润；
TI——项目总投资。

总投资收益率高于同行业的收益率参考值，表明用总投资收益率表示的盈利能力满足要求。

(2)资本金净利润率(ROE)，表示项目资本金的盈利水平，是指项目达到设计能力后正常年份的年净利润或运营期内年平均利润(NP)与项目资本金(EC)的比率。项目资本金净利润率应按式(7-21)计算。

$$ROE = NP/EC \times 100\% \qquad (7-21)$$

式中 NP——项目正常年份的年净利润率或运营期内年平均利润率；
EC——项目资本金。

项目资本金净利润率高于同行业的净利润率参考值，表明用项目资本金净利润率表示的盈利能力满足要求。

(二)投资回收期

投资回收期又称为返本期，也称为投资返本年限，是反映项目或方案投资回收速度的重要指标。其是指通过项目的净收益来回收总投资所需的时间，通常以"年"表示。投资回收期是反应技术方案投资回收速度的重要指标。投资回收期一般从投资开始年算起，如果从投产年算起时，应予以说明。

根据是否考虑资金的时间价值，投资回收期可分为静态投资回收期和动态投资回收期。

1. 静态投资回收期

(1)静态投资回收期的概念。静态投资回收期(P_t)是指不考虑资金的时间价值，以项目净收益来回收项目全部投资所需要的时间。根据定义可以得知，静态投资回收期(P_t)的计算公式如下：

$$\sum_{t=0}^{P_t}(CI-CO)_t = 0 \qquad (7-22)$$

式中 CI——现金流入；
CO——现金流出；
$(CI-CO)_t$——第 t 年的现金流量。

(2)计算公式。静态投资回收期可借助项目投资现金流量表，根据净现金流量计算，其具体计算可以分两种情况：

1）若技术方案生产期内每年净收益（净现金流量）均相同时，则从投资开始年算起的投资回收期为

$$P_t = I/A \tag{7-23}$$

式中　I——总投资；

　　　A——每年的净收益。

2）若技术方案生产期内每年净收益（净现金流量）不相同时，则采用财务现金流量表累计其净现金流量来求 P_t，计算公式如下：

$$P_t = [累计净现金流量开始出现正值的年份] - 1 + \frac{上年累计净现金流量的绝对值}{当年净现金流量} \tag{7-24}$$

（3）判定准则。采用静态投资回收期指标对该方案进行经济评价时，应将计算出的静态投资回收期与根据同类项目的历史数据和投资者意愿确定的基准投资回收期 P_c 作比较，若 $P_t \leq P_c$ 时，则表明技术方案可以考虑接受；若 $P_t > P_c$，则方案是不可行的。

2. 动态投资回收期

（1）动态投资回收期的概念。动态投资回收期 P_t^*，是指考虑资金的时间价值，在给定的基准收益率（i_c）下，用项目各年净收益的现值来回收全部投资的现值所需要的时间。动态投资回收期一般从投资开始年算起，若从项目投产开始年计算，应予以特别注明。

根据定义可以得知，动态投资回收期 P_t^* 的计算公式如下：

$$\sum_{t=0}^{P_t^*}(CI-CO)_t = 0 \tag{7-25}$$

（2）计算公式。在实际计算中，由于各年净现金流量常常不是等额的，因此，采用的计算方法仍然是与求静态投资回收期相似的通过现金流量表求解。其计算公式为

$$P_t^* = [累计净现金流量开始出现正值的年份] - 1 + \frac{上年累计净现金流量的绝对值}{当年净现金流量现值} \tag{7-26}$$

（3）判定准则。采用动态投资回收期计算出来的动态投资回收期仍需要与基准投资回收期进行比较，其判定准则和静态投资回收期基本相同。即对单项目方案进行评价时，若 P_t^* 小于等于 P_c 时，则表明技术方案可以考虑接受；若 P_t^* 大于 P_c，则方案是不行的，应予拒绝。

四、净现值

（一）净现值的含义及计算公式

净现值（NPV）是将项目整个计算期内各年的净现金流量，按某个给定的折现率，折算到计算期期初（第零年）的现值代数和。净现值是反映投资方案在计算期内的获利能力的动态价值指标。净现值的计算公式为

$$NPV = \sum_{t=0}^{n}(CI-CO)_t \times (1+i)^{-t} \tag{7-27}$$

微课：经济评价指标-净现值

式中　CI——现金流入；

　　　CO——现金流出；

　　　$(CI-CO)_t$——第 t 年的净现金流量；

　　　i——基准收益率（一般情况）；

　　　n——方案的计算期。

(二)判定准则

当给定的折现率 $i=i_c$,如果 $NPV(i_c)=0$,则表明项目达到了行业基准收益率标准,而不是表示该项目投资盈亏平衡;如果 $NPV(i_c)>0$,则表明该项目的投资方案除实现预定的行业收益率外,还有超额的收益;如果 $NPV(i_c)<0$,则表明该项目不能达到行业基准收益率,但不能确定项目是否亏损。因此,净现值的判定准则如下:

(1)若 $NPV>0$,则说明该方案在经济上可行,即项目的盈利能力超过其投资收益期望水平,因此可以考虑接受该方案;

(2)若 $NPV=0$,则说明该项目的盈利能力达到了所期望的最低财务盈利水平,可以考虑接受该方案;

(3)若 $NPV<0$,则说明该方案在经济上不可行,可以考虑不接受该方案。

多种方案选择时,如果不考虑投资额限制时,净现值越大的方案越优。

【例 7-15】 一个寿命期为 5 年的项目,要求收益率必须达到 12%。现有两种方案可供选择,方案 A 的投资为 900 万元,方案 B 的投资为 1 450 万元,两种方案每年可带来的净收入见表 7-3,试计算两种方案的净现值。

表 7-3　方案的净现金流量表　　　　　　　　　　万元

年份	0	1	2	3	4	5
方案 A	−900	340	340	340	340	340
方案 B	−1 450	400	400	400	400	400

解:按 12% 的折现率对表 7-3 中各年的净现金流量进行折现求和,得

$$NPV_A = -900 + 340(P/A, 12\%, 5) = 325.63 (万元)$$

$$NPV_B = -1\,450 + 400(P/A, 12\%, 5) = -8.08 (万元)$$

方案 A 大于零,方案可行;方案 B 小于零,方案不可行,因此优选方案 A。

(三)净现值率

净现值率($NPVR$)是在净现值的基础上发展起来的,可作为净现值的一种补充。净现值率是项目净现值与全部投资现值之比。经济含义是单位投资现值所能带来的净现值,是一个考察项目单位投资盈利能力的指标。由于净现值不直接考察项目投资额的大小,因此为考察投资的利用效率,常用净现值率作为净现值的辅助评价指标。净现值率($NPVR$)的计算公式如下:

$$NPVR = NPV/I_p \tag{7-28}$$

$$I_P = \sum_{t=0}^{k} I_t (P/F, i_c, t) \tag{7-29}$$

式中　I_p——投入资金现值;

　　　I_t——第 t 年投资额;

　　　k——投资年数。

应用 $NPVR$ 评价方案时,对于独立方案,应使 $NPVR \geq 0$,方案才能接受;对于多方案评价,如果 $NPVR<0$ 的方案先行淘汰,在剩余的方案中,应将 $NPVR$ 与投资额、净现值结合选择方案。而且,在评价时应注意以下几点:

(1)计算投资现值与财务净现值的研究期应一致,即净现值的计算期是 n 期,则投资现值也是计算期为 n 期的投资;

(2)计算投资净现值与净现值的折现率应一致。

五、财务内部收益率

(一)内部收益率的含义和计算公式

内部收益率(IRR)是工程项目经济评价指标中一个重要的动态经济评价指标,是指能使工程项目方案在计算期内净现金流量现值累计为零时(也即收益现值等于成本现值)的折现率。由于该指标所反映的是工程投资所能达到的收益率水平,其大小完全取决于方案本身,因而称为内部收益率。其计算公式如下:

微课:经济评价指标-内部收益率

$$\sum_{t=0}^{n}(CI-CO)_t(1+IRR)^{-t}=0 \qquad (7-30)$$

式中 IRR——内部收益率。

应用 IRR 对项目进行经济评价的判定准则:设基准收益率为 i_c,若 $IRR \geqslant i_c$,则项目在经济效果上可以接受;若 $IRR < i_c$,则项目在经济效果上不可接受。

(二)内部收益率的计算方法

根据公式,求解内部收益率是解以 IRR 为未知数的多项高次方程。当各年的净现金流量不相等,并且计算期较长时,计算 IRR 是比较烦琐的。一般来说,求解 IRR,有人工试算法和利用计算机编程求解两种方法。

对于计算期不长、生产期内年净收益变化不大的技术方案,在利用复利系数表的情况下,可以采用人工试算法。人工试算法的一般解法如下:

根据公式,可画出净现值随折线率变化的示意图,如图 7-11 所示。

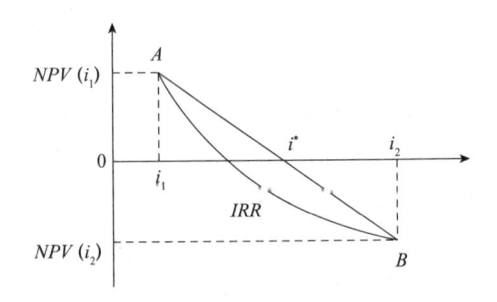

图 7-11 净现值曲线及内插法求 IRR 的示意图

从图 7-11 中可以看出,IRR 在 i_1 与 i_2 之间,用 i^* 近似代替 IRR,当 i_1 与 i_2 的距离控制在一定范围内,可以达到要求的精度。具体计算步骤如下:

(1)设初始折现率值为 i_1,一般可以先取行业的基准收益率 i_c 作为 i_1,并计算对应的净现值 $NPV(i_t)$。

(2)若 $NPV(i_1) \neq 0$,则根据 $NPV(i_1)$ 是否大于零,再设 i_2 若 $NPV(i_1)>0$,则设 $i_2>i_1$。若 $NPV(i_1)<0$,则设 $i_2<i_1$,i_2 与 i_1 的差距取决于 $NPV(i_1)$ 绝对值的大小,较大的绝对值可以取较大的差距;反之,取较小的差距。同理,计算对应的 $NPV(i_2)$。

(3)重复步骤(2),直到出现 $NPV(i_1)>0$,$NPV(i_2)<0$,用线性内插法求得 IRR 的近似值(应当指出,用线性内插法计算的误差与估计选用的两个折现率的差额的大小有直接的关系。为了控制误差,试算的两个折现率之差一般以 2% 为宜,最大不应大于 5%)。即

$$IRR \approx i^* + NPV(i_1)/[NPV(i_1)+|NPV(i_2)|] \times (i_2-i_1) \qquad (7-31)$$

式中　i^*——近似的内部收益率；
　　　i_1——试算用的较低折现率；
　　　i_2——试算用的较高折现率；
　　　$NPV(i_1)$——用较低折现率计算的净现值（应为正值）；
　　　$NPV(i_2)$——用较高折现率计算的净现值（应为负值）。

在图 7-11 中，当 i_2-i_1 足够小时，可以将曲线段 AB 近似看成线段 AB，直线段 AB 与横坐标的交点处的折现率 i 即 IRR 的近似值。因为三角形 Ai_1i^* 与三角形 Bi_2i^* 相似，故有

$$NPV_{(i_1)}/|NPV_{(i_2)}|=(i^*-i_1)/(i_2-i^*) \quad (7\text{-}32)$$

从上式中解得

$$i^*=[i_2NPV_{(i_1)}+i_1|NPV_{(i_2)}|]/(NPV_{(i_1)}+|NPV_{(i_2)}|) \quad (7\text{-}33)$$

【例 7-16】　已知某方案第零年投资 2 000 元，第一年收益为 300 元，第二、第三、第四年均获收益 500 元，第五年收益为 1 200 元，试计算该方案的内部收益率。

解：根据内部收益率计算公式，该方案的净现值表达式为

$NPV=-2\,000+300(P/F,i,1)+500(P/A,i,3)(P/F,i,1)+1\,200(P/F,i,5)$

第一次试算，取 $i_1=12\%$ 代入上式得

$NPV(i_1)=21(元)$，大于零。

第二次试算，取 $i_2=14\%$ 代入上式得

$NPV(i_2)=-91(元)$，小于零。

内部收益率应在 12% 和 14% 之间，代入公式可得

$$\begin{aligned}IRR\approx i^* &= [i_2NPV_{(i_1)}+i_1|NPV_{(i_2)}|]/[NPV_{(i_1)}+|NPV_{(i_2)}|]\\ &=[14\%\times21+12\%\times91]/(21+91)\\ &=12.4\%\end{aligned}$$

采用线性内插法计算 IRR 只适用于具有常规现金流量的投资方案。而对于具有非常规现金流量的投资方案，由于其内部收益率的存在可能性不是唯一的，因此线性内插法不太合适。

六、净年值

（一）净年值的概念

净年值（NAV）也常称为净年金，是指按给定的基准折现率，通过等值换算将方案计算期内各个不同时点的净现金流量分摊到计算期内各年的等额年值。按照其定义，其计算公式为

$$NAV=\left[\sum_{t=0}^{n}(CI-CO)_t(1+i)^{-t}\right](A/P,i,n) \quad (7\text{-}34)$$

求一个项目的净年值，可以先求该项目的净现值（NAV）或净终值（NFV），然后乘以资金回收系数进行等值变换求解，即依资金的等值计算公式有

$$NAV=NPV(A/P,i,n) \quad (7\text{-}35)$$

或

$$NAV=NFV(A/F,i,n) \quad (7\text{-}36)$$

微课：经济评价指标-净年值

（二）判定准则

用净现值（NPV）和净年值（NAV）对一个项目进行评价，结论是一致的。因为当 $NPV>0$ 时，$NAV>0$；当 $NPV<0$ 时，$NAV<0$，故净年值与净现值在项目评价的结论上总是一致的。因此，就项目的评价结论而言，净年值与净现值是等效评价指标。净现值给出的信息是项目

在整个寿命期内获取的超出最低期望盈利的超额收益的现值，净年值给出的信息是项目在整个寿命期内每年等额的超额收益。由于信息的含义不同，而且由于在某些决策结构形势下，采用净年值更为简便和易于计算，故净年值指标在经济效果评价指标体系中占有相当重要的地位。

【例 7-17】 已知 A、B 两种设备均能满足使用要求，A 设备的市场价为 150 万元，使用寿命为 4 年，每年可带来收入 50 万元；B 设备的市场价为 240 万元，使用寿命为 6 年，每年可带来收入 60 万元，试在基准折现率为 10% 的条件下选择经济上有利的方案。

解：
$$NAV_A = 50 - 150(A/P, 10\%, 4) = 2.7（万元）$$
$$NAV_B = 60 - 240(A/P, 10\%, 6) = 4.9（万元）$$

因为 $NAV_B > NAV_A$，故选择设备 B 在经济上更为合理。因此，在基准折现率为 10% 的条件下，选择设备 B 在经济上是有利的。

无论采用净现值、净年值，对该方案的经济评价结论是一致的。但在实践中，人们多习惯使用净现值指标。净年值指标则常用在具有不同计算期的技术方案经济比较中。

七、偿债能力指标

(一) 借款偿还期

借款偿还期是根据国家财税规定及投资项目的具体财务条件，以可作为偿还贷款的项目收益来偿还项目投资借款本金和利息所需要的时间。借款偿还期的计算公式为

$$I_d = \sum_{t=0}^{P_d}(B + D + R_0 - B_r)_t \tag{7-37}$$

式中　P_d——借款偿还期；
　　　I_d——投资借款本金和利息之和；
　　　B——第 t 年可用于还款的利润；
　　　D——第 t 年可用于还款的折旧和摊销费；
　　　R_0——第 t 年可用于还款的其他收益；
　　　B_r——第 t 年企业留利。

借款偿还期还可通过借款还本付息计算表推算，以年表示。其具体推算公式如下：

$P_d =$（借款偿还开始出现盈余年份 -1）$+$ 盈余当年应偿还借款额/盈余当年可用于还款余额

借款偿还期满足贷款机构的要求期限时，即认为项目是有借款偿还能力的。借款偿还期指标适用于不预先给定借款偿还期，且按最大偿还能力计算还本付息项目；不适用于那些预先给定借款偿还期的项目。

(二) 利息备付率

利息备付率也称为已获利息倍数，是指项目在借款偿还期内各年可用于支付利息的息税前利润与当期应付利息的比值（其中，息税前利润＝利润总额＋计入总成本的利用费用；当期应付利息是指计入总成本费用的全部利息）。利息备付率的计算公式如下：

$$IRC = EBIT/PI \tag{7-38}$$

式中　IRC——利息备付率；
　　　$EBIT$——息税前利润；
　　　PI——计入总成本费用的应付利息。

利息备付率表示使用项目利润偿付利息的保证倍率，分年计算。利息备付率越高，表明利息偿付的保障程度越高。对于正常经营的项目，利息备付率应大于 1。参考国际经验和国内行业

的具体情况，根据我国企业历史数据统计分析，一般情况下，利息备付率不宜低于2，并应满足债权人的要求。

(三)偿债备付率

偿债备付率是指项目在借款偿还期内，各年可用于还本付息的资金与当期还本付息金额的比值。偿债备付率的计算公式如下：

$$DSCR = EBITDA - T_{AX}/PD \tag{7-39}$$

式中　$DSCR$——偿债备付率；
　　　$EBITDA$——息税前利润加折旧和摊销；
　　　T_{AX}——企业所得税；
　　　$EBITDA - T_{AX}$——可用于还本付息资金；
　　　PD——应还本付息的金额。

偿债备付率应分年计算，它表示可用于还本付息的资金偿还借款本息的保证赔率。偿债备付率高，表明可用于还本付息的资金保障程度高。在正常情况下，偿债备付率不应低于1.3，并应满足债权人的要求。

任务五　工程项目方案类型与评价方法

一、评价方案的类型

投资主体所面临的方案选择往往并不是单独一个项目，而是一个项目群，其追求的不是单一方案的局部最优，而是项目群的整体最优。因此，投资主体在进行项目群选择时，除考虑每个方案的经济性外，还必须分析各方案之间的相互关系。按照多方案之间的经济关系，可以将多方案分为互斥型方案、独立型方案、层混型方案三种类型。

(一)互斥型方案

互斥型方案是指各个方案之间存在着互不相容、互相排斥的关系，在进行比选时，在各个方案中只能选择一个，其余的均必须放弃，不能同时存在。例如，要建造一座桥，假如可供选择的设计为使用钢材或使用混凝土，这就是互斥型方案，因为仅有一种备选方案将被采纳，修建中采用两种方案是毫无意义的。

(二)独立型方案

独立型方案是指各个方案的现金流量是独立的，不具有相关性。其中，任一方案的采用与否与其自己的可行性有关，而与其他方案是否采用没有关系。独立型方案的特点是方案之间具有相容性，只要条件允许，就可以任意选择项目群中的有利项目。这些项目可以共存，而且投资、经营成本与收益具有可加性。

(三)层混型方案

层混型方案是指在一组方案中，方案之间有些具有互斥关系，有些具有独立关系。层混型方案的特点是项目群内项目有两个层次，高层次是一组独立型项目，每个独立型项目又由若干互斥型方案实现。例如，某企业拟订两个独立的项目，A项目扩大生产能力，B项目改善运输状况，为了扩大生产能力可以采用方案 A_1、A_2、A_3；改善运输状况的方案可采用 B_1、B_2、B_3、B_4。这样，从企业角度来看，就有所谓的层混型投资项目群。

在方案选择前弄清楚这些属于何种类型是非常重要的，因为方案类型不同，其选择、判断的尺度不同，进而选择的结果也不同。

二、互斥型方案的比选

在工程技术经济评价中，常用的是互斥型方案的比选。方案的互斥型要求在若干方案只能选择一个方案实施。在方案互斥的条件下，经济效果评价包括两部分内容：一是考察各个方案自身的经济效果，即进行绝对效果检验；二是考察哪个方案最优，即相对效果检验。两种检验的目的和作用不同，通常缺一不可。

计算期相同的互斥型方案，通常将方案的计算期设定为共同的分析期，这样，在利用资金等值原理进行经济效果评价时，方案之间才具有可比性。在进行计算期相同方案的比选时若采用价值性指标（如净现值、净年值、费用现值、费用年值），则选用价值指标最大者为相对最优方案；若采用比率性指标（如内部收益率），则需要考察不同方案之间追加投资的经济效益。

1. 净现值法

对于互斥型方案评价，首先分别计算各个方案的净现值，去除 $NPV<0$ 的方案，即进行方案的绝对效果检验；然后对所有 $NPV \geqslant 0$ 的方案比较其净现值，选择净现值大于或等于零且大的方案为最佳方案。

很容易证明，按方案净现值的大小直接进行比较，与进行相对效果检验，即按增量投资净现值的比较有完全一致的结论。

当目标是净现值最大时，如果 $NPV(2) \geqslant NPV(1)$，则 $NPV(2-1)$ 一定是正值。由此可见，两者结论是一致的。但这直接用净现值的大小进行比较更为方便。

【例 7-18】 方案 A、B 是互斥型方案，其各年的现金流量见表 7-4，当基准收益率为 10% 时，试进行方案选择（方案寿命均为 10 年）。

表 7-4 互斥型方案 A、B 现金流量   万元

方案	初始投资	年净收益
A	500	90
B	300	56

解：分别计算方案 A、B 的净现值和净年值

$$NPV_A = -500 + 90(P/A, 10\%, 10) = 53.014(万元)$$
$$NPV_B = -300 + 56(P/A, 10\%, 10) = 44.098(万元)$$

因为 $NPV_A > NPV_B$，而且均大于零，所以 A 方案为优。

2. 费用现值法

在工程经济分析中，对方案所产生效益或效果相同（或基本相同），但效果无法或很难用货币直接计量的互斥型方案进行比较时，常用费用现值（PC）法进行评价。首先计算出每个被选方案的费用现值 PC，然后进行对比，以费用现值较低的方案为最优。

【例 7-19】 某工厂需要购买一台设备，现市场上有两种不同型号、功能相同的设备可供选择，经济数据见表 7-5，若基准收益率为 15%，试对两种设备的经济性进行比较。

表 7-5　两种设备的经济数据　　　　　　　　　　　　　　　　　　　　万元

设备	价格	年运转费用		第六年年末残值
		前三年	后三年	
A	1 000	500	600	400
B	750	600	600	0

解：用费用现值法进行比较

$$PC_A = 1\,000 + 500(P/A, 15\%, 3) + 600(P/A, 15\%, 3)$$
$$(P/F, 15\%, 3) - 400(P/F, 15\%, 6)$$
$$= 2\,869.36(元)$$
$$PC_B = 750 + 600(P/A, 16\%, 6) = 3\,020.55(元)$$

经上面的分析计算，由于设备 A 的费用现值小于设备 B 的费用现值，所以，设备 A 优于设备 B。

3. 差额投资内部收益法

差额投资内部收益率又称为增量投资内部收益率，也称为追加投资内部收益率，是指相比较的两个方案各年净现金流量差额的现值之和等于零时的折现率。其表达式为

$$\sum [(CI-CO)_大 - (CI-CO)_小](1+\Delta IRR)^{-t} = 0 \tag{7-40}$$

式中　$(CI-CO)_大$——投资大的方案的净现金流量；

$(CI-CO)_小$——投资小的方案的净现金流量；

ΔIRR——差额投资内部收益率。

计算差额投资内部收益率（ΔIRR），与设定的基准收益率（i_c）进行对比，当差额投资内部收益率大于或等于设定的基准收益率时，以投资大的方案为优；反之，以投资小的方案为优。在进行多方案比较时，应先按投资大小，从小到大排序，在依次就相邻方案两两比较，从中选择出最优方案。

采用差额投资内部收益率对多方案进行评价和比较时，其前提是每个方案是可行的，或者至少排列在前面，投资少的方案是可行的。

(1) 计算期不同的情况。以上所讨论的都是对比方案的寿命期相同的情形。然而，现在很多方案的寿命期往往是不同的。这时必须对寿命计算期作出某种假定，使寿命期不等的互斥型方案能在一个共同的计算期基础上进行比较，以保证得到合理的结论，由于方案的计算期不等，其比较基础不同，无法直接进行比较。因此，寿命不等的互斥型方案经济效果的比选，关键在于使其比较的基础相一致。通常可以采用净年值法和最小公倍数法进行方案比较。

1) 净年值（NAV）法。用净年值进行寿命不等的互斥型方案经济效果评价，实际上隐含着一种假定：各备选方案在其寿命结束时均可按原方案重复实施或以与原方案经济效果水平相同的方案继续。净年值是以"年"为时间单位比较各方案的经济效果，一个方案无论重复实施多少次，其净年值是不变的，从而使寿命不等的互斥型方案间具有可比性。故净年值更适用于评价具有不同计算期的互斥型方案的经济效果。对各备选方案净现金流量的净年值（NAV）进行比较，以 $NAV \geq 0$ 且 NAV 最大者为最优方案。

在对寿命不等的互斥型方案进行比选时，净年值是最为简便的方法，它比内部收益率 IRR 子方案评价时更为简便。同时，用等值年金，可不考虑计算期的不同，故它也较净现值 NPV 简便，当参加比选的方案数目众多时，尤其是这样。

2) 最小公倍数法。最小公倍数法（又称为方案重复法），是以各备选方案计算期的最小公倍数作为方案比选共同计算期，并假设各个均在一个共同计算期内重复进行，即各备选方案在其

计算期结束后，均可按与其原方案计算期内完全相同的现金流量系列周而复始地循环直到共同计算期，在此基础上计算出各个方案的净现值（费用现值），以净现值最大（费用现值最小）的方案为最佳方案。

三、独立型方案的比选

下面以一个实例说明独立方案的选择。

某银行甲现有资金为200万元，有三个单位各要求贷款100万元，贷款利率分别为10%、20%、30%，贷款的期限为一年。该银行如不将此款贷出，则其他贷款的利率最高可达8%，该银行可从中选择一个单位，也可选择两个单位作为贷款对象，也可以谁都不借，因而A、B、C三个方案对该银行来说是一个独立方案的选择问题，因贷款利率最小者（10%）大于银行的其他运用机会的利率（8%），因而对于银行来说，A、B、C三个方案都是有力的方案，但银行仅有200万元的资金，无法满足三者的要求，因而，该银行经理想从其他银行借款以满足三者要求并获得最大利息。

现在假如另一家银行乙同意按年利率25%借给甲银行100万元。如果甲银行经理认为："乙银行利率25%虽然很高，但从C单位可以得到更高的利息（利率为30%），如果将从乙银行贷款的100万元借给C单位，自有资金200万元分别借给A和B，一定会得到更多的利息，"那么，该经理的想法正确吗？

初听起来，甲银行经理的意见似乎有一定道理，但是，进行各种组合以后就会发现有更为有利的出借方法：就是将现有资金200万元借给B和C，既不向乙银行贷款，也不借给A，此时可获得的利息额为最大，试比较两方案的利息额。

甲银行经理的方案　　10＋20＋30－25＝35（万元）
改进方案　　　　　　20＋30＝50（万元）

可见后者较前者有利。

在一组独立方案比较选择的过程中，可决定选择其中任意一个或多个方案，甚至全部方案，也可能一个方案也不选择。独立方案这一特点决定了独立方案的现金流量及其效果具有可佳性。

(1)无资源限制的独立方案评价。如果独立方案之间共享的资源（通常为资金）足够多（没有限制），则任何一个方案只要是可行的（经济上可接受的），就可采纳并实施。独立方案的采用与否，只取决于方案自身的经济性，即只需要检验它们是否能够通过净现值、净年值或内部收益率指标的评价标准。因此，多个独立方案以单一方案的评价方法是相同的。

用经济效果评价标准（如 $NPV \geqslant 0$，$NAV \geqslant 0$，$IRR \geqslant i$）检验方案自身的经济性，凡通过绝对效果检验的方案，即认为它在经济效果上是可以接受的；否则就应予以拒绝。

对于独立方案而言，经济上是否可行的判别依据是其他绝对经济效果指标是否达到一定的检验标准。所以，无论采用净现值、净年值和内部收益率（无资金限制时）中哪种评价指标，评价结论都相同。

(2)有资源限制的独立方案评价。如果独立方案之间共享的资源是有限的，不能满足所有方案的需要，则在这种不超出资源限额的条件下，独立方案的选择可采用方案组合法。

方案组合法的原理：列出独立方案所有的组合，每个组合形成一个组合方案（其金流量为被组合方案现金流量的叠加），由于是所有可能的组合，则最终的选择只可能是其中一种组合方案，因此所有的组合方案形成互斥关系可按互斥型方案的比较方法确定最优组合方案，即独立方案的最佳选择。具体步骤如下：

1)列出独立方案的所有可能组合，形成若干个新的组合方案（其中包括0方案，其投资为0，收

益也为0),则所有的组合方案(包括0方案)形成互斥组合方案(m个独立方案则有n个组合方案);

2)每个组合方案的现金流量为被组合的各独立方案的现金流量的叠加;

3)将所有的组合方案按初始投资额从小到大的顺序排列;

4)排除总投资额超过投资资金限额的组合方案;

5)对所剩的所有组合方案按互斥型方案的比较方案确定最优的组合方案;

6)最优组合方案所包含的独立方案即该组独立方案的最佳选择。

(3)层混型方案的评价选优。在实际工作中,经常会遇到层混型方案的选择。层混型方案的选择与独立方案的选择相同,可分为资金无约束和资金有约束两类。如果资金无约束,只要从各独立项目中选择互斥型方案中净现值(或净年值)最大的方案加以组合即可;当资金有约束时,选择方案比较复杂,一般使用层混型方案的互斥组合法。

任务六 工程项目风险与不确定性分析

一、项目风险与不确定性概述

(一)风险与不确定性的概念

从理论上讲,风险是指由于随机原因引起的项目总体的实际价值对预期价值之间的差异。风险是与出现不利结果的概率相关联的,出现不利结果(可能性)越大,风险也就越大,而不确定性是指以下两个方面。

(1)对项目有关的因素或未来的情况缺乏足够的情报而无法做出正确的估计。

(2)没有全面考虑所有因素而造成的预期价值与实际价值之间的差异。

所以,从理论上可以区分风险与不确定性,但从项目经济评价角度来看,试图将它们绝对分开没有多大意义,实际上也无必要。

(二)产生不确定性与风险的原因

产生不确定性与风险的原因有主观原因和客观原因两个方面。

1. 产生不确定性与风险的主观原因

(1)信息的不完全性与不充分性。

(2)人的有限理性等。

2. 产生不确定性与风险的客观原因

(1)市场供求变化的影响。

(2)技术变化的影响。

(3)社会、政策、法律、文化等方面的影响。

(4)自然条件和资源方面的影响等。

(三)风险不确定性分析的内容

美国经济学家奈特认为,风险是"可确定的不确定性",而"不可确定的不确定性"才是真正意义上的不确定性。工程项目风险分析就是分析工程在其环境中的寿命期内自然存在导致经济损失的变化,而工程项目不确定性分析就是对项目风险大小的分析,即分析工程项目在其存在的时空内自然存在的导致经济损失变化的可能性及变化程度。

风险与不确定性管理是工程项目管理的一个重要内容。风险与不确定性分析是项目风险管理的前提与基础。通过分析方案各个技术经济变量(不确定性因素)的变化对投资方案经济效益的影响(还应进一步研究外部条件变化如何影响这个变量)、分析投资方案对各种不确定性因素变化的承受能力,进一步确认项目在财务上和经济上的可靠性,这个过程称为风险与不确定性分析。这一步骤作为工程项目在财务和经济分析的必要补充,有助于加强项目风险管理与控制,避免决策失误导致巨大损失,有助于决策的科学化。

工程经济分析人员应善于根据各项目的特点及客观情况变化的特点,抓住关键因素,正确判断,提高分析水平。

二、工程项目不确定性分析

在工程经济分析中,不确定性分析的基本方法包括盈亏平衡分析、敏感性分析和概率分析。盈亏平衡分析只用于财务效益分析;敏感性分析和概率分析可同时用于财务效益分析和国民经济效益分析。

(一)盈亏平衡分析

盈亏平衡分析是在完全竞争或垄断竞争的市场条件下,研究工程项目特别是工业项目产品生产成本、产销量与盈利的平衡关系的方法。对于每个工程项目而言,随着产销量的变化,盈利与亏损之间一般至少有一个转折点,这种转折点称为盈亏平衡点。在盈亏平衡点上,销售收入与成本费用相等,既不亏损也不盈利。盈亏平衡分析就是要找出方案的盈亏平衡点。

对于盈亏平衡分析模式而言,按成本、销售收入和产量之间是否呈线性关系可分为线性盈亏平衡分析和非线性盈亏平衡分析。通常只要求线性盈亏平衡分析。

盈亏平衡分析的基础前提之一是将成本划分为固定成本和变动成本,并假定产销量一致,根据项目正常年份的产量、成本、售价和利润四者之间的函数关系,分析产销量对项目盈亏的影响。

1. 固定成本与变动成本

根据成本总额对产量的依存关系,全部成本可分为固定成本和变动成本两部分。固定成本是不受产品产量及销售量影响的成本,即不随产品产量及销售量的增减发生变化的各项成本费用,如非生产人员工资、折旧费、无形资产及其他资产摊销量、办公费、管理费等;变动成本是随产品产量及销售量的增减而成正比例变化的各项成本,如原材料、燃料、动力消耗、包装费和生产人员工资等。

长期借款利息应视为固定成本,短期利息如果用于购置流动资产,可能部分与产品产量、销售量相关,其利息可视为半可变半固定成本,为简化计算,也可视为固定成本。

在盈亏平衡分析中,分离固定成本和变动成本的常用方法有以下三种。

(1)费用分析法。费用分析法就是按会计项目的费用属性进行归类分离的方法。

(2)高低点法。高低点法就是取历史资料中产量最高和最低两个时期的成本数据为样本,求出单位变动成本后对求出固定成本的变动成本的方法,即

$$C_V = C_{max} - C_{min} / Q_{max} - Q_{min} \tag{7-41}$$

式中 C_V——单位产品变动成本;

C_{max}——最高产量时期的成本额;

C_{min}——最低产量时期的成本额;

Q_{max}——最高产量;

Q_{min}——最低产量。

求出单位变动成本 C_V 后,便可得到

$$V = C_V Q \tag{7-42}$$

$$F = C - V \tag{7-43}$$

式中　V——变动成本；

　　　F——固定成本；

　　　C——成本总额；

　　　Q——产品销售量(产量)。

(3)回归分析法。回归分析法就是采用一元线性回归方程 $C=F+C_VQ(y=a+bx)$ 来描述成本与产量之间的线性关系的方法。根据回归分析法的基本原理采用最小二乘法，系数即可求得。

由于回归分析法考虑了统计期各年的所有数据，因此比高低点法更合理、更准确。因此，在成本分离方面应用较普通。

2. 线性盈亏平衡分析的基本公式

年销售收入方程：

$$R=PQ \tag{7-44}$$

年总成本费用方程：

$$C=F+C_VQ \tag{7-45}$$

年利润方程：

$$E=R-C=(P-C_V)Q-F \tag{7-46}$$

在盈亏平衡点处，利润为零，即

$$R=C$$
$$PQ=F+C_VQ$$

则盈亏平衡点产量

$$Q^*=F/(P-C_V) \tag{7-47}$$

式中　Q——产量；

　　　R——销售收入；

　　　C——生产成本总额；

　　　E——企业的利润；

　　　F——固定成本；

　　　C_V——单位产品可变成本；

　　　P——产品价格；

　　　Q^*——企业盈亏平衡时的产量，即保本时的产量。

以上分析如图7-12所示。

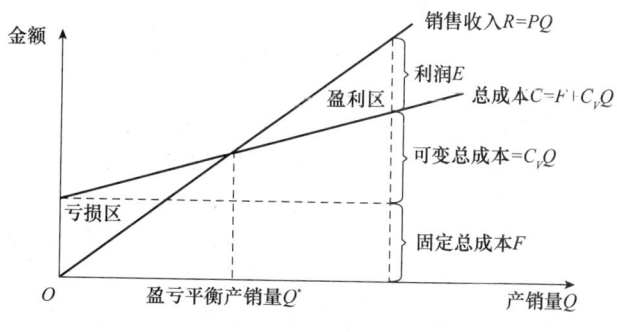

图7-12　线性盈亏平衡分析

【例7-20】 某企业生产某种产品，每件产品的售价为50元，单位可变成本为28元，年固定成本为66 000元，求：(1)企业的最低产量；(2)企业产品产量为5 000件时的利润；(3)企业年利润达到 60 000 元时的产量。

解：(1) 求盈亏平衡点的产量 Q^*，由式(7-55)得

$$Q^* = F/(P-C_V) = 66\,000/(50-28) = 3\,000(件)$$

所以，该工厂的最低产量为 3 000 件。

(2) 若产品产量为 5 000 件，年利润为

$$E = (P-C_V)Q - F = (50-28) \times 5\,000 - 66\,000 = 44\,000(元)$$

即当产量达到 5 000 件时，每年可获利 44 000 元。

(3) 若预期利润达到 60 000 元时，则产量应为

$$Q = (E+F)/(P-C_V) = (60\,000+66\,000)/(50-28) = 5\,727(件)$$

即当产量达到 5 727 件时，企业每年可获利 60 000 元。

3. 多方案比较时的优劣盈亏平衡分析

盈亏平衡分析不仅可以在独立方案中使用，还可以在两个以上方案的优劣比较和分析中使用。多方案盈亏平衡分析是盈亏平衡分析方法的延伸，它是将同时影响各方案经济效果指标的共有的不确定因素作为自变量，将各方案的经济效果指标作为因变量，建立各方案经济效果指标与不确定因素之间的函数关系。即如果两个或两个以上的方案，其成本都是同一函数的变量时，便可以找到该变量的某一数值，使两个对比方案的成本相同，该变量的这一特定值叫作方案的优劣平衡点。

如图 7-13 所示，设一组互斥型方案，其成本函数取决于同一个共同变量 x，以共同的变量建立每个方案的成本费用函数方程为

$$C_i = f_i(x) + a_i \quad (i=1, 2, 3, \cdots, n)$$

式中　C_i——i 方案的成本费用；
　　　n——方案数；
　　　a_i——常量。

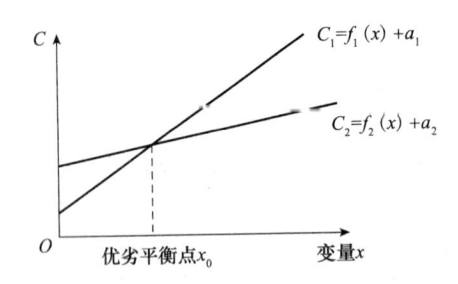

图 7-13　多方案比较的盈亏平衡分析

由于各方案的经济效果函数的斜率不同，因此各函数曲线必然会发生交叉，即在不确定因素的不同取值区间内，各方案的经济效果指标高低的排序不同，由此确定方案的取舍。如图 7-13 所示，有两个互斥型方案，方案1和方案2，其对应成本 C_1 和 C_2 随变量 X 呈线性变化。当变量 $X = X_0$ 时，两个方案的经济效果相当；当 $X > X_0$ 时，方案 2 的成本小于方案 1，所以选择方案 2；当 $X < X_0$ 时，方案 1 的成本小于方案 2，所以选择方案 1。

即令 $C_i = C_{i+1}$，求出交叉点——优劣平衡点 x_0，并根据不同的区域判断方案的优劣。以上分析如图 4-2 所示。当变量 $x > x_0$ 时，选择方案 2；当变量 $x < x_0$ 时，选择方案 1。当变量 $x = x_0$ 时，两个方案的经济效果相当。

【例 7-21】 某施工队承接一挖土工程，可以采用两个施工方案：一个是人工挖土，单价为 10 元/m³；另一个是机械挖土，单价为 8 元/m³，但需机械的购置费是 20 000 元，试确定这两

个方案的适用情况如何(要求绘图说明)?

解 设两个方案共同应该完成的挖土工程量为 Q,则人工挖土成本为 $C_1=10Q$;机械挖土成本为 $C_2=8Q+20\,000$,如图 7-14 所示。

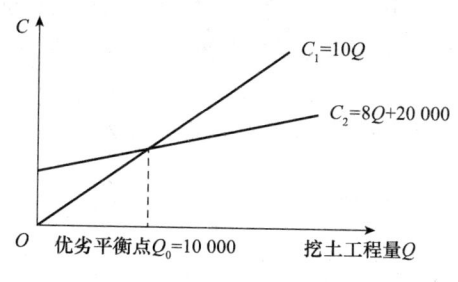

图 7-14 例 7-21 的盈亏平衡分析

令 $C_1=C_2$,得 $Q_0=10\,000\,\mathrm{m}^3$,故当 $Q>10\,000\,\mathrm{m}^3$ 时,采用机械挖土合算;当 $Q<10\,000\,\mathrm{m}^3$ 时,采用人工挖土合算。

盈亏平衡点反映了项目对市场变化的适应能力和抗风险能力。从图 7-14 中可以看出,盈亏平衡点越低,到达此点的盈亏平衡产销量就减少,项目投产后的盈利的可能性越大,适应市场变化的能力越强,抗风险能力也越强。

盈亏平衡分析虽然能够从市场适应性方面说明项目风险的大小,但是并不能揭示产生项目风险的根源。因此,还需采用其他一些方法来帮助达到这个目标。

(二)敏感性分析

1. 敏感性分析的内容

投资项目评价中的敏感性分析,就是在确定分析的基础上,通过进一步分析、预测项目主要不确定因素的变化对项目评价指标(如财务内部收益率、财务净现值等)的影响,从中找出敏感因素,确定评价指标对该因素的敏感程度和项目对变化的承受能力。

敏感性分析有单因素敏感性分析和多因素敏感性分析两种。

(1)单因素敏感性分析是对单一不确定因素变化的影响进行分析,即假设各个不确定性因素之间相互独立,每次只考虑一个因素,其他因素保持不变,以分析这个可变因素对经济评价指标的影响程度和敏感程度。单因素敏感性分析是敏感性分析的基本方法。

(2)多因素敏感性分析是假设两个或两个以上互相独立的不确定因素同时变化时,分析这些变化的因素对经济评价指标的影响程度和敏感程度。

2. 单因素敏感性分析的一般步骤

(1)确定敏感性分析的指标,如净现值、内部收益率等。分析指标的确定一般是根据项目的特点、不同的研究阶段、实际需求情况和指标的重要程度来选择,与进行分析的目标和任务有关。

由于敏感性分析是在确定性经济分析的基础上进行的,一般来说,敏感性分析的指标应与确定性经济评价指标一致,不应超出确定性经济评价指标范围而另立新的分析指标。

(2)选取影响项目评价指标的不确定性因素很多,但事实上没有必要对所有的不确定性因素都进行敏感性分析,而只需要选择一些主要的影响因素。选择需要分析的不确定性因素时主要考虑以下两条原则。

1)预计这些因素在其可能变动的范围内对经济评价指标的影响较大;

2)对在确定性经济中采用该因素数据的准确性把握不大。

(3)分析每个不确定性因素的波动程度及其分析指标可能带来增减变化情况。

1)对所选定的不确定性因素,应根据实际情况设定这些因素的变动幅度,其他因素固定不变。因素的变化可以按照一定的变化幅度(如±5%、±10%、±20%等)改变它的数值。

2)计算不确定性因素每次变动对经济评价指标的影响。

对每一因素的每一变动,均重复以上计算,再把因素变动及相应指标变动结果用表表示。

(4)找出敏感因素。敏感性分析的目的是寻求敏感因素,可以通过计算敏感度系数和临界点来判断。

1)敏感度系数表示项目评价指标对不确定性因素的敏感程度。其计算公式为

$$S_{AF} = \frac{\Delta A/A}{\Delta F/F} \tag{7-48}$$

式中　S_{AF}——敏感度系数;

$\Delta F/F$——不确定性因素 F 的变化率;

$\Delta A/A$——不确定性因素 F 发生 ΔF 变化时,评价指标 A 的相应变化率(%)。

计算敏感度系数判别敏感因素的方法是一种相对测定法,即根据不同相对变化对经济指标影响的大小,可以得到各个因素的敏感性程度排序。

当 $S_{AF}>0$ 时,表示评价指标与不确定性因素同方向变化;当 $S_{AF}<0$ 时,表示评价指标与不确定性因素反向变化。$|S_{AF}|$ 越大,表明评价指标 A 对于不确定性因素 F 越敏感;反之,则越不敏感。据此可以找出哪些因素是最关键的因素。

2)临界点是指项目允许不确定性因素向不利方向变化的极限值。超过极限,项目的效益指标将不可行。

3)选择方案并对选中方案进行综合分析,实施控制弥补措施。

如果进行敏感性分析的目的是对不同的投资项目或某一项目的不同方案进行选择,一般应选择敏感度小、承受风险能力强、可靠性大的项目或方案。

3. 敏感性分析的局限性

敏感性分析是项目经济评价中经常用到的一种方法,是投资决策中的重要步骤。它在一定程度上对不确定性因素的变动对项目投资效果的影响做了定量的描述,得到了维持投资方案在经济上可行所允许的不确定性因素发生不利变动的最大幅度,但是敏感性分析在使用中也存在着一定的局限性,就是它不能说明不确定性因素发生变动的情况的可能性是大还是小,也就是没有考虑不确定性因素在未来发生变动的概率,而这种概率是与项目的风险大小密切相关的。因此,对于此类问题,还要借助概率分析等方法。

三、不确定性条件下的风险决策

工程项目投资决策是面对未来的,项目评价所采用的数据大部分来自估算和预测,因此,必然存在着风险。为了尽可能避免因风险带来投资决策错误,有必要进行风险分析,还可以改善决策分析工作,并将风险转化为机会。因此,不确定性条件下的风险分析和决策对投资决策将起到积极的作用。

1. 风险识别

风险识别就是认识项目所可能引起损失的风险因素,并对其性质进行鉴别和分类的过程。风险识别是风险管理的第一步,也是风险管理的基础。只有在正确识别出自身所面临的风险的基础上,人们才能够主动选择适当有效的方法进行处理。

(1)风险识别的一般步骤。风险识别的一般步骤如下:

1)明确所要实现的目标;

2)找出影响目标,直到全部因素;
3)分析各因素对目标的相对影响程度;
4)根据各因素的不利发展,确定主要风险因素。

(2)风险识别的方法。风险识别是风险控制的前提,一般运用分解原则,将复杂的分解为简单的。目前常用的方法有头脑风暴法、德尔菲法、情景分析法、风险类别列举法、实地调查法等。

1)头脑风暴法:可以快速获取对未来信息的直观观测和识别方法。首先,会议主持人要激发专家的思维"灵感",调动专家的思维,形成一种激烈、紧迫的氛围。然后,通过信息交流和相互启发("思维共振""组合效应"),不断地获取、更新、组织各种信息。最后,整理结果。

2)德尔菲法:又称为专家调查法。首先,项目风险小组选定专家,并且与他们建立直接的函询联系。这里要保证三点:一是专家的数量要适当;二是务必确保与专家的联络通畅,这需要思想交流技能;三是专家的选择要保证适当的差异性。然后,项目风险小组收集专家的意见,加以整理后再匿名反馈给各位专家,再次征询意见。最后,反复经过4~5轮,当出现专家的意见趋向一致时,整理结果。

3)情景分析法:从研究问题的宏观环境入手,识别出关联的外部因素,模拟外部因素可能发生的多种交叉情景分析和预测各种可能前景。

4)风险类别列举法:对所有可能面临的风险进行归类。

5)实地调查法:是通过各种调查方式获得第一手风险资料的方法,如观察、访谈、收集文件或通过使用照相机和录像等工具。

(3)工程项目的主要风险。工程项目的主要风险可分为宏观风险和微观风险两类。

1)宏观风险。宏观风险主要包括国际风险、政治政策风险、经济金融风险、法律风险和各种灾害风险等。

2)微观风险。微观风险主要包括技术风险、市场风险、管理组织风险、投资风险、配套条件风险及融资风险等。

2. 风险评估

(1)风险等级的划分。风险等级的划分要考虑风险因素出现的可能性,还要考虑风险出现后对项目的影响程度。风险等级有多种表述方法,一般应选择矩阵列表法划分风险等级。

为适应现实生活中人们往往以单一指标描述事物的习惯,将风险的可能性影响程度综合起来,用某种级别表示。综合风险等级见表7-6。

表7-6 综合风险等级

综合风险等级		风险影响的程度			
		严重	较大	适度	低
风险的可能性	高	K	M	R	R
	较高	M	M	R	R
	适度	T	T	R	I
	低	T	T	R	I

综合风险等级分为K、M、T、R、I五个等级。K表示项目风险很强,出现这类风险就要放弃项目;M表示项目风险强,需要修正拟订中的方案,改变设计或采取补偿措施等;T表示风险较强,设定某些指标的临界值,指标一旦达到临界值,就要变更设计或对负面影响采取补偿措施;R表示风险适度(较小),适当采取措施后不影响项目;I表示风险弱,可忽略。

(2)风险评估的方法。风险评估可以采用定量方法、定性方法或混合方法进行评估。本书将着重介绍定量评估方法中的概率分析法。

概率分析法是运用概率理论和数理统计原理,借助概率来研究预测不确定性因素和风险因素对项目经济评价指标影响的一种定量分析技术。它一般应用于大中型工程投资项目。

概率分析的一般做法:首先预测风险因素发生各种变化的可能性,即概率。将风险因素作为自变量,预测其取值范围和概率分布,再将选定的经济评价指标作为因变量,测算评价指标随风险因素变动的相应取值范围和概率分析,计算评价指标的数学期望值和项目成功或失败的概率。

概率分析法的步骤。

步骤一:确定1个或2个不确定性因素(如收益、成本等)。

步骤二:估算每个不确定性因素可能出现的概率。这种估算需要借助历史统计资料和评价人员的丰富经验与知识,以先验概率为依据进行估算和推算。

步骤三:按下列公式计算变量的期望值:

$$E(x) = \sum x_i p_i$$

式中 $E(x)$——变量 x 的期望值;

p_i——变量 x_i 所对应的概率值;

x_i——随机变量的各种值;

$E(x) = \sum x_i p_i$——以概率为权重计算的加权平均值。

步骤四:根据各变量因素的期望值,求项目经济评价指标的期望值:

$$E[NPV(i)] = \sum E_t(x)(1+i)^{-t}$$

式中 $E[NPV(i)]$——净现值期望值;

$E_t(x)$——第 t 年净现值期望值;

i——不包括风险的项目折现利率。

步骤五:根据期望值来判断项目的抗风险能力,如根据 $E[NPV(i)] \geqslant 0$ 或 $NPV > 0$ 的累计概率判断。

3. 风险防范

(1)风险回避。风险回避指的是彻底规避风险,即断绝风险的来源。

(2)风险控制。对于可控制的风险,可以提出降低风险发生可能性和减少风险损失程度的措施,并从技术和经济相结合的角度论证其可行性与合理性。

(3)风险转移。风险转移是通过契约方式在风险事故发生时将损失的一部分转移到项目以外的第三方身上。风险转移主要有出售、发包、开脱责任合同、保险与担保4种方式。

项目小结

本项目主要阐述了资金的时间价值,是指资金在生产经营及其循环、周转过程中,随着时间的推移能产生新的价值,其表现就是资金的利息或纯收益。

利息与利率、计息周期、名义利率与实际利率、单利与复利是计算资金时间价值的基本概念,通过这些概念可以将不同时点所发生的收益与费用折算为现值或终值,使不同时间点上的资金实现等值。

根据资金支付方式和等值换算的时间不同,资金等值计算可分为一次性支付、等额支付、等差系列、等比系列等几种类型,每种类型都可以通过一定的方式分别计算现值、终值、年金等资金等值数据。

能力训练

1. 建设项目现金流主要由哪些要素构成？各构成要素的组成如何？
2. 如何绘制现金流量图？
3. 什么是资金的时间价值？
4. 如何理解等值？
5. 单利和复利的区别是什么？
6. 名义利率、实际利率关系如何？
7. 工程项目经济评价指标有哪些类型？
8. 什么是净现值和净现值率？两者有何区别？
9. 什么是内部收益率？内部收益率的经济含义是什么？如何计算内部收益率？
10. 什么是不确定性分析？为什么要进行不确定性分析？
11. 每年年初借款5 000元，年利率为10%，8年后的本利和是多少？
12. 地方政府投资5 000万元建设公路，年维护费为150万元，求与此完全等值的现值是多少？
13. 每半年存200元，$i=12\%$，每半年计息1次，复利，求第三年年末的本利和。
14. 求等值状况下的利率。假如有人目前借入2 000元，在今后两年中分24次等额偿还，每次偿还99.80元。复利按月计算，试求月实际利率、（年）名义利率和年实际利率。
15. 某工程项目寿命期为10年，期初投资220万元，第1年年末再投资200万元，从第3年开始盈利，每年净收益为120万元，基准收益率为10%。试计算该项目的静态投资回收期和动态投资回收期。
16. 建一个仓库需8 000元，一旦拆除即毫无价值，假定仓库每年净收益为1 360元，试计算：

    (1)使用8年时，其内部收益率为多少？

    (2)若希望得到10%的收益率，该仓库至少使用多少年才值得投资？
17. 修建某永久工程，经研究有两个方案。方案A：投资3 000万元，年维护费用6万元，每10年大修一次需15万元；方案B：投资2 800万元，年维护费用15万元，每3年大修一次需10万元。若基准收益率为10%，试比较两个方案哪个最优？
18. 某工厂生产一种化工原料，设计生产能力为月产6 000 t，产品售价为1 300元/t，每月的固定成本为145万元。单位产品可变成本为930元/t，求以月产量、生产能力利用率、销售价格、单位产品可变成本表示的盈亏平衡点。

附录 复利系数表

附表1 1%的复利系数

年份	一次支付		等额系列			
	终值系数	现值系数	年金终值系数	年金现值系数	资本回收系数	偿债基金系数
n	$F/P, i, n$	$P/F, i, n$	$F/A, i, n$	$P/A, i, n$	$A/P, i, n$	$A/F, i, n$
1	1.010	0.990 1	1.000	0.991 0	1.010 0	1.000 0
2	1.020	0.980 3	2.010	1.970 4	0.507 5	0.497 5
3	1.030	0.970 6	3.030	2.940 1	0.430 0	0.330 0
4	1.041	0.961 0	4.060	3.902 0	0.256 3	0.246 3
5	1.051	0.951 5	5.101	4.853 4	0.206 0	0.196 0
6	1.062	0.942 1	6.152	5.795 5	0.172 6	0.156 0
7	1.702	0.932 7	7.214	6.728 2	0.148 6	0.138 6
8	1.083	0.923 5	8.286	7.651 7	0.130 7	0.120 7
9	1.094	0.914 3	9.369	8.566 0	0.116 8	0.106 8
10	1.105	0.905 3	10.426	9.471 3	0.105 6	0.095 6
11	1.116	0.896 3	11.567	10.367 6	0.096 5	0.086 5
12	1.127	0.887 5	12.683	11.255 1	0.088 9	0.078 9
13	1.138	0.878 7	13.809	12.133 8	0.082 4	0.072 4
14	1.149	0.870 0	14.974	13.003 7	0.076 9	0.066 9
15	1.161	0.861 4	16.097	13.865 1	0.072 1	0.062 1
16	1.173	0.852 8	17.158	14.719 1	0.068 0	0.058 0
17	1.184	0.844 4	18.430	15.562 3	0.063 4	0.054 3
18	1.196	0.836 0	19.615	16.398 3	0.061 0	0.051 0
19	1.208	0.827 7	20.811	17.226 0	0.058 1	0.048 1
20	1.220	0.819 6	22.019	18.045 6	0.055 4	0.045 4
21	1.232	0.811 4	23.239	18.857 0	0.053 0	0.043 0
22	1.245	0.803 4	24.472	19.660 4	0.050 9	0.040 9
23	1.257	0.795 5	25.716	20.455 8	0.048 9	0.038 9
24	1.270	0.787 6	26.973	21.243 4	0.047 1	0.037 1
25	1.282	0.779 8	28.243	22.023 2	0.045 4	0.035 4
26	1.295	0.772 1	29.526	22.795 2	0.043 9	0.033 9
27	1.308	0.764 4	30.821	23.559 6	0.042 5	0.032 5
28	1.321	0.756 8	32.129	24.316 5	0.041 1	0.031 1
29	1.335	0.749 4	33.450	25.065 8	0.039 9	0.029 9
30	1.348	0.741 9	34.785	25.807 7	0.038 8	0.028 8
31	1.361	0.734 6	36.133	26.542 3	0.037 7	0.027 7

续表

年份	一次支付		等额系列			
	终值系数	现值系数	年金终值系数	年金现值系数	资本回收系数	偿债基金系数
n	$F/P, i, n$	$P/F, i, n$	$F/A, i, n$	$P/A, i, n$	$A/P, i, n$	$A/F, i, n$
32	1.375	0.727 3	37.494	27.169 6	0.036 7	0.026 7
33	1.389	0.720 1	38.869	27.989 7	0.035 7	0.025 7
34	1.403	0.713 0	40.258	28.702 7	0.034 8	0.024 8
35	1.417	0.705 0	41.660	29.408 6	0.034 0	0.024 0

附表2　3%的复利系数

年份	一次支付		等额系列			
	终值系数	现值系数	年金终值系数	年金现值系数	资本回收系数	偿债基金系数
n	$F/P, i, n$	$P/F, i, n$	$F/A, i, n$	$P/A, i, n$	$A/P, i, n$	$A/F, i, n$
1	1.030	0.970 9	1.000	0.970 9	1.030 0	1.000 0
2	1.061	0.942 6	2.030	1.913 5	0.522 6	0.492 6
3	1.093	0.915 2	3.091	2.828 6	0.353 5	0.323 5
4	1.126	0.888 5	4.184	3.717 1	0.269 0	0.239 0
5	1.159	0.862 6	5.309	4.579 7	0.218 4	0.188 4
6	1.194	0.837 5	6.468	5.417 2	0.184 6	0.154 6
7	1.230	0.813 1	7.662	6.230 3	0.160 5	0.130 5
8	1.267	0.789 4	8.892	7.019 7	0.142 5	0.112 5
9	1.305	0.766 4	10.159	7.786 1	0.128 4	0.098 4
10	1.344	0.744 1	11.464	8.530 2	0.117 2	0.087 2
11	1.384	0.722 4	12.808	9.252 6	0.108 1	0.078 1
12	1.426	0.701 4	14.192	9.954 0	0.100 5	0.070 5
13	1.469	0.681	15.618	10.645 0	0.094 0	0.064 0
14	1.513	0.661 1	17.086	11.296 1	0.088 5	0.058 5
15	1.558	0.641 9	18.599	11.937 9	0.083 8	0.053 8
16	1.605	0.623 2	20.157	12.561 1	0.079 6	0.049 6
17	1.653	0.605 0	21.762	13.166 1	0.076 0	0.046 0
18	1.702	0.587 4	23.414	13.753 5	0.072 7	0.042 7
19	1.754	0.570 3	25.117	14.323 8	0.069 8	0.039 8
20	1.806	0.553 7	26.87	14.877 5	0.067 2	0.037 2
21	1.860	0.537 6	28.676	15.415 0	0.064 9	0.034 9
22	1.916	0.521 9	30.537	15.936 9	0.062 8	0.032 8
23	1.974	0.506 7	32.453	16.443 6	0.060 8	0.030 8
24	2.033	0.491 9	34.426	16.935 6	0.059 1	0.029 1
25	2.094	0.477 6	36.495	17.413 2	0.057 4	0.027 4
26	2.157	0.463 7	38.553	17.876 9	0.055 9	0.025 9

续表

年份	一次支付		等额系列			
	终值系数	现值系数	年金终值系数	年金现值系数	资本回收系数	偿债基金系数
n	$F/P, i, n$	$P/F, i, n$	$F/A, i, n$	$P/A, i, n$	$A/P, i, n$	$A/F, i, n$
27	2.221	0.450 2	40.710	18.327 0	0.054 6	0.024 6
28	2.288	0.437 1	42.931	18.764 0	0.053 3	0.023 3
29	2.357	0.424 4	45.219	19.188 5	0.052 1	0.022 1
30	2.427	0.412 0	47.575	19.600 5	0.051 0	0.021 0
31	2.500	0.400 0	50.003	20.000 4	0.050 0	0.020 0
32	2.575	0.388 3	52.503	20.388 8	0.049 1	0.019 1
33	2.652	0.377 0	55.078	20.765 8	0.048 2	0.018 2
34	2.732	0.366 1	57.730	21.131 8	0.047 3	0.017 3
35	2.814	0.355 4	60.46 2	21.487 2	0.046 5	0.016 5

附表3　4%的复利系数

年份	一次支付		等额系列			
	终值系数	现值系数	年金终值系数	年金现值系数	资本回收系数	偿债基金系数
n	$F/P, i, n$	$P/F, i, n$	$F/A, i, n$	$P/A, i, n$	$A/P, i, n$	$A/F, i, n$
1	1.040	0.961 5	1.000	0.961 5	1.040 0	1.000 0
2	1.082	0.924 6	2.040	1.886 1	0.530 2	0.490 2
3	1.125	0.889 0	3.122	2.775 1	0.360 4	0.320 4
4	1.170	0.854 8	4.246	3.619 9	0.275 5	0.235 5
5	1.217	0.821 9	5.416	4.451 8	0.224 6	0.184 6
6	1.265	0.790 3	6.633	5.242 1	0.190 8	0.150 8
7	1.310	0.759 9	7.898	6.002 1	0.166 6	0.126 6
8	1.396	0.730 7	9.214	6.738 2	0.148 5	0.108 5
9	1.423	0.702 6	10.583	7.435 1	0.134 5	0.094 5
10	1.480	0.675 6	12.006	8.110 9	0.123 3	0.083 3
11	1.539	0.649 6	13.486	8.760 5	0.114 2	0.074 2
12	1.601	0.624 6	15.036	9.385 1	0.106 6	0.066 6
13	1.665	0.600 6	16.627	9.985 7	0.100 2	0.060 2
14	1.732	0.577 5	18.292	10.563 1	0.094 7	0.054 7
15	1.801	0.555 3	20.024	11.118 4	0.090 0	0.050 0
16	1.873	0.533 9	21.825	11.652 3	0.085 8	0.045 8
17	1.948	0.513 4	23.698	12.165 7	0.082 2	0.042 2
18	2.026	0.493 6	25.645	12.659 3	0.079 0	0.039 0
19	2.107	0.474 7	27.671	13.133 9	0.076 1	0.036 1
20	2.191	0.456 4	29.778	13.509 3	0.073 6	0.033 6
21	2.279	0.438 8	31.969	14.029 2	0.071 3	0.031 3

续表

年份	一次支付		等额系列			
	终值系数	现值系数	年金终值系数	年金现值系数	资本回收系数	偿债基金系数
n	$F/P, i, n$	$P/F, i, n$	$F/A, i, n$	$P/A, i, n$	$A/P, i, n$	$A/F, i, n$
22	2.370	0.422 0	34.248	14.451 1	0.069 2	0.029 2
23	2.465	0.405 7	36.618	14.856 9	0.067 3	0.027 3
24	2.563	0.390 1	39.083	15.247 0	0.065 6	0.025 6
25	2.666	0.375 1	41.646	15.622 1	0.064 0	0.024 0
26	2.772	0.306 7	44.312	15.982 8	0.062 6	0.022 6
27	2.883	0.346 8	47.084	16.329 6	0.061 2	0.021 2
28	2.999	0.333 5	49.968	16.663 1	0.060 0	0.020 0
29	3.119	0.320 7	52.966	16.987 3	0.058 9	0.018 9
30	3.243	0.308 3	56.085	17.292 0	0.057 8	0.017 8
31	3.373	0.296 5	59.328	17.588 5	0.056 9	0.016 9
32	3.508	0.285 1	62.701	17.873 6	0.056 0	0.016 0
33	3.648	0.274 1	66.210	18.147 7	0.055 1	0.015 1
34	3.794	0.263 6	69.858	18.411 2	0.054 3	0.014 3
35	3.946	0.253 4	73.652	18.664 6	0.036 0	0.013 6

附表4 5%的复利系数

年份	一次支付		等额系列			
	终值系数	现值系数	年金终值系数	年金现值系数	资本回收系数	偿债基金系数
n	$F/P, i, n$	$P/F, i, n$	$F/A, i, n$	$P/A, i, n$	$A/P, i, n$	$A/F, i, n$
1	1.050	0.952 4	1.000	0.952 4	1.050 0	1.000 0
2	1.103	0.907 0	2.050	1.859 4	0.537 8	0.487 8
3	1.158	0.863 8	3.153	2.723 3	0.367 2	0.317 2
4	1.216	0.822 7	4.310	3.546 0	0.282 0	0.232 0
5	1.276	0.783 5	5.526	4.329 5	0.231 0	0.181 0
6	1.340	0.746 2	6.802	5.075 7	0.197 0	0.147 0
7	1.407	0.710 7	8.142	5.786 4	0.172 8	0.122 8
8	1.477	0.676 8	9.549	6.463 2	0.154 7	0.104 7
9	1.551	0.644 6	11.027	7.107 8	0.140 7	0.090 7
10	1.629	0.613 9	12.587	7.721 7	0.129 5	0.079 5
11	1.710	0.584 7	14.207	8.306 4	0.120 4	0.070 4
12	1.796	0.556 8	15.917	8.863 3	0.112 8	0.062 8
13	1.886	0.530 3	17.713	9.393 6	0.106 5	0.056 5
14	1.980	0.505 1	19.599	9.898 7	0.101 0	0.051 0
15	2.079	0.481 0	21.597	10.379 7	0.096 4	0.046 4
16	2.183	0.458 1	23.658	10.837 3	0.093 2	0.043 2

165

续表

年份	一次支付		等额系列			
	终值系数	现值系数	年金终值系数	年金现值系数	资本回收系数	偿债基金系数
n	$F/P, i, n$	$P/F, i, n$	$F/A, i, n$	$P/A, i, n$	$A/P, i, n$	$A/F, i, n$
17	2.292	0.436 3	25.840	11.274 1	0.088 7	0.038 7
18	2.407	0.415 5	28.132	11.689 6	0.085 6	0.035 6
19	2.527	0.395 7	30.539	12.085 3	0.082 8	0.032 8
20	2.653	0.376 9	33.066	12.462 2	0.080 3	0.030 3
21	2.786	0.359 0	35.719	12.821 2	0.078 0	0.028 0
22	2.925	0.341 9	38.505	13.163 0	0.076 0	0.026 0
23	3.072	0.325 6	41.430	13.488 6	0.074 1	0.024 1
24	3.225	0.310 1	44.502	13.798 7	0.072 5	0.022 5
25	3.386	0.295 3	47.727	14.094 0	0.071 0	0.021 0
26	3.556	0.281 3	51.113	14.375 3	0.069 6	0.019 6
27	3.733	0.267 9	54.669	14.634 0	0.068 3	0.018 3
28	3.920	0.255 1	58.403	14.898 1	0.067 1	0.017 1
29	4.116	0.243 0	62.323	15.141 1	0.066 1	0.016 1
30	4.322	0.231 4	66.439	15.372 5	0.065 1	0.015 1
31	4.538	0.220 4	70.761	15.592 8	0.064 1	0.014 1
32	4.765	0.209 9	75.299	15.802 7	0.063 3	0.013 3
33	5.003	0.199 9	80.064	16.002 6	0.062 5	0.012 5
34	5.253	0.190 4	85.067	16.192 9	0.061 8	0.011 8
35	5.516	0.181 3	90.320	16.374 2	0.061 1	0.011 1

附表 5 6%的复利系数

年份	一次支付		等额系列			
	终值系数	现值系数	年金终值系数	年金现值系数	资本回收系数	偿债基金系数
n	$F/P, i, n$	$P/F, i, n$	$F/A, i, n$	$P/A, i, n$	$A/P, i, n$	$A/F, i, n$
1	1.060	0.943 4	1.000	0.943 4	1.060 0	1.000 0
2	1.124	0.890 0	2.060	1.833 4	0.545 4	0.485 4
3	1.191	0.839 6	3.184	2.670 4	0.374 1	0.314 1
4	1.262	0.729 1	4.375	3.456 1	0.288 6	0.228 6
5	1.338	0.747 3	5.637	4.212 4	0.237 4	0.177 4
6	1.419	0.705 0	6.975	4.917 3	0.203 4	0.143 4
7	1.504	0.665 1	8.394	5.582 4	0.179 1	0.119 1
8	1.594	0.627 4	9.897	6.209 8	0.161 0	0.101 0
9	1.689	0.591 9	11.491	6.807 1	0.147 0	0.087 0
10	1.791	0.558 4	13.181	7.360 1	0.135 9	0.075 9
11	1.898	0.526 8	14.972	7.886 9	0.126 8	0.066 8

续表

年份	一次支付		等额系列			
	终值系数	现值系数	年金终值系数	年金现值系数	资本回收系数	偿债基金系数
n	$F/P, i, n$	$P/F, i, n$	$F/A, i, n$	$P/A, i, n$	$A/P, i, n$	$A/F, i, n$
12	2.012	0.497 0	16.870	8.383 9	0.119 3	0.059 3
13	2.133	0.468 8	18.882	8.852 7	0.113 0	0.053 0
14	2.261	0.442 3	21.015	9.295 6	0.107 6	0.047 6
15	2.397	0.417 3	23.276	9.712 3	0.103 0	0.043 0
16	2.540	0.393 7	25.673	10.105 9	0.099 0	0.039 0
17	2.693	0.371 4	28.213	10.477 3	0.095 5	0.035 5
18	2.854	0.350 4	30.906	10.827 6	0.092 4	0.032 4
19	3.026	0.330 5	33.760	11.158 1	0.089 6	0.029 6
20	3.207	0.311 8	36.786	11.469 9	0.087 2	0.027 2
21	3.400	0.294 2	39.993	11.764 1	0.085 0	0.025 0
22	3.604	0.277 5	43.329	12.046 1	0.083 1	0.023 1
23	3.820	0.261 8	46.996	12.303 4	0.081 3	0.021 3
24	4.049	0.247 0	50.816	12.550 4	0.079 7	0.019 7
25	4.292	0.233 0	54.865	12.783 4	0.078 2	0.018 2
26	4.549	0.219 8	59.156	13.003 2	0.076 9	0.016 9
27	4.822	0.207 4	63.706	13.210 5	0.075 7	0.015 7
28	5.112	0.195 6	68.528	13.406 2	0.074 6	0.014 6
29	5.418	0.184 6	73.640	13.590 7	0.073 6	0.013 6
30	5.744	0.174 1	79.058	13.764 8	0.072 7	0.012 7
31	6.088	0.164 3	84.802	13.929 1	0.071 8	0.011 8
32	6.453	0.155 0	90.890	14.084 1	0.071 0	0.011 0
33	6.841	0.146 2	97.343	14.230 2	0.070 3	0.010 3
34	7.251	0.137 9	104.184	14.368 2	0.069 6	0.009 6
35	7.686	0.130 1	111.435	14.498 3	0.069 0	0.009 0

附表 6　7%的复利系数

年份	一次支付		等额系列			
	终值系数	现值系数	年金终值系数	年金现值系数	资本回收系数	偿债基金系数
n	$F/P, i, n$	$P/F, i, n$	$F/A, i, n$	$P/A, i, n$	$A/P, i, n$	$A/F, i, n$
1	1.070	0.934 6	1.000	0.934 6	1.070 0	1.000 0
2	1.145	0.873 4	2.070	1.808 0	0.553 1	0.483 1
3	1.225	0.816 3	3.215	2.623 4	0.381 1	0.311 1
4	1.311	0.762 9	4.440	3.387 2	0.295 2	0.225 2
5	1.403	0.713 0	5.751	4.100 2	0.243 9	0.173 9
6	1.501	0.666 4	7.153	4.766 5	0.209 8	0.139 8

续表

年份	一次支付		等额系列			
	终值系数	现值系数	年金终值系数	年金现值系数	资本回收系数	偿债基金系数
n	F/P, i, n	P/F, i, n	F/A, i, n	P/A, i, n	A/P, i, n	A/F, i, n
7	1.606	0.622 8	8.645	5.389 3	0.185 6	0.115 6
8	1.718	0.528 0	10.260	5.971 3	0.167 5	0.097 5
9	1.838	0.543 9	11.978	6.515 2	0.153 5	0.083 5
10	1.967	0.508 4	13.816	7.023 6	0.142 4	0.072 4
11	2.105	0.475 1	15.784	7.498 7	0.133 4	0.063 4
12	2.252	0.444 0	17.888	7.942 7	0.125 9	0.055 9
13	2.410	0.415 0	20.141	8.357 7	0.119 7	0.049 7
14	2.597	0.387 8	22.550	8.745 5	0.114 4	0.044 4
15	2.759	0.362 5	25.129	9.107 9	0.109 8	0.039 8
16	2.952	0.338 7	27.888	9.446 7	0.105 9	0.035 9
17	3.159	0.316 6	30.840	9.763 2	0.102 4	0.032 4
18	3.380	0.295 9	33.999	10.059 1	0.099 4	0.029 4
19	3.617	0.276 5	37.379	10.335 6	0.096 8	0.026 8
20	3.870	0.258 4	40.996	10.594 0	0.094 4	0.024 4
21	4.141	0.241 5	44.865	10.835 5	0.092 5	0.022 5
22	4.430	0.225 7	49.006	11.061 3	0.090 4	0.020 4
23	4.741	0.211 0	53.436	11.272 2	0.088 7	0.018 7
24	5.072	0.197 2	58.177	11.469 3	0.087 2	0.017 2
25	5.427	0.184 3	63.249	11.653 6	0.085 8	0.015 8
26	5.807	0.172 2	68.676	11.825 8	0.084 6	0.014 6
27	6.214	0.160 9	74.484	11.986 7	0.083 4	0.013 4
28	6.649	0.150 4	80.698	12.137 1	0.082 4	0.012 4
29	7.114	0.140 6	87.347	12.277 7	0.081 5	0.011 5
30	7.612	0.131 4	94.461	12.409 1	0.080 6	0.010 6
31	8.145	0.122 8	102.073	12.531 8	0.079 8	0.009 8
32	8.715	0.114 8	110.218	12.646 6	0.079 1	0.009 1
33	9.325	0.107 2	118.933	12.753 8	0.078 4	0.008 4
34	9.978	0.100 2	128.259	12.854 0	0.077 8	0.007 8
35	10.677	0.093 7	138.237	12.947 7	0.077 2	0.007 2

附表 7　8%的复利系数

年份	一次支付		等额系列			
	终值系数	现值系数	年金终值系数	年金现值系数	资本回收系数	偿债基金系数
n	F/P, i, n	P/F, i, n	F/A, i, n	P/A, i, n	A/P, i, n	A/F, i, n
1	1.080	0.925 9	1.000	0.925 9	1.080 0	1.000 0

续表

年份	一次支付		等额系列			
	终值系数	现值系数	年金终值系数	年金现值系数	资本回收系数	偿债基金系数
n	$F/P, i, n$	$P/F, i, n$	$F/A, i, n$	$P/A, i, n$	$A/P, i, n$	$A/F, i, n$
2	1.166	0.857 3	2.080	1.783 3	0.560 8	0.408 0
3	1.260	0.793 8	3.246	2.577 1	0.388 0	0.308 0
4	1.360	0.735 0	4.506	3.312 1	0.301 9	0.221 9
5	1.496	0.680 6	5.867	3.992 7	0.250 5	0.170 5
6	1.587	0.630 2	7.336	4.622 9	0.216 3	0.136 3
7	1.714	0.583 5	8.923	5.206 4	0.192 1	0.112 1
8	1.851	0.540 3	10.637	5.746 6	0.174 0	0.094 0
9	1.999	0.500 3	12.488	6.246 9	0.160 1	0.080 1
10	2.159	0.463 2	14.487	6.710 1	0.149 0	0.069 0
11	2.332	0.428 9	16.645	7.139 0	0.140 1	0.060 1
12	2.518	0.397 1	18.977	7.536 1	0.132 7	0.052 7
13	2.720	0.367 7	21.459	7.803 8	0.126 5	0.046 5
14	2.937	0.340 5	24.215	8.244 2	0.121 3	0.041 3
15	3.172	0.315 3	27.152	8.559 5	0.116 8	0.036 8
16	3.426	0.291 9	30.324	8.851 4	0.113 0	0.033 0
17	3.700	0.270 3	33.750	9.121 6	0.109 6	0.029 6
18	3.996	0.250 3	37.450	9.371 9	0.106 7	0.026 7
19	4.316	0.231 7	41.446	9.603 6	0.104 1	0.021 4
20	4.661	0.214 6	45.762	9.818 2	0.101 9	0.021 9
21	5.034	0.198 7	50.423	10.016 8	0.099 8	0.019 8
22	5.437	0.184 0	55.457	10.200 8	0.098 0	0.018 0
23	5.871	0.170 3	60.893	10.371 1	0.096 4	0.016 4
24	6.341	0.157 7	66.765	10.528 8	0.095 0	0.015 0
25	6.848	0.146 0	73.106	10.674 8	0.937 0	0.013 7
26	7.396	0.135 2	79.954	10.810 0	0.092 5	0.012 5
27	7.988	0.125 2	87.351	10.935 2	0.091 5	0.011 5
28	8.627	0.115 9	95.339	11.051 1	0.090 5	0.010 5
29	9.317	0.107 3	103.966	11.158 4	0.089 6	0.009 6
30	10.063	0.099 4	113.283	11.257 8	0.088 8	0.008 8
31	10.868	0.092 0	123.346	11.349 8	0.088 1	0.008 1
32	11.737	0.085 2	134.214	11.435 0	0.087 5	0.007 5
33	12.676	0.078 9	145.951	11.513 9	0.086 9	0.006 9
34	13.690	0.073 1	158.627	11.586 9	0.086 3	0.006 3
35	14.785	0.067 6	172.317	11.654 6	0.085 8	0.005 8

附表8 9%的复利系数

年份	一次支付		等额系列			
	终值系数	现值系数	年金终值系数	年金现值系数	资本回收系数	偿债基金系数
n	$F/P, i, n$	$P/F, i, n$	$F/A, i, n$	$P/A, i, n$	$A/P, i, n$	$A/F, i, n$
1	1.090	0.917 4	1.000	0.917 4	1.090 0	1.000 0
2	1.188	0.841 7	2.090	1.759 1	0.568 5	0.478 5
3	1.295	0.772 2	3.278	2.531 3	0.395 1	0.305 1
4	1.412	0.708 4	4.573	3.239 7	0.308 7	0.218 7
5	1.539	0.649 9	5.985	3.889 7	0.257 1	0.167 1
6	1.677	0.596 3	7.523	4.485 9	0.222 9	0.132 9
7	1.828	0.547 0	9.200	5.033 0	0.198 7	0.108 7
8	1.993	0.501 9	11.028	5.534 8	0.180 7	0.090 7
9	2.172	0.460 4	13.021	5.995 3	0.166 8	0.076 8
10	2.367	0.422 4	15.193	6.417 7	0.155 8	0.065 8
11	2.580	0.387 5	17.560	6.805 2	0.147 0	0.057 0
12	2.813	0.355 5	20.141	7.160 7	0.139 7	0.049 7
13	3.066	0.326 2	22.953	7.486 9	0.133 6	0.043 6
14	3.342	0.299 3	26.019	7.786 2	0.128 4	0.038 4
15	3.642	0.274 5	29.361	8.060 7	0.124 1	0.034 1
16	3.970	0.251 9	33.003	8.312 6	0.120 3	0.030 3
17	4.328	0.231 1	36.974	8.543 6	0.117 1	0.027 1
18	4.717	0.212 0	41.301	8.755 6	0.114 2	0.024 2
19	5.142	0.194 5	46.018	8.950 1	0.111 7	0.021 7
20	5.604	0.178 4	51.160	9.128 6	0.109 6	0.019 6
21	6.109	0.163 7	56.765	9.202 3	0.107 6	0.017 6
22	6.659	0.150 2	62.873	9.442 4	0.105 9	0.015 9
23	7.258	0.137 8	69.532	9.580 2	0.104 4	0.014 4
24	7.911	0.126 4	76.790	9.706 6	0.103 0	0.013 0
25	8.623	0.116 0	84.701	9.822 6	0.101 8	0.011 8
26	9.399	0.106 4	93.324	9.929 0	0.100 7	0.010 7
27	10.245	0.097 6	102.723	10.026 6	0.099 7	0.009 7
28	11.167	0.089 6	112.968	10.116 1	0.098 9	0.008 9
29	12.172	0.082 2	124.135	10.198 3	0.098 1	0.008 1
30	13.268	0.075 4	136.308	10.273 7	0.097 3	0.007 3
31	14.462	0.069 2	149.575	10.342 8	0.096 7	0.006 7
32	15.763	0.063 4	164.037	10.406 3	0.096 1	0.006 1

续表

年份	一次支付		等额系列			
	终值系数	现值系数	年金终值系数	年金现值系数	资本回收系数	偿债基金系数
n	$F/P, i, n$	$P/F, i, n$	$F/A, i, n$	$P/A, i, n$	$A/P, i, n$	$A/F, i, n$
33	17.182	0.058 2	179.800	10.464 5	0.095 6	0.005 6
34	18.728	0.053 4	196.982	10.517 8	0.095 1	0.005 1
35	20.414	0.049 0	215.711	10.568 0	0.094 6	0.004 6

附表 9 10% 的复利系数

年份	一次支付		等额系列			
	终值系数	现值系数	年金终值系数	年金现值系数	资本回收系数	偿债基金系数
n	$F/P, i, n$	$P/F, i, n$	$F/A, i, n$	$P/A, i, n$	$A/P, i, n$	$A/F, i, n$
1	1.100	0.909 1	1.000	0.909 1	1.100 0	1.000 0
2	1.210	0.826 5	2.100	1.735 5	0.576 2	0.476 2
3	1.331	0.751 3	3.310	2.486 9	0.402 1	0.302 1
4	1.464	0.688 0	4.641	3.169 9	0.315 5	0.215 5
5	1.611	0.629 9	6.105	3.790 8	0.263 8	0.163 8
6	1.772	0.564 5	7.716	4.355 3	0.229 6	0.129 6
7	1.949	0.513 2	9.487	4.868 4	0.205 4	0.105 4
8	2.144	0.466 5	11.436	5.334 9	0.187 5	0.087 5
9	2.358	0.424 1	13.579	5.759 0	0.173 7	0.073 7
10	2.594	0.385 6	15.937	6.144 6	0.162 8	0.062 8
11	2.853	0.350 5	18.531	6.495 1	0.154 0	0.054 0
12	3.138	0.318 6	21.384	6.813 7	0.146 8	0.046 8
13	3.452	0.289 7	24.523	7.103 4	0.140 8	0.040 8
14	3.798	0.263 3	27.975	7.366 7	0.135 8	0.035 8
15	4.177	0.239 4	31.772	7.606 1	0.131 5	0.031 5
16	4.595	0.217 6	35.950	7.823 7	0.127 8	0.027 8
17	5.054	0.197 9	40.545	8.021 6	0.124 7	0.024 7
18	5.560	0.179 9	45.599	8.201 4	0.121 9	0.021 9
19	6.116	0.163 5	51.159	8.364 9	0.119 6	0.019 6
20	6.728	0.148 7	57.275	8.513 6	0.117 5	0.017 5
21	7.400	0.135 1	64.003	8.648 7	0.115 6	0.015 6
22	8.140	0.122 9	71.403	8.771 6	0.114 0	0.014 0
23	8.954	0.111 7	79.543	8.883 2	0.112 6	0.012 6
24	9.850	0.101 5	88.497	8.984 8	0.111 3	0.011 3
25	10.835	0.092 3	98.347	9.077 1	0.110 2	0.010 2
26	11.918	0.083 9	109.182	9.161 0	0.109 2	0.009 2
27	13.110	0.076 3	121.100	9.237 2	0.108 3	0.008 3

续表

年份	一次支付		等额系列			
	终值系数	现值系数	年金终值系数	年金现值系数	资本回收系数	偿债基金系数
n	$F/P, i, n$	$P/F, i, n$	$F/A, i, n$	$P/A, i, n$	$A/P, i, n$	$A/F, i, n$
28	14.421	0.069 4	134.210	9.306 6	0.107 5	0.007 5
29	15.863	0.063 0	148.631	9.369 6	0.106 7	0.006 7
30	17.449	0.057 3	164.494	9.426 9	0.106 1	0.006 1
31	19.194	0.052 1	181.943	9.479 0	0.105 5	0.005 5
32	21.114	0.047 4	201.138	9.526 9	0.105 0	0.005 0
33	23.225	0.043 1	222.252	9.569 4	0.104 5	0.004 5
34	25.548	0.039 2	245.477	9.608 6	0.104 1	0.004 1
35	28.102	0.035 6	271.024	9.644 2	0.103 7	0.003 7

附表10　12%的复利系数

年份	一次支付		等额系列			
	终值系数	现值系数	年金终值系数	年金现值系数	资本回收系数	偿债基金系数
n	$F/P, i, n$	$P/F, i, n$	$F/A, i, n$	$P/A, i, n$	$A/P, i, n$	$A/F, i, n$
1	1.120	0.892 9	1.000	0.892 9	1.120 0	1.000 0
2	1.254	0.797 2	2.120	1.690 1	0.591 7	0.471 7
3	1.405	0.711 8	3.374	2.401 8	0.416 4	0.296 4
4	1.574	0.635 5	4.779	3.037 4	0.329 2	0.209 2
5	1.762	0.567 4	6.353	3.604 8	0.277 4	0.157 4
6	1.974	0.506 6	8.115	4.111 4	0.243 2	0.123 2
7	2.211	0.452 4	10.089	4.563 8	0.219 1	0.099 1
8	2.476	0.403 9	12.300	4.967 6	0.201 3	0.081 3
9	2.773	0.360 6	14.776	5.328 3	0.187 7	0.067 7
10	3.106	0.322 0	17.549	5.650 2	0.177 0	0.057 0
11	3.479	0.287 5	20.655	5.937 7	0.168 4	0.048 4
12	3.896	0.256 7	24.133	6.194 4	0.161 4	0.041 4
13	4.364	0.229 2	28.029	6.423 6	0.155 7	0.035 7
14	4.887	0.204 6	32.393	6.628 2	0.150 9	0.030 9
15	5.474	0.182 7	37.280	6.810 9	0.146 8	0.026 8
16	6.130	0.163 1	42.752	6.974 0	0.143 4	0.023 4
17	6.866	0.145 7	48.884	7.119 6	0.140 5	0.020 5
18	7.690	0.130 0	55.750	7.249 7	0.137 9	0.017 9
19	8.613	0.116 1	63.440	7.365 8	0.135 8	0.015 8
20	9.646	0.103 7	72.052	7.469 5	0.133 9	0.013 9
21	10.804	0.092 6	81.699	7.562 0	0.132 3	0.012 3
22	12.100	0.082 7	92.503	7.644 7	0.130 8	0.010 8

续表

年份	一次支付		等额系列			
	终值系数	现值系数	年金终值系数	年金现值系数	资本回收系数	偿债基金系数
n	$F/P, i, n$	$P/F, i, n$	$F/A, i, n$	$P/A, i, n$	$A/P, i, n$	$A/F, i, n$
23	13.552	0.073 8	104.603	7.718 4	0.129 6	0.009 6
24	15.179	0.065 9	118.155	7.784 3	0.128 5	0.008 5
25	17.000	0.058 8	133.334	7.843 1	0.127 5	0.007 5
26	19.040	0.052 5	150.334	7.895 7	0.126 7	0.006 7
27	21.325	0.046 9	169.374	7.942 6	0.125 9	0.005 9
28	23.884	0.041 9	190.699	7.984 4	0.125 3	0.005 3
29	26.750	0.037 4	214.583	8.021 8	0.124 7	0.004 7
30	29.960	0.033 4	421.333	8.055 2	0.124 2	0.004 2
31	33.555	0.029 8	271.293	8.085 0	0.123 7	0.003 7
32	37.582	0.026 6	304.848	8.111 6	0.123 3	0.003 3
33	42.092	0.023 8	342.429	8.135 4	0.122 9	0.002 9
34	47.143	0.021 2	384.521	8.156 6	0.122 6	0.002 6
35	52.800	0.018 9	431.664	8.175 5	0.122 3	0.002 3

附表 11　15％的复利系数

年份	一次支付		等额系列			
	终值系数	现值系数	年金终值系数	年金现值系数	资本回收系数	偿债基金系数
n	$F/P, i, n$	$P/F, i, n$	$F/A, i, n$	$P/A, i, n$	$A/P, i, n$	$A/F, i, n$
1	1.150	0.869 6	1.000	0.869 6	1.150 0	1.000 0
2	1.323	0.756 2	2.150	1.625 7	0.615 1	0.465 1
3	1.521	0.657 5	3.473	2.283 2	0.438 0	0.288 0
4	1.749	0.571 8	4.993	2.855 0	0.350 3	0.200 3
5	2.011	0.497 2	6.742	3.352 2	0.298 3	0.148 3
6	2.313	0.432 3	8.754	3.784 5	0.264 2	0.114 2
7	2.660	0.375 9	11.067	4.160 4	0.240 4	0.090 4
8	3.059	0.326 9	13.727	4.487 3	0.222 9	0.072 9
9	3.518	0.284 3	16.786	4.771 6	0.209 6	0.059 6
10	4.046	0.247 2	20.304	5.018 8	0.199 3	0.049 3
11	4.652	0.215 0	24.349	5.233 7	0.191 1	0.041 1
12	5.350	0.186 9	29.002	5.420 6	0.184 5	0.034 5
13	6.153	0.165 2	34.352	5.583 2	0.179 1	0.029 1
14	7.076	0.141 3	40.505	5.724 5	0.174 7	0.024 7
15	8.137	0.122 9	47.580	5.847 4	0.171 0	0.021 0
16	9.358	0.106 9	55.717	5.954 2	0.168 0	0.018 0
17	10.761	0.092 9	65.075	6.047 2	0.165 4	0.015 4

续表

年份	一次支付		等额系列			
	终值系数	现值系数	年金终值系数	年金现值系数	资本回收系数	偿债基金系数
n	$F/P, i, n$	$P/F, i, n$	$F/A, i, n$	$P/A, i, n$	$A/P, i, n$	$A/F, i, n$
18	12.375	0.080 8	75.836	6.128 0	0.163 2	0.012 3
19	14.232	0.070 3	88.212	6.198 2	0.161 3	0.011 3
20	16.367	0.061 1	102.444	6.259 3	0.159 8	0.009 8
21	18.822	0.053 1	118.810	6.312 5	0.158 4	0.008 4
22	21.645	0.046 2	137.632	6.358 7	0.157 3	0.007 3
23	24.891	0.040 2	159.276	6.398 8	0.156 3	0.006 3
24	28.625	0.034 9	184.168	6.433 8	0.155 4	0.005 4
25	32.919	0.030 4	212.793	6.464 5	0.154 7	0.004 7
26	37.857	0.026 4	245.712	6.490 6	0.154 1	0.004 1
27	43.535	0.023 0	283.569	6.513 5	0.153 5	0.003 5
28	50.066	0.020 0	327.104	6.533 5	0.153 1	0.003 1
29	57.575	0.017 4	377.170	6.550 9	0.152 7	0.002 7
30	66.212	0.015 1	434.745	6.566 0	0.152 3	0.002 3
31	76.144	0.013 1	500.957	6.579 1	0.152 0	0.002 0
32	87.565	0.011 4	577.100	6.590 5	0.151 7	0.001 7
33	100.700	0.009 9	664.666	6.600 5	0.151 5	0.001 5
34	115.805	0.008 6	765.365	6.609 1	0.151 3	0.001 3
35	133.176	0.007 5	881.170	6.616 6	0.151 1	0.001 1

附表 12 20% 的复利系数

年份	一次支付		等额系列			
	终值系数	现值系数	年金终值系数	年金现值系数	资本回收系数	偿债基金系数
n	$F/P, i, n$	$P/F, i, n$	$F/A, i, n$	$P/A, i, n$	$A/P, i, n$	$A/F, i, n$
1	1.200	0.833 3	1.000	0.833 3	1.200 0	1.000 0
2	1.440	0.684 5	2.200	1.527 8	0.654 6	0.454 6
3	1.728	0.578 7	3.640	2.106 5	0.474 7	0.274 7
4	2.074	0.482 3	5.368	2.588 7	0.386 3	0.196 3
5	2.488	0.401 9	7.442	2.990 6	0.334 4	0.134 4
6	2.986	0.334 9	9.930	3.325 5	0.300 7	0.100 7
7	3.583	0.279 1	12.916	3.604 6	0.277 4	0.077 4
8	4.300	0.232 6	16.499	3.837 2	0.260 6	0.060 6
9	5.160	0.193 8	20.799	4.031 0	0.248 1	0.048 1
10	6.192	0.161 5	25.959	4.192 5	0.238 5	0.038 5
11	7.430	0.134 6	32.150	4.327 1	0.231 1	0.031 1
12	8.916	0.112 2	39.581	4.439 2	0.225 3	0.025 3

续表

年份	一次支付		等额系列			
	终值系数	现值系数	年金终值系数	年金现值系数	资本回收系数	偿债基金系数
n	$F/P, i, n$	$P/F, i, n$	$F/A, i, n$	$P/A, i, n$	$A/P, i, n$	$A/F, i, n$
13	10.699	0.093 5	48.497	4.532 7	0.220 6	0.020 6
14	12.839	0.077 9	59.196	4.610 6	0.216 9	0.016 9
15	15.407	0.064 9	72.035	4.765 5	0.213 9	0.013 9
16	18.488	0.054 1	87.442	4.729 6	0.211 4	0.011 4
17	22.186	0.045 1	105.931	4.774 6	0.209 5	0.009 5
18	26.623	0.037 6	128.117	4.812 2	0.207 8	0.007 8
19	31.948	0.031 3	154.74	4.843 5	0.206 5	0.006 5
20	38.338	0.026 1	186.688	4.869 6	0.205 4	0.005 4
21	46.005	0.021 7	225.026	4.891 3	0.204 5	0.004 5
22	55.206	0.018 1	271.031	4.909 4	0.203 7	0.003 7
23	66.247	0.015 1	326.237	4.924 5	0.203 1	0.003 1
24	79.497	0.012 6	392.484	4.937 1	0.202 6	0.002 6
25	95.396	0.010 5	471.981	4.947 6	0.202 1	0.002 1
26	114.475	0.008 7	567.377	4.956 3	0.201 8	0.001 8
27	137.371	0.007 3	681.853	4.963 6	0.201 5	0.001 5
28	164.845	0.006 1	819.223	4.969 7	0.201 2	0.001 2
29	197.814	0.005 1	984.068	4.974 7	0.201 0	0.001 0
30	237.376	0.004 2	1 181.882	4.978 9	0.200 9	0.000 9
31	284.852	0.003 5	1 419.258	4.982 5	0.200 7	0.000 7
32	341.822	0.002 9	1 704.109	4.985 4	0.200 6	0.000 6
33	410.186	0.002 4	2 045.931	4.987 8	0.200 5	0.000 5
34	492.224	0.002 0	2 456.118	4.989 9	0.200 4	0.000 4
35	590.668	0.001 7	2 948.341	4.991 5	0.200 3	0.000 3

附表 13 25%的复利系数

年份	一次支付		等额系列			
	终值系数	现值系数	年金终值系数	年金现值系数	资本回收系数	偿债基金系数
n	$F/P, i, n$	$P/F, i, n$	$F/A, i, n$	$P/A, i, n$	$A/P, i, n$	$A/F, i, n$
1	1.250	0.800 0	1.000	0.800 0	1.250 0	1.000 0
2	1.156	0.640 0	2.250	1.440 0	0.694 5	0.444 5
3	1.953	0.512 0	3.813	1.952 0	0.512 3	0.262 3
4	2.441	0.409 6	5.766	2.361 6	0.423 5	0.173 5
5	3.052	0.327 7	8.207	2.689 3	0.371 9	0.121 9
6	3.815	0.262 2	11.259	2.951 4	0.338 8	0.088 8
7	4.678	0.209 7	15.073	3.161 1	0.316 4	0.066 4

续表

年份	一次支付		等额系列			
	终值系数	现值系数	年金终值系数	年金现值系数	资本回收系数	偿债基金系数
n	$F/P, i, n$	$P/F, i, n$	$F/A, i, n$	$P/A, i, n$	$A/P, i, n$	$A/F, i, n$
8	5.960	0.167 8	19.842	3.328 9	0.300 4	0.050 4
9	7.451	0.134 2	25.802	3.463 1	0.288 8	0.038 8
10	9.313	0.107 4	33.253	3.570 5	0.280 1	0.030 1
11	11.642	0.085 9	42.566	3.656 4	0.273 5	0.023 5
12	14.552	0.068 7	54.208	3.725 1	0.268 5	0.018 5
13	18.19	0.055 0	68.760	3.780 1	0.264 6	0.014 6
14	22.737	0.044 0	86.949	3.824 1	0.261 5	0.011 5
15	28.422	0.035 2	109.687	3.859 3	0.259 1	0.009 1
16	35.527	0.028 2	138.109	3.887 4	0.257 3	0.007 3
17	44.409	0.022 5	173.636	3.909 9	0.255 8	0.005 8
18	55.511	0.018 0	218.045	3.928 0	0.254 6	0.004 6
19	69.389	0.014 4	273.556	3.942 4	0.253 7	0.003 7
20	86.736	0.011 5	342.945	3.953 9	0.252 9	0.002 9
21	108.420	0.009 2	429.681	3.963 1	0.252 3	0.002 3
22	135.525	0.007 4	538.101	3.970 5	0.251 9	0.001 9
23	169.407	0.005 9	673.626	3.976 4	0.251 5	0.001 5
24	211.758	0.004 7	843.033	3.981 1	0.251 1	0.001 2
25	264.698	0.003 8	1 054.791	3.984 9	0.251 0	0.001 0
26	330.872	0.003 0	1 319.489	3.987 9	0.250 8	0.000 8
27	413.590	0.002 4	1 650.361	3.990 3	0.250 6	0.000 6
28	516.988	0.001 9	2 063.952	3.992 3	0.250 5	0.000 5
29	646.235	0.001 6	2 580.939	3.993 8	0.250 4	0.000 4
30	807.794	0.001 2	3 227.174	3.995 1	0.250 3	0.000 3
31	1 009.742	0.001 0	4 034.968	3.996 0	0.250 3	0.000 3
32	1 262.177	0.000 8	5 044.710	3.996 8	0.250 2	0.000 2
33	1 577.722	0.000 6	6 306.887	3.997 5	0.250 2	0.000 2
34	1 972.152	0.000 5	788.609	3.998 0	0.250 1	0.000 1
35	2 465.190	0.000 4	9 856.761	3.998 4	0.250 1	0.000 1

附表 14　30%的复利系数

年份	一次支付		等额系列			
	终值系数	现值系数	年金终值系数	年金现值系数	资本回收系数	偿债基金系数
n	$F/P, i, n$	$P/F, i, n$	$F/A, i, n$	$P/A, i, n$	$A/P, i, n$	$A/F, i, n$
1	1.300	0.769 2	1.000	0.769 2	1.300 0	1.000 0
2	1.690	0.591 7	2.300	1.361 0	0.734 8	0.434 8

续表

年份	一次支付		等额系列			
	终值系数	现值系数	年金终值系数	年金现值系数	资本回收系数	偿债基金系数
n	$F/P, i, n$	$P/F, i, n$	$F/A, i, n$	$P/A, i, n$	$A/P, i, n$	$A/F, i, n$
3	2.197	0.455 2	3.990	1.816 1	0.550 6	0.250 6
4	2.856	0.350 1	6.187	2.166 3	0.461 6	0.161 6
5	3.713	0.269 3	9.043	2.435 6	0.410 6	0.110 6
6	4.827	0.207 2	12.756	2.642 8	0.378 4	0.078 4
7	6.275	0.159 4	17.583	2.802 1	0.356 9	0.056 9
8	8.157	0.122 6	23.858	2.924 7	0.341 9	0.041 9
9	10.605	0.094 3	32.015	3.019 0	0.332 1	0.031 2
10	13.786	0.072 5	42.620	3.091 5	0.323 5	0.023 5
11	17.922	0.055 8	65.405	3.147 3	0.317 7	0.017 7
12	23.298	0.042 9	74.327	3.190 3	0.313 5	0.013 5
13	30.288	0.033 0	97.625	3.223 3	0.310 3	0.010 3
14	39.374	0.025 4	127.913	3.248 7	0.307 8	0.007 8
15	51.186	0.019 5	167.286	3.268 2	0.306 0	0.006 0
16	66.542	0.015 0	218.472	3.283 2	0.304 6	0.004 6
17	86.504	0.011 6	285.014	3.294 8	0.303 5	0.003 5
18	112.455	0.008 9	371.518	3.303 7	0.302 7	0.002 7
19	146.192	0.006 9	483.973	3.310 5	0.302 1	0.002 1
20	190.050	0.005 3	630.165	3.315 8	0.301 6	0.001 6
21	247.065	0.004 1	820.215	3.319 9	0.301 2	0.001 2
22	321.184	0.003 1	1 067.280	3.323 0	0.300 9	0.000 9
23	417.539	0.002 4	1 388.464	3.325 4	0.300 7	0.000 7
24	542.801	0.001 9	1 806.003	3.327 2	0.300 6	0.000 6
25	705.641	0.001 4	2 348.803	3.328 6	0.300 4	0.000 4
26	917.333	0.001 1	3 054.444	3.329 7	0.300 3	0.000 3
27	1 192.533	0.000 8	3 971.778	3.330 5	0.300 3	0.000 3
28	1 550.293	0.000 7	5 164.311	3.331 2	0.300 2	0.000 2
29	2 015.381	0.000 5	6 714.604	3.331 7	0.300 2	0.000 2
30	2 619.996	0.000 4	8 729.985	3.332 1	0.300 1	0.000 1
31	3 405.994	0.000 3	11 349.981	3.332 4	0.300 1	0.000 1
32	4 427.793	0.000 2	14 755.975	3.332 6	0.300 1	0.000 1
33	5 756.130	0.000 2	19 183.768	3.332 8	0.300 1	0.000 1
34	7 482.970	0.000 1	24 939.899	3.332 9	0.300 1	0.000 1
35	9 727.860	0.000 1	32 422.868	3.333 0	0.300 0	0.000 0

附表 15　35%的复利系数

年份	一次支付		等额系列			
	终值系数	现值系数	年金终值系数	年金现值系数	资本回收系数	偿债基金系数
n	F/P, i, n	P/F, i, n	F/A, i, n	P/A, i, n	A/P, i, n	A/F, i, n
1	1.350 0	0.740 7	1.000 0	0.740 4	1.350 0	1.000 0
2	1.822 5	0.548 7	2.350 0	1.289 4	0.775 5	0.425 5
3	2.460 4	0.406 4	4.172 5	1.695 9	0.589 7	0.239 7
4	3.321 5	0.301 1	6.632 9	1.996 9	0.500 8	0.150 8
5	4.484 0	0.223 0	9.954 4	2.220 0	0.450 5	0.100 5
6	6.053 4	0.165 2	14.438 4	2.385 2	0.419 3	0.069 3
7	8.172 2	0.122 4	20.491 9	2.507 5	0.398 8	0.048 8
8	11.032 4	0.090 6	28.664 0	2.598 2	0.384 9	0.034 9
9	14.893 7	0.067 1	39.696 4	2.665 3	0.375 2	0.025 2
10	20.106 6	0.049 7	54.590 2	2.715 0	0.368 3	0.018 3
11	27.149 3	0.036 8	74.697 6	2.751 9	0.363 4	0.013 4
12	36.644 2	0.027 3	101.840 6	2.779 2	0.359 8	0.009 8
13	49.469 7	0.020 2	138.484 8	2.799 4	0.357 2	0.007 2
14	66.784 1	0.015 0	187.954 4	2.814 4	0.355 3	0.005 3
15	90.158 5	0.011 1	254.738 5	2.825 5	0.353 9	0.003 9
16	121.713 9	0.008 2	344.897 0	2.833 7	0.352 9	0.002 9
17	164.313 8	0.006 1	466.610 9	2.839 8	0.352 1	0.002 1
18	221.823 6	0.004 5	630.924 7	2.844 3	0.351 6	0.001 6
19	299.461 9	0.003 3	852.748 3	2.847 6	0.351 2	0.001 2
20	404.273 6	0.002 5	1152.210 3	2.850 1	0.350 9	0.000 9
21	545.769 3	0.001 8	1556.483 8	2.851 9	0.350 6	0.000 6
22	736.788 6	0.001 4	2102.253 2	2.853 3	0.350 5	0.000 5
23	994.664 6	0.001 0	2839.041 8	2.854 3	0.350 4	0.000 4
24	1 342.797	0.000 7	3833.706 4	2.855 0	0.350 3	0.000 3
25	1 812.776	0.000 6	5176.503 7	2.855 6	0.350 2	0.000 2
26	2 447.248	0.000 4	6989.280 0	2.856 0	0.350 1	0.000 1
27	3 303.785	0.000 3	9436.528 0	2.856 3	0.350 1	0.000 1
28	4 460.110	0.000 2	12 740.313	2.856 5	0.350 1	0.000 1
29	6 021.148	0.000 2	17 200.422	2.856 7	0.350 1	0.000 1
30	8 128.550	0.000 1	23 221.570	2.856 8	0.350 0	0.000 0
31	10 973.54	0.000 1	31 350.120	2.856 9	0.350 0	0.000 0
32	14 814.28	0.000 1	42 323.661	2.856 9	0.350 0	0.000 0
33	19 999.28	0.000 1	57 137.943	2.857 0	0.350 0	0.000 0
34	26 999.03	0.000 0	77 137.223	2.857 0	0.350 0	0.000 0
35	36 448.69	0.000 0	104 136.25	2.857 1	0.350 0	0.000 0

附表 16　40％的复利系数

年份	一次支付		等额系列			
	终值系数	现值系数	年金终值系数	年金现值系数	资本回收系数	偿债基金系数
n	$F/P, i, n$	$P/F, i, n$	$F/A, i, n$	$P/A, i, n$	$A/P, i, n$	$A/F, i, n$
1	1.400	0.714 3	1.000	0.714 3	1.400 1	1.000 1
2	1.960	0.510 3	2.400	1.224 5	0.816 7	0.416 7
3	2.744	0.365 4	4.360	1.589 0	0.629 4	0.229 4
4	3.842	0.260 4	7.104	1.849 3	0.540 8	0.140 8
5	5.378	0.186 0	10.946	2.035 2	0.491 4	0.091 4
6	7.530	0.132 9	16.324	2.168 0	0.461 3	0.061 3
7	10.541	0.094 9	23.853	2.262 9	0.442 0	0.042 0
8	14.758	0.067 8	34.395	2.330 6	0.429 1	0.029 1
9	20.661	0.048 5	49.153	2.379 0	0.420 4	0.020 4
10	28.925	0.034 6	69.814	2.413 6	0.414 4	0.014 4
11	40.496	0.024 7	98.739	2.438 3	0.410 2	0.010 2
12	56.694	0.017 7	139.234	2.456	0.407 2	0.007 2
13	79.371	0.012 6	195.928	2.468 6	0.405 2	0.005 2
14	111.120	0.009 0	275.299	2.477 5	0.403 7	0.003 7
15	155.568	0.006 5	386.419	2.484 0	0.402 6	0.002 6
16	217.794	0.004 6	541.986	2.488 6	0.401 9	0.001 9
17	304.912	0.003 3	759.780	2.491 8	0.401 4	0.001 4
18	426.877	0.002 4	104.691	2.494 2	0.401 0	0.001 0
19	597.627	0.001 7	1 491.567	2.495 9	0.400 7	0.000 7
20	836.678	0.001 2	2 089.195	2.497 1	0.400 5	0.000 5
21	1 171.348	0.000 9	2 925.871	2.497 9	0.400 4	0.000 4
22	1 639.887	0.000 7	4 097.218	2.498 5	0.400 3	0.000 3
23	2 295.842	0.000 5	5 373.105	2.499 0	0.400 2	0.000 2
24	3 214.178	0.000 4	8 032.945	2.499 3	0.400 2	0.000 2
25	4 499.847	0.000 3	11 247.110	2.499 5	0.400 1	0.000 1
26	6 299.785	0.000 2	15 746.960	2.499 7	0.400 1	0.000 1
27	8 819.695	0.000 2	22 046.730	2.499 8	0.400 1	0.000 1
28	12 347.570	0.000 1	30 866.430	2.499 8	0.400 1	0.000 1
29	17 286.590	0.000 1	43 213.990	2.499 9	0.400 1	0.000 1
30	24 201.230	0.000 1	60 500.580	2.499 9	0.400 1	0.000 1

附表 17　45％的复利系数

年份	一次支付		等额系列			
	终值系数	现值系数	年金终值系数	年金现值系数	资本回收系数	偿债基金系数
n	$F/P, i, n$	$P/F, i, n$	$F/A, i, n$	$P/A, i, n$	$A/P, i, n$	$A/F, i, n$
1	1.450 0	0.689 7	1.000 0	0.690	1.450 00	1.000 00
2	2.102 5	0.475 6	2.450	1.165	0.858 16	0.408 16

续表

年份	一次支付		等额系列			
	终值系数	现值系数	年金终值系数	年金现值系数	资本回收系数	偿债基金系数
n	$F/P, i, n$	$P/F, i, n$	$F/A, i, n$	$P/A, i, n$	$A/P, i, n$	$A/F, i, n$
3	3.048 6	0.328 0	4.552	1.493	0.669 66	0.219 66
4	4.420 5	0.226 2	7.601	1.720	0.581 56	0.131 56
5	6.409 7	0.156 0	12.022	1.867	0.533 18	0.083 18
6	9.294 1	0.107 6	18.431	1.983	0.504 26	0.054 26
7	13.476 5	0.074 2	27.725	2.057	0.486 07	0.036 07
8	19.540 9	0.051 2	41.202	2.109	0.474 27	0.024 27
9	28.334 3	0.035 3	60.743	2.144	0.466 46	0.016 46
10	41.084 7	0.024 3	89.077	2.168	0.461 23	0.011 23
11	59.572 8	0.016 8	130.162	2.158	0.457 68	0.007 68
12	86.380 6	0.011 6	189.735	2.196	0.455 27	0.005 27
13	125.251 8	0.008 0	267.115	2.024	0.453 26	0.003 62
14	181.615 1	0.005 5	401.367	2.210	0.452 49	0.002 49
15	263.341 9	0.003 8	582.982	2.214	0.451 72	0.001 72
16	381.845 8	0.002 6	846.324	2.216	0.451 18	0.001 18
17	553.676 4	0.001 8	1 228.170	2.218	0.450 81	0.000 81
18	802.830 8	0.001 2	1 781.846	2.219	0.450 56	0.000 56
19	1 164.104 7	0.000 9	2 584.677	2.220	0.450 39	0.000 39
20	1 687.951 8	0.000 6	3 748.782	2.221	0.450 27	0.000 27
21	2 447.530 1	0.000 4	5 436.743	2.221	0.450 18	0.000 18
22	3 548.918 7	0.000 3	7 884.246	2.222	0.450 13	0.000 13
23	5 145.033 1	0.000 2	11 433.182	2.222	0.450 09	0.000 09
24	7 461.601 5	0.000 1	16 579.115	2.222	0.450 06	0.000 06
25	10 819.322	0.000 1	24 040.716	2.222	0.450 04	0.000 04
26	15 688.017	0.000 1	34 860.038	2.222	0.450 03	0.000 03
27	22 747.625	0.000 0	50 548.056	2.222	0.450 02	0.000 02
28	32 984.056		73 295.681	2.222	0.450 01	0.000 01
29	47 826.882		106 279.74	2.222	0.450 01	0.000 01
30	69 348.978		154 106.62	2.222	0.450 01	0.000 01

附表 18　50%的复利系数

年份	一次支付		等额系列			
	终值系数	现值系数	年金终值系数	年金现值系数	资本回收系数	偿债基金系数
n	$F/P, i, n$	$P/F, i, n$	$F/A, i, n$	$P/A, i, n$	$A/P, i, n$	$A/F, i, n$
1	1.50 0	0.666 7	1.000	0.667	1.500 00	1.000 00
2	2.250 0	0.444 4	2.500	1.111	0.900 00	0.400 00

续表

年份	一次支付		等额系列			
	终值系数	现值系数	年金终值系数	年金现值系数	资本回收系数	偿债基金系数
n	$F/P, i, n$	$P/F, i, n$	$F/A, i, n$	$P/A, i, n$	$A/P, i, n$	$A/F, i, n$
3	3.375 0	0.296 3	4.750	1.407	0.710 53	0.210 53
4	5.062 5	0.197 5	8.125	1.605	0.623 03	0.123 08
5	7.593 8	0.131 7	13.188	1.737	0.575 83	0.075 83
6	11.390 6	0.087 8	20.781	1.824	0.548 12	0.048 12
7	17.085 9	0.058 5	32.172	1.883	0.531 08	0.031 08
8	25.628 9	0.039 0	49.258	1.922	0.520 30	0.020 30
9	38.443 4	0.026 0	74.887	1.948	0.513 35	0.013 35
10	57.665 0	0.017 3	113.330	1.965	0.508 82	0.008 82
11	86.497 6	0.011 6	170.995	1.977	0.505 85	0.005 85
12	129.746 3	0.007 7	257.493	1.985	0.503 88	0.003 88
13	194.615 0	0.005 1	387.239	1.99	0.502 58	0.002 58
14	291.929 3	0.003 4	581.859	1.993	0.501 72	0.001 72
15	437.893 9	0.002 3	873.788	1.995	0.501 14	0.001 14
16	656.840 8	0.001 5	1 311.682	1.997	0.500 76	0.000 76
17	985.261 3	0.001 0	1 968.523	1.998	0.500 51	0.000 51
18	1 477.891 9	0.000 7	2 953.784	1.999	0.500 34	0.000 34
19	2 216.837 8	0.000 5	4 431.676	1.999	0.500 23	0.000 23
20	3 325.256 7	0.000 3	6 648.513	1.999	0.500 15	0.000 15
21	4 987.885 1	0.000 2	9 973.770	2.000	0.500 10	0.000 10
22	7 481.827 6	0.000 1	14 961.655	2.000	0.500 07	0.000 07
23	11 222.742	0.000 1	22 443.483	2.000	0.500 04	0.000 04
24	16 834.112	0.000 1	33 666.224	2.000	0.500 03	0.000 03
25	25 251.168	0.000 0	50 500.337	2.000	0.500 02	0.000 02

参 考 文 献

[1] 武彦芳. 公路工程施工组织设计[M]. 重庆：重庆大学出版社，2020.
[2] 姚玉玲. 公路工程施工组织学[M]. 2版. 北京：人民交通出版社，2008.
[3] 廖正环，等. 高速公路机械化施工与组织管理[M]. 北京：人民交通出版社，2001.
[4] 叶超，赵东. 路基路面施工[M]. 北京：人民交通出版社，2014.
[5] 马敬坤，宁金成. 公路施工组织设计[M]. 2版. 北京：人民交通出版社，2008.
[6] 高峰，贾玉辉. 公路施工组织（道路桥梁工程技术专业用）[M]. 北京：人民交通出版社，2011.
[7] 全国一级建造师执业资格考试用书编写委员会. 建设工程经济[M]. 北京：中国建筑工业出版社，2023.
[8] 刘晓君，张炜，李玲燕. 工程经济学[M]. 4版. 北京：中国建筑工业出版社，2020.
[9] 赵阳，齐小琳，孙秀伟. 工程经济学[M]. 北京：北京理工大学出版社，2009.
[10] 时思. 工程经济学[M]. 4版. 北京：科学出版社，2022.